DAS GROSSE

DIABETIKER

KOCHBUCH

FRITZSCHE | BOHLMANN | SZWILLUS

DAS GROSSE
DIABETIKER
KOCHBUCH

Jeden Tag genießen

Bewusst essen mit Genuss – gerade bei Diabetes

Wenn Sie an Diabetes erkrankt sind, ist eine ausgewogene Ernährung besonderes wichtig für Sie, denn Ihr Stoffwechsel und Ihr Blutzuckerspiegel brauchen Ihre Unterstützung, um immer wieder in Balance zu bleiben.

Ihr Arzt und Ihre Diabetesberaterin werden Ihnen eine abwechslungsreiche, frische und schmackhafte Form des Essens und Trinkens empfohlen haben, die nach heutigem Wissensstand am besten geeignet ist, Ihren Stoffwechsel zu stabilisieren, Ihr Gewicht in Grenzen zu halten und Ihre Gesundheit zu stabilisieren. Auch (noch) gesunde Menschen essen heute im Schnitt zu kalorienlastig, zu fett, zu süß und zu salzig. Daher unterscheiden sich die Ernährungsempfehlungen für gesunde Menschen und Menschen mit Diabetes grundsätzlich nicht mehr. Sie sollten daher wie gesunde Menschen auch eine Mischkost mit hohem Ballaststoffanteil und eher Lebensmittel mit geringerem Fettanteil bevorzugen. Das gelingt am besten mit viel Vollkornprodukten, Gemüse und Salaten, fettärmeren Varianten bei Milchprodukten und Fleisch und mit sparsamer Verwendung hochwertiger Speiseöle. Fisch und Obst sollten auch nicht fehlen - und in Maßen dürfen auch mal Kuchen, Eis oder Desserts auf dem Speiseplan stehen.

Neue Rezepte machen Spaß!

Die wichtigsten Ursachen, die zur Entwicklung eines Typ 2 Diabetes führen, sind neben den Erbanlagen eine ungesunde Ernährung und mangelnde Bewegung. Viele von uns wissen gar nicht, welche Nährstoffe sie zu sich nehmen, weil sie sich größtenteils durch Snacks und Fast Food ernähren und sich nicht für Nährwertangaben interessieren. Das ist schade, denn die richtige Lebensmittelauswahl, das Einkaufen von frischen Zutaten und die Zubereitung frischer Speisen ermöglichen nicht nur abwechslungsreiches und gesundes Essen, es macht auch noch Spaß, neue Rezepte zu testen. In diesem neuen Rezeptbuch finden Sie viele leckere Ideen, die Ihnen helfen können, Ihre Ernährung umzustellen und Ihr kulinarisches Repertoire gesund zu erweitern.

Probieren Sie es aus! Ich wünsche Ihnen viel Spaß damit.

Ihr *[Unterschrift: Thomas Danne]*

Prof. Dr. Thomas Danne
Vorstandsvorsitzender diabetesDE

diabetesDE (www.diabetesde.org) ist eine gemeinnützige und unabhängige Organisation, die Patienten, Diabetesberater, Ärzte und Forscher vereint. Gemeinsam schaffen wir Öffentlichkeit für das Thema und vertreten die Interessen der Menschen mit Diabetes. Wir setzen uns für eine bessere Prävention, Versorgung und Erforschung des Diabetes ein.

Inhalt

Diabetes mellitus – und jetzt?

Wer mit der Diagnose Diabetes mellitus Typ 2 konfrontiert
wird, fragt sich: Warum habe ich diese Erkrankung bekommen?
Welche Auswirkungen hat sie auf den Alltag? Die Anlage für Diabetes
Typ 2 ist genetisch bedingt, jedoch ist die Entwicklung dieser
Stoffwechselerkrankung vom individuellen Lebensstil abhängig.
Dieser Zusammenhang macht deutlich: Sie selbst haben starken Einfluss
auf den Erfolg Ihrer Therapie, indem Sie aktiv werden.
Denn die Änderung des Lebensstils, mit optimaler Auswahl
der Lebensmittel und einer angemessenen körperlichen Aktivität
gilt als wirksamste Maßnahme der Behandlung.

Diagnose Diabetes – Typ 1 und Typ 2
Blutzucker außerhalb der Norm

Ursachen für die Entgleisung des Zuckerstoffwechsels sind neben einer genetischen Veranlagung vor allem Übergewicht und Bewegungsmangel.

Die Blutgefäße dienen als Transportwege für unterschiedliche Nährstoffe und Stoffwechselprodukte. Auch Blutglukose (Traubenzucker) wird mit dem Blutstrom durch den Körper transportiert. Normale Blutglukosewerte sind nüchtern unter 90 mg/100 ml (5,0 mmol/l) bis unter 140 mg/100 ml (7,8 mmol/l) nach Belastung mit Traubenzucker. Werden diese Normwerte überschritten, spricht man von gestörter Glukosetoleranz bei Werten unter 200 mg/100 ml (11,1 mmol/l) und bei Werten darüber von Diabetes.

HISTORISCHES

Der englische Arzt Thomas Willis (1621–1675) schrieb zu den Diabetessymptomen unter anderem: »Der Harn der Kranken ist wunderbar süß, als sei er mit Zucker oder Honig durchtränkt.« Ist im Blut ein Schwellenwert von 180 bis 200 mg/100 ml (10 bis 11,1 mmol/l) überschritten, können die Nieren die Glukose nicht mehr im Körper zurückhalten und im Urin ist Zucker nachweisbar. Der süße Urin war namensgebend für diese Stoffwechselkrankheit, denn Diabetes mellitus bedeutet »honigsüßer Durchfluss«. Erst im 20. Jahrhundert wurde die eigentliche Ursache des Diabetes gefunden. 1921 gelang es den kanadischen Forschern Banting und Best, aus Bauchspeicheldrüsengewebe Insulin zu gewinnen und mit positivem Ergebnis an Hunden zu testen. Bereits 1922 wurde der erste Patient, ein 13-jähriger Junge, erfolgreich mit Insulin behandelt und auf diese Weise vor dem bis dahin sicheren Tod gerettet.

Unterschiedliche Diabetes-Typen

Wenn Blutglukose nicht zur Energiegewinnung in die Zellen gelangen kann, sondern im Gefäßsystem verbleibt, ist dies an erhöhten Konzentrationen von Glukose im Blut feststellbar.

Je nach Ursache für diesen erhöhten Blutzucker unterscheidet man zunächst Diabetes Typ 1 (früher Jugendlichen-Diabetes genannt) und Diabetes Typ 2 (früher als Altersdiabetes bezeichnet). Ist für die Blutzuckererhöhung weder Typ 1 noch Typ 2 verantwortlich zu machen, spricht man von Diabetes Typ 3.

Für das Einschleusen von Glukose in die Zellen wird das Hormon Insulin benötigt. Besteht Insulinmangel, weil die Bauchspeicheldrüse kein Insulin mehr produziert, bezeichnet man den Diabetes als Typ 1. Bei diesem Diabetes-Typ handelt es sich um eine Autoimmunerkrankung, bei der der Körper die Insulin produzierenden Zellen zerstört. Menschen mit Diabetes Typ 1 müssen sofort mit Insulin behandelt werden. Allerdings zählen nur etwa 10 % der Diabetiker zählen zu diesem Typ.

Der größte Anteil zählt zum Typ 2

Ist der Grund für den erhöhten Blutzucker nicht Insulinmangel, sondern eine eingeschränkte Insulinempfindlichkeit, der Zellen, bezeichnet man den Diabetes als Typ-2-Diabetes. Mehr als 85 % der Diabetiker gehören zum Typ 2, der neben einer unzureichenden Insulinwirkung noch durch einen relativen Insulinmangel gekennzeichnet ist, denn Typ-2-Diabetikern fehlt die erste schnelle Insulinantwort nach einem Zuckerreiz. Als Folge des Glukosemangels in den Zellen kommt es zudem zu einer gesteigerten Glukoseneubildung in der Leber.

Typ 2 – Mitspieler sind Gene und Lebensstil

Als Verwandter ersten Grades beträgt die Wahrscheinlichkeit, ebenfalls einen Diabetes Typ 2 zu entwickeln 50 %. Ob die genetische Veranlagung tatsächlich zu Diabetes Typ 2 führt, ist ganz wesentlich vom individuellen Lebensstil beeinflusst. Ein erhöhtes Risiko haben Menschen mit bestehendem Übergewicht und Bewegungsmangel.

Sind Sie normalgewichtig?

Der Body-Mass-Index (BMI, Körpergewichtsindex) wird aus Körpergröße und Gewicht berechnet. Mit ihm wird z. B. Übergewicht bestimmt. Ein BMI von unter 25 kg/m² wird als Obergrenze für das Normalgewicht empfohlen.

BERECHNUNGSFORMEL FÜR DEN BMI:

$$BMI = \frac{Körpergewicht\ in\ kg}{(Körpergröße\ in\ m)^2}$$

Einteilung nach BMI-Werten

Untergewicht	BMI	< 18,5
Normalgewicht	BMI	18,5–24,9
Präadipositas	BMI	25–29,9
Adipositas Grad 1	BMI	30–34,9
Adipositas Grad 2	BMI	35–39,9
Adipositas Grad 3	BMI	≥ 40,0

BEISPIELE FÜR DIE OBERE NORMALGEWICHTS-GRENZE BEI ERWACHSENEN (BMI = 24,9 kg/m²):

155 cm – 59,8 kg	175 cm – 76,3 kg
160 cm – 63,7 kg	180 cm – 80,7 kg
165 cm – 67,8 kg	185 cm – 85,2 kg
170 cm – 72,0 kg	190 cm – 89,9 kg

Zusatzkriterien für die Bewertung des Diabetes-Risikos

Ergänzend zum Body-Mass-Index gilt besonders das **innere Bauchfett** (viszerales Fettgewebe) als ein Risikofaktor für die Entstehung von Diabetes Typ 2.

■ Wenn der Taillenumfang bei Frauen 80 cm übersteigt, ist das Risiko, an Diabetes zu erkranken, bereits erhöht, bei Werten über 88 cm ist es stark erhöht.

■ Bei Männern bedeutet ein Taillenumfang von 94 cm ein erhöhtes beziehungsweise von 102 cm ein deutlich erhöhtes Risiko.

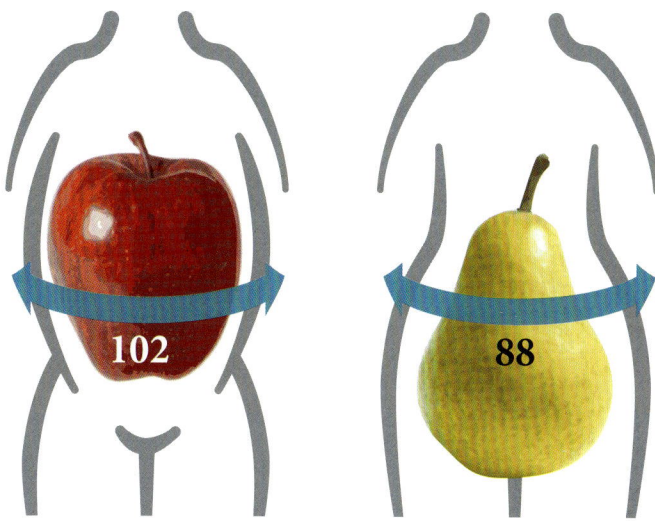

Für die Umfangsmessung wird das Maßband in der Mitte zwischen unterem Rippenrand und oberem Rand des Beckenknochens angesetzt.

Als besonders aussagekräftig für die Bewertung des Risikos für Diabetes wird der **Taille-Körperlänge-Quotient** eingeschätzt, also das Verhältnis von Taillenumfang zu Körperlänge (Waist-to-Height-Ratio = WHtR).

Bis zum vierzigsten Lebensjahr sind Werte zwischen 0,4 und 0,5 wünschenswert, ab dem fünfzigsten Lebensjahr sind etwas höhere Werte akzeptabel, jedoch sollte 0,6 nicht überschritten werden.

Symptome bei Diabetes mellitus

Ganz gleich, ob ein totaler Insulinmangel besteht (Diabetes Typ 1) oder ein relativer Insulinmangel (Diabetes Typ 2), der Zucker aus dem Blut kann nicht oder nicht ausreichend in die Zellen transportiert werden und infolgedessen steigt der Blutzuckerspiegel. Hoher Blutzucker (fachsprachlich Hyperglykämie) führt zu akuten Beschwerden, die wieder verschwinden, sobald die Blutzuckerwerte durch gezielte Behandlung wieder im Normbereich liegen.

Welche Diabetes-Symptome auftreten, ist von Mensch zu Mensch verschieden. Ebenso individuell ist, ob nur eines der Symptome auftritt oder ob mehrere Symptome zeitgleich zu bemerken sind.

Da sich Diabetes Typ 1 in relativ kurzem Zeitraum entwickelt, treten auch die Symptome meist kurzfristig und auch deutlich auf. Bei Diabetes Typ 2 werden dagegen häufig keine Beschwerden bemerkt.

Typische Symptome

Bei vielen Betroffenen treten Symptome auf, die diabetestypisch sind (siehe der nebenstehende Kasten). In diesen Fällen wird die Zuckerkrankheit meist schnell erkannt: Bei hohem Blutzucker können die Nieren den Zucker nicht zurückhalten. Dies führt zu Zuckerverlusten über den Urin (Glukosurie) und dadurch auch zu Wasserverlusten. Diese Wasserverluste wiederum machen Durst. Hoher Blutzucker bedeutet immer auch einen Mangel an Energie in der Zelle. Dies erklärt neben einer schlechten Wundheilung auch einen ungewollten Gewichtsverlust.

Unspezifische Symptome

Bei Diabetes mellitus, insbesondere bei Diabetes Typ 2, treten als Folge der hohen Blutzuckerwerte auch völlig unspezifische Symptome auf. Unspezifisch bedeutet, dass die Beschwerden auch durch andere Ereignisse (oder durch andere Erkrankungen) bedingt sein können. Zu den unspezifischen Symptomen zählen Müdigkeit und die Neigung zu Infektionen. Diese Beschwerden sind durch den Energiemangel der Zellen bedingt.

Treten lediglich unspezifische Symptome des Diabetes auf, kommt es immer wieder vor, dass diese nicht mit erhöhten Blutzuckerwerten in Verbindung gebracht werden. So wird Diabetes Typ 2 in vielen Fällen erst als Zufallsbefund bei allgemeinen Kontrolluntersuchungen oder als Nebenbefund bei anderen Erkrankungen entdeckt.

TYPISCHE SYMPTOME DES DIABETES MELLITUS

starker Durst und Mundtrockenheit
häufiges Wasserlassen
schlechte Wundheilung
Sehstörungen
ungewollter Gewichtsverlust

UNSPEZIFISCHE SYMPTOME DES DIABETES MELLITUS

Abgeschlagenheit
Antriebsarmut
Infektionsneigung
Juckreiz
Müdigkeit
trockene Haut

Veränderung des Lebensstils
Wirksamste Basisbehandlung des Diabetes Typ 2

Positiv wirken neben einem gesunden Essverhalten insbesondere körperliche Aktivität und eine gelassene Grundstimmung.

Für die Manifestation des Diabetes Typ 2 – nicht für Typ 1 – spielt neben der genetischen Veranlagung der persönliche Lebensstil eine ganz entscheidende Rolle. Neben dem Ernährungsverhalten, das die Lebensmittelauswahl und das Essverhalten umfasst, zählen besonders das individuelle Bewegungsverhalten und das Verhalten zur Stressbewältigung zum einflusswirksamen Lebensstil.

Der Lebensstil hat zudem Einfluss auf die Qualität der Diabetes-Therapie, und zwar sowohl auf die des Typ 2 wie auch des Typ 1. Die Lebensgewohnheiten haben solch immense Wirkung auf den Behandlungserfolg, dass es lohnt, diesem Thema den angemessenen Raum zu geben.

Effekte der Lebensstiländerung

Die Zusammenhänge zwischen Lebensstil und Entstehung von Diabetes Typ 2 sind bekannt. Das Risiko erhöht sich mit steigendem Körpergewicht und sinkender körperlicher Aktivität. Menschen mit genetischer Veranlagung zur Entwicklung eines Diabetes Typ 2 profitieren daher in hohem Maße von einer Reduktion des Körpergewichts und einer Steigerung der körperlichen Aktivität. Diese Maßnahmen sind nachweislich so effektiv, dass in vielen Fällen auf Medikamente verzichtet werden kann oder sich zumindest die Medikamentendosis deutlich verringern lässt. Die Änderung des Lebensstils hilft darüber hinaus bei einer optimalen Diabetesbehandlung. Denn je weniger Übergewicht, desto besser die Insulinwirkung – sowohl die Wirkung des körpereigenen Insulins als auch die Wirkung des gespritzten Insulins. So natürlich und nebenwirkungsfrei die Änderung des Lebensstils auch ist, sie verlangt nicht nur Ihre Motivation, sondern auch eine ordentliche Portion Durchhaltevermögen. Dieses Kochbuch ist bereits eine gute Unterstützung auf dem Weg zur Veränderung. Häufig ist es zudem hilfreich eine langfristige, qualifizierte Begleitung, z. B. in Form einer Ernährungsberatung, in Anspruch zu nehmen.

DIE KRANKENKASSEN FÖRDERN DIE LEBENSSTILÄNDERUNG

Die Veränderung des Lebensstils wird aktuell als effektivste Basisbehandlungsmethode des Diabetes Typ 2 inklusive seiner typischen Begleiterkrankungen Übergewicht, Fettstoffwechselstörungen, Bluthochdruck und erhöhte Harnsäure beurteilt. So ist es nur konsequent, wenn die gesetzlichen Krankenkassen ihre Versicherten auf dem Weg zur langfristigen Veränderung des Lebensstils unterstützen und sich an den Kosten für Ernährungstherapie, Ernährungsberatung, Bewegungskurse und Kurse zur Stressbewältigung beteiligen. Informieren Sie sich daher rechtzeitig, und nehmen Sie diese finanzielle Unterstützung in Anspruch.

Optimierung des Ernährungsstils – Lebensmittelauswahl und Essverhalten

Auch in der heutigen Zeit kann man sich immer noch an der Empfehlung des berühmten Arztes der Antike Hippokrates orientieren: »Eure Nahrung sei Eure Medizin und die Medizin sei Eure Nahrung.«:
An unsere Nahrung haben wir natürlich den Anspruch, dass sie uns gut schmecken soll! Zudem soll Nahrung in erster Linie die Aufgabe erfüllen, den Organismus mit allen lebenswichtigen und funktionsfördernden Substanzen zu versorgen und dadurch gesund und leistungsfähig zu erhalten. Gleichzeitig soll die Belastung mit Stoffen, die der Gesundheit nicht dienlich sind, so gut es geht eingeschränkt werden.
Wenn das Essen, das wir zu uns nehmen, all diese Anforderungen erfüllen soll, muss es abwechslungsreich und nach jahreszeitlichem Angebot ausgewählt werden. Die Lebensmittel sollten darüber hinaus möglichst frisch und nur kurz gelagert sein. Alternativ sind tiefgekühlte möglichst wenig verarbeitete Lebensmittel empfehlenswert.

Alles was der Körper braucht

Insgesamt ist die Nahrung umso gesundheitsfördernder, je naturbelassener sie ist und je weniger sie lebensmitteltechnologisch verändert wurde. Sie hat dann eine hohe Nährstoffdichte. Das betrifft die lebenswichtigen Eiweißbausteine (essenzielle Aminosäuren), die Vitamine, Mineralstoffe und Spurenelemente sowie lebenswichtige Fettsäuren (mehrfach ungesättigte Fettsäuren) und pflanzliche Bioaktivstoffe. Gleichzeitig sollte der Körper über kalorienfreie Getränke mit ausreichend lebenswichtigem Wasser versorgt werden. Außerdem sollte die Aufnahme stoffwechselbelastender Substanzen, darunter Zucker, Fette mit hohem Anteil gesättigter und gehärteter Fettsäuren, Alkohol und harnsäurebildende Purine, möglichst gering sein.

Freude an Bewegung finden

Das effektivste Mittel, um den Stoffwechsel anzukurbeln, ist körperliche Aktivität. Ganz gleich ob Hockergymnastik, Tanzen im Sitzen, Schwimmen, Radfahren, Wandern, Joggen oder Ballspiele – wichtig ist, dass die Bewegungsart an Ihr individuelles Leistungsvermögen angepasst ist. Damit Sie den Spaß an Bewegung dauerhaft behalten, gilt gerade am Anfang in vielen Fällen: Weniger ist mehr! Denn wer mit körperlicher Aktivität von Null auf Hundert startet, hat häufig so starke Muskel- und/oder Gelenkschmerzen, dass er frustriert unmittelbar wieder aufhört, sich zu bewegen. Holen Sie sich professionelle Hilfe für die geplante Aktivität, und trainieren Sie anfänglich in kürzeren Einheiten, dafür häufiger. Sobald Sie etwas geübter sind, können Sie sich, wie die Sportwissenschaftler es empfehlen, mindestens zwei- bis dreimal pro Woche körperlich richtig anstrengen und dabei den Puls mindestens auf ein Niveau von 180 minus Lebensalter steigern. Denn auch der Herzmuskel braucht Training. Falls Sie sehr unerfahren mit körperlicher Aktivität sind, ist in jedem Fall eine ärztliche Voruntersuchung ratsam.

BEWEGUNG LEISTET VIEL

Bewegung bringt nicht nur Gelenke und Knorpel sowie die Muskulatur inklusive Herzmuskel in Schwung, sondern auch innere Organe und den Stoffwechsel. Die Zellen werden empfindlicher für Insulin, wodurch der Blutzucker gesenkt wird. Zudem wird auch der Fettstoffwechsel positiv beeinflusst, besonders das gute HDL-Cholesterin steigt. Da durch körperliche Aktivität vermehrt Glückshormone, die Endorphine, ausgeschüttet werden, sorgt Bewegung darüber hinaus für gute Laune und Stressabbau. Körperlich Aktive können Alltagsbelastungen besser standhalten und haben eine gute Infektabwehr, denn das Immunsystem kommt auf Touren und bildet vermehrt Abwehrzellen.

Stress bewältigen

Menschen mit Diabetes kennen das gut: Aufregung und Ärger lassen unmittelbar die Blutzuckerwerte ansteigen. Verantwortlich dafür ist die vermehrte Ausschüttung des Stresshormons Adrenalin. Bei Stress laufen dieselben Mechanismen ab, die benötigt werden, um bei Gefahr schnell flüchten oder bei Bedarf auch kämpfen zu können. Die Pupillen werden weit gestellt, die Atmung wird beschleunigt, der Herzschlag ebenfalls. Schließlich wird auch gespeicherter Zucker aus der Leber als Energie für die Muskeln freigesetzt, und dadurch steigt der Blutzucker.

Dabei ist das Stressempfinden überaus individuell. Denn ob bestimmte Situationen überhaupt Stress auslösen, hängt unter anderem davon ab, welche Strategien der Stressbewältigung der Einzelne beherrscht.

Es gibt eine Vielzahl unterschiedlicher Entspannungstechniken, darunter autogenes Training, progressive Muskelentspannung, Qigong, Meditation (insbesondere die Achtsamkeitsmeditation) und Yoga. Probieren Sie aus, welche Methode am besten zu Ihnen passt.

Ein weiteres wunderbares Mittel zum Stressabbau haben Sie bereits kennengelernt: Es heißt Bewegung! Durch Muskelarbeit wird der Stoffwechsel beschleunigt, und das Stresshormon Adrenalin kann schneller abgebaut werden.

Diabetes mellitus –
häufig gestellte Fragen

1. Was sind normale Blutzuckerwerte?

Normale Blutglukosewerte sind nüchtern gemessen unter 90 mg/100 ml (5,0 mmol/l) bis unter 140 mg/100 ml (7,8 mmol/l) zwei Stunden nach Belastung mit 75 g Traubenzucker.

2. Was zeigt ein oraler Glukosetoleranztest?

Beim oralen Glukosetoleranztest (oGTT), auch als Blutzuckerbelastungstest bezeichnet, wird der Blutzuckerwert nach Belastung mit 75 g Traubenzucker gemessen. Liegt der Blutzucker zwei Stunden nach Belastung über 140 mg/100 ml (7,8 mmol/ l), zeigt dies eine gestörte Glukosetoleranz.

3. Bei welchen Blutzuckerwerten gilt die Diagnose Diabetes als gesichert?

Die Diagnose Diabetes mellitus gilt als gesichert bei nüchtern gemessenen Blutzuckerwerten über 110 mg pro 100 ml (6,1 mmol/l) oder Werten über 200 mg pro 100 ml (11,1 mmol/l) zwei Stunden nach Belastung mit 75 g Traubenzucker (Glukosetoleranztest).

4. Was wird mit dem HbA1c-Wert gemessen?

HbA1c ist die Abkürzung für glykolisiertes (verzuckertes) Hämoglobin (roter Blutfarbstoff). Das Hämoglobin geht im Körper ständig eine Verbindung mit Zucker ein – bei niedrigen Blutzuckerwerten mit wenig Zucker, bei hohem Blutzucker mit viel Zucker. Der HbA1c-Wert erlaubt einen Rückschluss über die Höhe des mittleren Blutzuckers der letzten 120 Tage. Er wird deshalb auch als Blutzuckerlangzeitwert oder Blutzuckergedächtnis bezeichnet.

5. Was genau ist »Diabetes Typ 2«?

Wenn der Grund für erhöhte Blutzuckerwerte eine unzureichende Insulinwirkung bei ausreichender Eigenproduktion von Insulin ist, spricht man von Diabetes Typ 2. Ursache der mangelhaften Insulinwirkung sind Übergewicht und Bewegungsmangel. Dieser Diabetes-Typ wurde früher als Altersdiabetes oder Alterszucker bezeichnet, weil er in den meisten Fällen erst nach dem vierzigsten Lebensjahr auftritt.

6. *Geht Diabetes Typ 2 wieder weg, wenn ich Gewicht reduziere?*

Bei frühzeitiger Normalisierung des Körpergewichts und regelmäßiger Bewegung verschwinden die Symptome des Diabetes Typ 2. Dauerhafte Beschwerdefreiheit lässt sich jedoch nur mit einer nachhaltigen Änderung des Lebensstils erreichen, denn die genetische Veranlagung für Diabetes Typ 2 bleibt unbeeinflusst.

7. *Welches sind die Risikofaktoren für Diabetes Typ 2?*

Je mehr der folgenden Fragen Sie mit Ja beantworten können, desto größer ist Ihr individuelles Risiko für die Entwicklung von Diabetes Typ 2. Hatten oder haben Verwandte ersten Grades Diabetes Typ 2? Sind Sie übergewichtig? Ist Ihr Taillenumfang zu groß (Frauen über 88 cm, Männer über 102 cm)? Ist Ihr Blutdruck erhöht? Sind Ihre Blutfette erhöht? Haben Sie erhöhte Harnsäurewerte? Nehmen Sie Medikamente ein, um Blutdruck oder Blutwerte zu normalisieren?

8. *Ein großer Taillenumfang gehört zu den Risikofaktoren für Diabetes.*
Aber wo genau wird der Taillenumfang gemessen?

Suchen Sie auf Ihrer Rückseite auf Höhe Ihrer Lendenwirbelsäule seitlich rechts und links tastend den oberen Rand des Beckenkamms und anschießend – ein Stück weit darüber – den unteren Rand des Rippenbogens. Auf halber Strecke zwischen diesen beiden Punkten ist die Höhe, in der der Taillenumfang gemessen wird.

9. *Verursacht Diabetes immer Folgeschäden?*

Sind Blutzuckerwerte langfristig erhöht, werden verschiedene Organe geschädigt. Typische Komplikationen sind Veränderungen der großen und kleinen Blutgefäße mit Schädigungen des Augenhintergrunds, der Nieren und der Füße. Die Schädigung der Nerven führt zu Empfindungsstörungen, Neuropathien und Potenzstörungen.

Kohlenhydrate und Blutzucker
Aus der Nahrung in den Blutkreislauf

Alle Arten von Kohlenhydraten werden in Form ihrer kleinsten Bausteine, der Einfachzucker, aus dem Verdauungstrakt in den Blutkreislauf aufgenommen.

Der Begriff Kohlenhydrate fasst unterschiedlich große Verbindungen zusammen, die verschiedenen Zuckerarten.
- Traubenzucker (Glukose) und Fruchtzucker (Fruktose) sind Einfachzucker (Monosaccharide), die aus einem einzelnen Molekül bestehen.
- Haushaltszucker (Saccharose = Glukose + Fruktose), Malzzucker (Maltose = Glukose + Glukose) und Milchzucker (Laktose = Glukose + Galaktose) sind Zweifachzucker (Disaccharide), bei denen zwei Zuckermoleküle verbunden sind.
- Stärke ist ein Vielfachzucker (Polysaccharid), bei dem mehr als 1000 Glukosemoleküle verknüpft sind.

Einfachzucker

Zweifachzucker

Vielfachzucker

Quellen für Kohlenhydrate

Kohlenhydrate stecken vor allem in pflanzlichen Lebensmitteln, als Stärke in Getreide, Kartoffeln, Hülsenfrüchten sowie sämtlichen Produkten, die aus diesen Lebensmitteln hergestellt wurden. Die Einfachzucker Glukose und Fruktose sowie der Zweifachzucker Saccharose sind von Natur aus im Obst und in sehr geringer Menge auch im Gemüse zu finden. Den größten Anteil an Saccharose allerdings nehmen Menschen als Haushaltszucker vornehmlich über Backwaren und Süßwaren auf.

Saccharose wird aus Zuckerrüben oder Zuckerrohr gewonnen. Für die Verwendung als Süßungsmittel wird Saccharose im Lebensmittelhandel unter anderem als Zucker, Kandis, Puderzucker, Urzucker und Vollrohrzucker angeboten. Auch Agavendicksaft, Ahornsirup, Birnendicksaft und Honig sind stark zuckerhaltige Lebensmittel, die zum Süßen verwendet werden. Daneben wird von der Lebensmittelindustrie immer häufiger der billigere Stärkesirup zum Süßen verwendet. Stärkesirup wird auch als Glukosesirup, Glukose-Fruktose-Sirup, Fruktose-Glukose-Sirup oder Traubenzucker-Fruktose-Sirup bezeichnet. Stärkesirup enthält Glukose und Fruktose in unterschiedlichen Anteilen und wird lebensmitteltechnologisch aus Getreidestärke hergestellt.

Nur wenige tierische Lebensmittel enthalten Kohlenhydrate. Dazu gehören die Laktose (Milchzucker) liefernden Lebensmittel Milch und Sauermilchprodukte wie Buttermilch, Dickmilch, Joghurt und Kefir. Zudem ist tierische Stärke (Gykogen) in Innereien und in sehr geringer Menge im Muskelfleisch enthalten.

Kohlenhydrate für Gehirn und Nerven

Für die Energieversorgung von Hirn, Nerven und roten Blutkörperchen haben Erwachsene einen täglichen Glukoseumsatz von 180 g. Falls Sie nicht ausreichende Mengen an Kohlenhydraten mit der Nahrung aufnehmen, bildet der Körper

Die menschliche Verdauung

Spaltung der Mehr- und Vielfachzucker durch Enzyme im Dünndarm

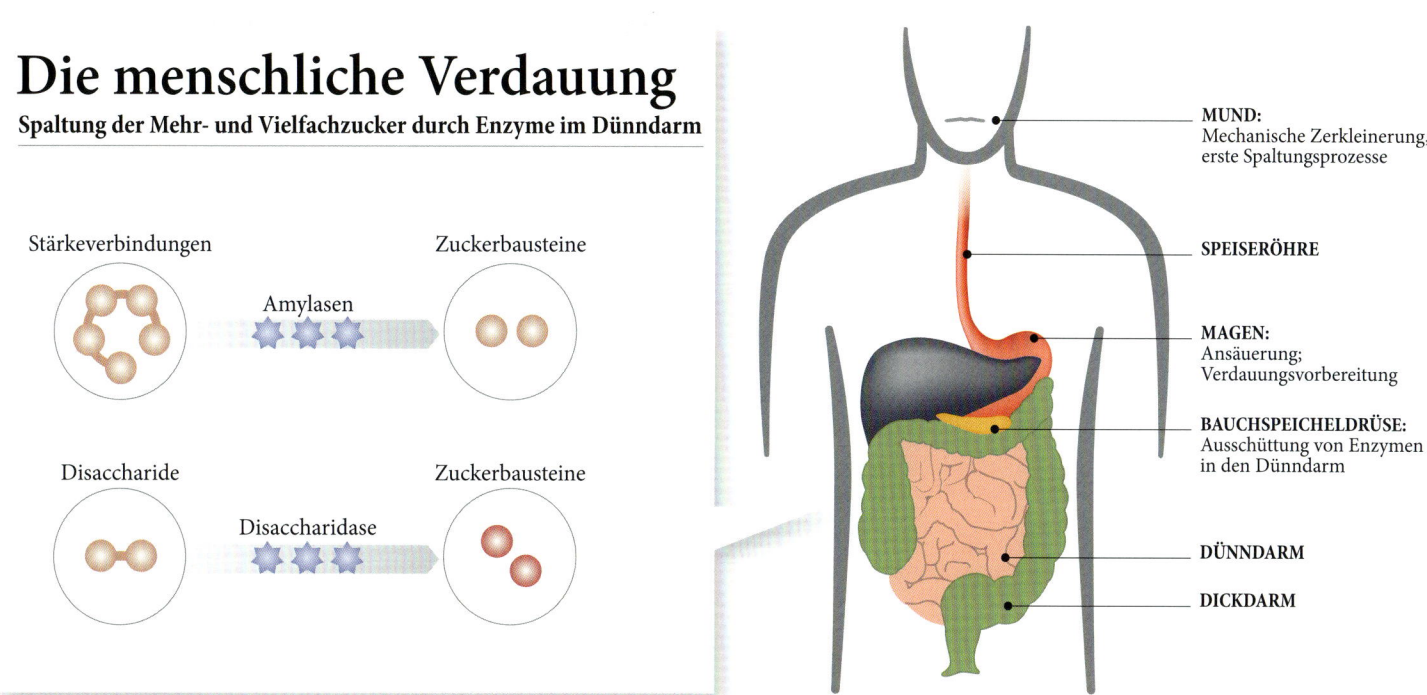

Stärkeverbindungen — Amylasen → Zuckerbausteine

Disaccharide — Disaccharidase → Zuckerbausteine

MUND: Mechanische Zerkleinerung, erste Spaltungsprozesse

SPEISERÖHRE

MAGEN: Ansäuerung; Verdauungsvorbereitung

BAUCHSPEICHELDRÜSE: Ausschüttung von Enzymen in den Dünndarm

DÜNNDARM

DICKDARM

den benötigten Zucker aus anderen Quellen, besonders aus Eiweißbausteinen. Dies erklärt die Aussage: Kohlenhydrate haben einen eiweißsparenden Effekt.

So kommt Zucker in den Blutkreislauf

Immer wenn Menschen kohlenhydrathaltige Nahrungsmittel essen, werden diese im Mund durch das Kauen zerkleinert, eingespeichelt und dadurch schluckfähig gemacht. Schon der Speichel enthält eine Stärke spaltende Amylase, die jedoch nur eine sehr geringe Enzymaktivität besitzt. Nur durch sehr langes Kauen kann ein geringer Anteil Stärke in süß schmeckende Bruchstücke (Dextrine) gespalten werden. Über die

Speiseröhre gelangen die Kohlenhydrate in den Magen und von dort in den ersten Dünndarmabschnitt, das Duodenum (Zwölffingerdarm), den Hauptort für Kohlenhydratabbau und -aufnahme.

Die Einfachzucker müssen nicht weiter zerlegt werden, sie gehen direkt vom Dünndarm ins Blut. Die Disaccharide (Zweifachzucker) werden durch spezifische Enzyme (Disaccharidasen) aus der Dünndarmschleimhaut in die Einzelzucker gespalten. Stärke wird mithilfe von Amylase aus der Bauchspeicheldrüse zunächst zu Maltose und diese mithilfe von Maltase weiter zu Glukose gespalten und über die Zellen der Dünndarmschleimhaut ins Blut transportiert.

BE, KE, KHE
Kohlenhydrate bemessen

Lernen Sie die Einheiten kennen, in denen die Menge an
aufgenommenen Kohlenhydraten und deren Wirkung auf
den Blutzucker gemessen werden kann.

Broteinheit (BE) und Kohlenhydrateinheit (KE oder KHE)
sind Umrechnungseinheiten für den Kohlenhydratanteil von
Lebensmitteln.
1 Einheit entspricht der Menge eines kohlenhydrathaltigen
Lebensmittels in Gramm, die 10 bis 12 g Kohlenhydrate
enthält. Beispielsweise ist diese Menge an Kohlenhydraten
in 100 g säuerlichem Apfel oder in 25 g Vollkornbrot oder in
15 g ungekochtem Reis oder in 200 ml Milch enthalten.

Blutzuckerwirkung der Kohlenhydrate – glykämischer Index

Nahrungskohlenhydrate lassen den Blutzucker unterschiedlich ansteigen. Geschwindigkeit und Höhe des Blutzucker-
anstiegs werden durch unterschiedliche Faktoren beeinflusst.
So haben Konsistenz und Zusammensetzung eines Nahrungsmittels bzw. einer Mahlzeit Einfluss auf die Verweil-
dauer im Magen und damit auf die Geschwindigkeit, mit
der Kohlenhydrate im Dünndarm zur Aufnahme anlangen
(siehe auch die nebenstehende Grafik).
Aber schon kohlenhydrathaltige Lebensmittel selbst haben
einen unterschiedlichen Einfluss auf den Blutzucker. Der
glykämische Index (GLYX oder GI) vergleicht den Blut-
zuckeranstieg von 50 g Kohlenhydraten aus verschiedenen
kohlenhydrathaltigen Lebensmitteln. Als Vergleichsgröße
wurde die Wirkung von 50 g Traubenzucker mit dem Wert
100 festgelegt. Je höher der glykämische Index eines Lebensmittels, desto stärker und schneller ist dessen blutzuckerstei-
gernde Wirkung. Der Einfluss kombinierter Mahlzeiten wird
durch den GLYX jedoch nicht erfasst, denn die Werte gelten
nur für das pur gegessene einzelne Lebensmittel.

Glykämische Last

Mit dem Ziel, die tatsächlich vom Körper aufgenommene
Kohlenhydratmenge berücksichtigen zu können, wurde zusätzlich der Begriff der glykämischen Last (GL) eingeführt.

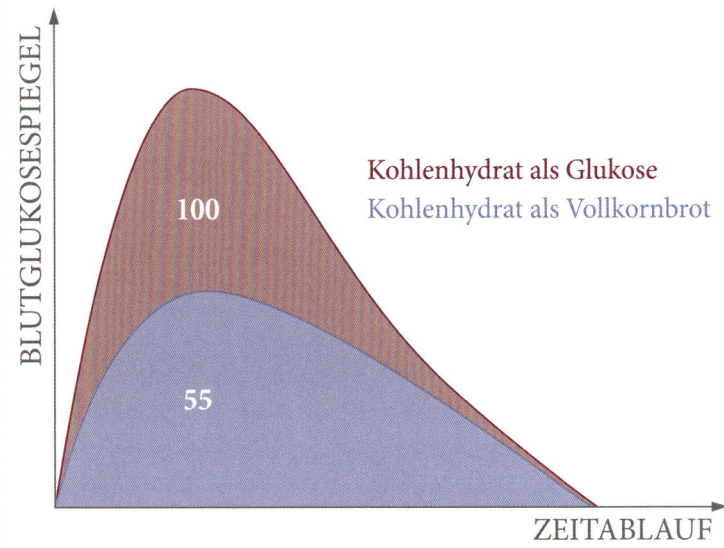

Kohlenhydrat als Glukose
Kohlenhydrat als Vollkornbrot

Deren Berechnung ermöglicht eine genauere Einschätzung
der blutzuckersteigernden Wirkung eines kohlenhydrathaltigen Lebensmittels.
Die Formel für die Berechnung der glykämischen Last lautet:
GLYX/100 × Kohlenhydratgehalt der Portion in Gramm.

Durchblick bei Kohlenhydrat-Schätzeinheiten und GLYX

Die Tabelle auf der nächsten Seite gibt Ihnen für ausgewählte
kohlenhydrathaltige Lebensmittel einen Überblick über die
Schätzwerte für den Kohlenhydratgehalt und GLYX.
Damit haben Sie die Möglichkeit, die Qualität der hauptsäch-
lichen Kohlenhydratlieferanten einzuschätzen.
Um insgesamt eine geringe Blutzuckerbelastung zu erreichen,
sollten Sie von Lebensmitteln mit einem hohen GLYX-Wert,
also roter Markierung in der rechten Spalte, am besten nur
kleine Portionen verzehren.

Schätzeinheiten für den Kohlenhydratgehalt und GLYX im Überblick

Ausgewählte kohlenhydrathaltige Lebensmittel	diese Menge entspricht 1 Schätzeinheit BE/K(H)E	GLYX
Getreide – Getreideprodukte		
Cornflakes	15 g	(rot)
Gerstenkorn	15 g	(grün)
Hafermehl	15 g	(gelb)
Maismehl	15 g	(gelb)
Mehrkornbrot	25 g	(grün)
Müslimischung	15 g	(gelb)
Reiscrispies	12 g	(rot)
Roggenkorn	20 g	(grün)
Roggenschrot und -vollkornbrot	25 g	(gelb)
Weißbrot	20 g	(rot)
Weizenschrot- und vollkornbrot	25 g	(gelb)
Kartoffeln – Reis – Nudeln		
Kartoffelbrei (Püreeflocken)	15 g	(rot)
Kartoffeln, gebacken	60 g	(rot)
Reis, natur, roh	15 g	(grün)
Reis, poliert, roh	15 g	(gelb)
Spaghetti, roh	15 g	(grün)
Spaghetti, Vollkorn, roh	15 g	(grün)
Süßkartoffeln (Bataten)	45 g	(grün)
Obst		
Ananas	85 g	(gelb)
Apfel	90 g	(grün)
Bananen	50 g	(grün)
Birnen	85 g	(grün)
Orangen	130 g	(grün)
Rosinen	15 g	(gelb)
Wassermelonen	130 g	(rot)
Weintrauben	70 g	(grün)

Ausgewählte kohlenhydrathaltige Lebensmittel	diese Menge entspricht 1 Schätzeinheit BE/K(H)E	GLYX
Gemüse und Hülsenfrüchte		
Bohnen, grün	200 g	(grün)
Bohnen, weiß, getrocknet	30 g	(grün)
Erbsen, grün	100 g	
Kichererbsen, getrocknet	25 g	
Kidneybohnen, getrocknet	25 g	
Linsen, getrocknet	25 g	
Möhren	200 g	(rot)
Milch – Milchprodukte		
Joghurt, fettarm, gezuckert	75 g	(grün)
Vollmilch	200 g	(grün)
Zucker, Honig		
Fruchtzucker (Fruktose)	10 g	(grün)
Haushaltszucker (Saccharose)	10 g	(gelb)
Honig	12 g	(rot)
Milchzucker (Laktose)	10 g	(gelb)
Traubenzucker (Glukose)	10 g	(rot)
Getränke		
Apfelsaft	90 g	(grün)
Erfrischungsgetränke zuckerhaltig	150 g	(gelb)
Orangensaft	120 g	(gelb)
»Sport«-Getränke	85 g	(rot)
»Sonstiges«		
Erdnüsse	130 g	(grün)
Kartoffel-Chips	25 g	(grün)
Mais-Chips	20 g	(rot)
Milchreis	45 g	(gelb)
Popcorn	15 g	(grün)
Schokolade	20 g	(grün)
Weizen-Cracker	15 g	(gelb)

■ niedriger glykämischer Index: unter 55   ■ mittlerer glykämischer Index: 56 bis 69   ■ hoher glykämischer Index: 70 bis 100

Blutzucker und Stoffwechsel in Balance
»Richtig« essen bei Diabetes

Drei Hauptmahlzeiten am Tag sind nicht nur wegen des
Diabetes wichtig, sie strukturieren außerdem den Tagesablauf
und beugen unkontrolliertem Essen zwischendurch vor.

Mahlzeiten haben wichtige Funktionen

Es lohnt sich, für gute Mahlzeiten Zeit zu investieren. Sie
dienen dem Auftanken mit neuer Energie und sind zugleich
eine Zeit der Vorbereitung auf die kommenden Anforderungen. Das Frühstück dient der Einstimmung auf die zu
bewältigenden Aufgaben des Vormittags. Das Mittagessen
ist Pausenzeit und Zeit, neue Energie für den Nachmittag zu
schöpfen. Das Abendessen sorgt erneut für eine Pause und
lässt den Tag ausklingen.

Nutzen Sie zusätzlich die Mahlzeiten als Zeiten der Begeg-
nung mit Familie, Freunden und Kollegen, denn sowohl die
Pausenfunktion wie auch die soziale Komponente der Mahlzeiten sind für das Wohlbefinden oft ebenso wichtig, wie die
Auswahl gesunder Nahrungsmittel.

So wirken kombinierte Mahlzeiten

Da beim Diabetes Typ 2 die erste schnelle Insulinantwort
fehlt, können Sie den Blutzucker optimal entlasten, wenn
Sie dafür sorgen, dass die verzehrten Kohlenhydrate nur
langsam vom Darm ins Blut gelangen. Bevorzugen Sie daher
Lebensmittel mit niedrigem glykämischen Index (siehe auch
die Tabelle auf Seite 21).

Durch kombinierte Mahlzeiten werden Stärke und Zucker
dann noch weiter verlangsamt. Einige Beispiele: Wenn Sie
eine Scheibe Vollkornbrot pur essen, wird die enthaltene
Stärke schneller aufgenommen, als wenn Sie das Brot belegt
mit einer Scheibe Käse essen. Wenn Sie jetzt zum belegten
Brot noch einen Salat mit Öldressing kombinieren, wird die
Kohlenhydrataufnahme noch weiter verlangsamt. Das gilt
ebenfalls für Früchte: Der fruchteigene Zucker geht langsamer ins Blut, wenn Sie das Stück Obst mit einer Portion
Milchprodukt und einigen Nüssen kombinieren.

Ein weiterer Vorteil von kombinierten Mahlzeiten ist, dass
die Magenentleerung langsamer erfolgt und die Kontaktzeit
der Nährstoffe im Dünndarm verlängert wird. Das lässt den
Verdauungsenzymen mehr Zeit für ihre Arbeit und macht
kombinierte Mahlzeiten für viele Menschen verträglicher als
separat verzehrte Einzellebensmittel.

LANGSAME KOHLENHYDRATE UND INSULINWIRKUNG

Falls Sie mit Normalinsulin behandelt werden, dessen Wirkung ja erst 15 bis 30 Minuten nach dem Spritzen eintritt,
können Sie von langsamen Kohlenhydraten in jedem Fall
profitieren. Das sind Kohlenhydrate mit niedrigem glykä-
mischem Index in kombinierten Mahlzeiten.

Falls Sie zu den Mahlzeiten direkt wirksames Insulinanalogon
spritzen, kann es bei langsamen Kohlenhydraten nötig sein,
dieses Insulinanalogon erst zum Essen oder sogar danach zu
spritzen, um Unterzuckerungen zu vermeiden. Besprechen
Sie sich dazu auch mit Ihrem Arzt oder Berater.

Hauptmahlzeiten

Machen Sie es sich zur Gewohnheit, bei Ihren Hauptmahlzeiten Frühstück, Mittagessen und Abendessen so häufig
wie möglich vier verschiedene Lebensmittelgruppen zu
kombinieren: Essen Sie eine große Portion **Gemüse oder
Rohkost** zusammen mit einer kleineren Portion eines
stärkehaltigen Lebensmittels wie Reis, Nudeln, Bulgur,
Couscous, Brot oder Kartoffeln. Kombinieren Sie dazu ein
eiweißreiches Lebensmittel wie Fisch, Geflügel, Fleisch,
ein Milchprodukt oder eine kleine Portion Hülsenfrüchte.
Ergänzen Sie diese Mahlzeit mit einer Esslöffelportion **hochwertiger Pflanzenöle**, Mandeln, Nüsse oder Samen.

Solche Mahlzeiten entlasten nicht nur den Blutzucker, sie
machen auch lange satt und helfen dadurch beim Abnehmen
und Gewichthalten.

BRAUCHEN SIE ZWISCHENMAHLZEITEN?

Falls nicht eine Behandlung mit Mischinsulin dagegenspricht, können Sie ausprobieren, ob Sie auf Zwischenmahlzeiten verzichten können, weil Sie durch kombinierte Hauptmahlzeiten für einen Zeitraum von vier bis fünf Stunden satt und leistungsfähig sind.

Zwischenmahlzeiten wenn nötig

Bei den Zwischenmahlzeiten sollten Sie – wenn möglich – mindestens zwei verschiedene Lebensmittelgruppen kombinieren, also Kohlenhydrate und Eiweiß oder Kohlenhydrate und Fett. Essen Sie also beispielsweise ein Stück Obst (Kohlenhydrate) mit einem Naturjoghurt oder einem Glas Buttermilch bzw. Milch (Eiweiß).

Gewichtsreduktion
Die Energiezufuhr verringern

Überflüssige Pfunde loszuwerden, geht ähnlich langsam, wie sie aufzubauen – aber nicht so leicht. Sie brauchen Geduld und Durchhaltevermögen, ein gesundes Essverhalten und viel Bewegung.

Die Fettpolster des Körpers, das sogenannte Unterhautfettgewebe, sind beschaffen wie Speck, den Sie als Lebensmittel kennen. Sie bestehen zum größten Teil aus Fett und haben etwas Wasser eingelagert. In jedem Kilo Körperfett sind durchschnittlich 7000 Kilokalorien gespeichert. Wer ein Kilogramm Körperfett innerhalb einer Woche mobilisieren will, muss täglich 1000 Kilokalorien sparen bzw. durch mehr körperliche Aktivität verbrauchen. Wer ein halbes Kilogramm pro Woche abnehmen will, muss jeden Tag 500 Kilokalorien teils beim Essen einsparen, teils durch Aktivität zusätzlich verbrauchen.

Normalisieren Sie Ihr Gewicht dauerhaft

Vergessen Sie Werbeversprechungen von »3 kg Gewichtsabnahme in 3 Tagen« oder »Bikinifigur übers Wochenende«. Bleiben Sie realistisch, erreichbar ist eine wöchentliche Gewichtsabnahme von einem halben bis zu einem Kilogramm. Wer sein Gewicht um 10 kg verringern will, sollte dafür entsprechend mindestens 10 bis 20 Wochen einplanen. Das bedeutet auch, Sie brauchen nicht nur ausreichend Motivation, um überhaupt mit dem Abnehmen zu starten, sondern auch noch eine gehörige Portion Geduld und Durchhaltevermögen.

Was bringt Low-Fat?

Wer sein Gewicht aus gesundheitlichen Gründen reduzieren muss, hört häufig vom Arzt den Satz: »Essen Sie weniger Fett.« Hintergrund dieser Empfehlung ist, dass Nahrungsfett ganze 90 kcal je 10 g liefert. Wer also täglich 60 g Fett einspart, spart damit 540 kcal. Der Austausch vollfetter gegen fettreduzierte Lebensmittel kann dabei hilfreich sein. Überschätzen Sie aber die Kalorienersparnis nicht: Der Unterschied zwischen einer Portion von 25 g fettreduziertem Käse (30 % Fett i. Tr. bzw. 17 % Fett gesamt) und vollfettem Käse (45 % Fett i. Tr.) beträgt lediglich 20 kcal bzw. etwa 2 g Fett.

Ausnahmen dürfen sein

Wenn Sie sich zum Abnehmen entschlossen und damit begonnen haben – seien Sie konsequent, aber nicht überstreng mit sich: Natürlich kann auch mal eine Woche dazwischenkommen, in der Sie nichts abnehmen, etwa weil Sie zu einem Fest eingeladen sind, weil Sie im Urlaub sind oder weil Sie Stress haben. In solchen Wochen ist es oft schon ein großer Erfolg, das neu bis dahin erreichte Gewicht zu halten und nicht wieder zuzunehmen. Solche Wochen gehören zum normalen Leben, und es ist gut, wenn Sie von vornherein trainieren, sich durch zeitweise andere Lebenssituationen nicht vom eigentlichen Vorhaben abzunehmen abbringen zu lassen. Behalten Sie Ihr Ziel weiter im Auge und machen Sie nach der »Ausnahmewoche« konsequent weiter mit Ihrem Programm.

Niemand legt den Schalter um

Wer seinen Lebensstil ändern will oder muss, wünscht sich häufig, »dass es Klick macht« oder »dass jemand den Schalter umlegt«. Veränderung funktioniert jedoch in den meisten Fällen nicht nach dem »Klick-Prinzip«. Denn unser Verhalten ist das Ergebnis über lange Zeit wiederholter Muster. Vielleicht geht es Ihnen auch so, dass Sie bestimmte Gewohnheiten beim Lebensmitteleinkauf und bei der Mahlzeitzubereitung haben. Wenn Sie diese über Jahre gewachsenen Rituale verändern und Neues einführen wollen, braucht dies Übung und Wiederholung. Versuchen Sie auch zu akzeptieren, dass die Änderung beim Umgang mit dem Essen nicht täglich gleich gut klappen wird. Auf diese Weise kann es Ihnen gelingen, Frustrationen oder das Gefühl, versagt zu haben bzw. nicht durchhalten zu können schon im Vorfeld zu vermeiden. Eine gute Hilfestellung beim Einüben neuer Gewohnheiten für die Lebensmittelauswahl und Zubereitung Ihrer Mahlzeiten finden Sie mit diesem Kochbuch für jeden Tag der Woche.

Hilfreiche Lebensmittel

Vielleicht haben Sie auch schon die Erfahrung machen können, dass Sie nach manchen Mahlzeiten schnell wieder hung-
rig sind. Wenn sich Hunger einstellt, kreisen die Gedanken
ums Essen, und es wird nur schwer gelingen, dem natürlichen
Essensdrang zu widerstehen.

Deshalb ist es hilfreich, Lebensmittel oder besser noch
Lebensmittelkombinationen zu essen, die langsam ins
Blut aufgenommen werden und dadurch über einen langen Zeitraum sättigen (siehe auch die Tabelle auf Seite 21
und die Ausführungen auf Seite 22, 23). Wenn es gelingt,
über einen längeren Zeitraum satt zu sein, fällt es leichter,
weniger Mahlzeiten zu essen und darüber die Energiezufuhr
zu drosseln. Lebensmittel, die nur langsam den Blutzucker
steigern und die zudem eingebunden sind in kombinierte
Mahlzeiten, können Ihnen helfen, besser und länger satt zu
sein. Das ist eine gute Unterstützung beim Einüben Ihres
neuen Lebensstils.

Den Blutdruck im Griff
Herz- und Gefäßschutz

Diabetes geht oft einher mit Bluthochdruck. Um ernste Komplikationen aufgrund von Gefäßverkalkungen zu vermeiden, müssen Diabetiker normale Blutdruckwerte anstreben.

Als Bluthochdruck oder Hypertonie wird eine Steigerung des Drucks in den Arterien bezeichnet. Der systolische Wert, also der der Anspannungs- und Auswurfphase des Herzens, liegt dann bei über 140 mmHg (Millimeter Quecksilbersäule) und der diastolische Wert der Entspannungs- und Füllungsphase des Herzens bei über 90 mmHg.

Beeinflusst wird der Blutdruck durch die genetische Veranlagung, das Lebensalter, bestimmte Medikamente (z. B. Antibabypille, Cortisonpräparate, Antirheumatika) sowie verschiedene Lebensstilfaktoren, besonders durch

- Überernährung,
- Bewegungsmangel,
- hohe Natrium- beziehungsweise Kochsalzzufuhr,
- Alkoholkonsum und
- Nikotinkonsum.

Untersuchungen zu Ursachen des Bluthochdrucks haben gezeigt, dass 70 % der Menschen mit Übergewicht auch Bluthochdruck haben. Gewichtsreduktion ist daher ein wichtiges erstes Ziel der Hochdruckbehandlung. Zusätzlich haben Nikotinverzicht, Einschränkung des Alkoholkonsums und eine Steigerung der körperlichen Aktivität einen positiven Einfluss auf den Blutdruck.

Ein Teil der Hockdruckpatienten profitiert zusätzlich von einer natriumarmen Ernährungsweise, besonders in Kombination mit einer kaliumreichen Ernährung.

Sparsam mit Natrium

Natrium ist ein lebenswichtiger Mineralstoff, der Wasser im Körper bindet und dadurch den Blutdruck erhöhen kann. Sie bemerken solche Wassereinlagerungen unter anderem an geschwollenen Fingern und Knöcheln und nicht zuletzt auch auf der Waage. Natrium ist Bestandteil von Speisesalz (Natriumchlorid). Verwenden Sie deshalb in der Küche und bei Tisch so wenig Salz wie möglich, zumal viele Lebensmittel wie Brot, Käse und Wurst ohnehin schon gesalzen sind. Für den guten Geschmack würzen Sie am besten mit Gewürzen und Kräutern.

NATRIUMZUFUHR, NACH VERORDNUNG DES ARZTES

- **»streng natriumarm«**
  täglich 450 mg Natrium = 1 g Kochsalz,

- **»natriumarm«**
  täglich 1200 mg Natrium = 3 g Kochsalz

- **»erweitert natriumarm«**
  täglich 2400 mg Natrium = 6 g Kochsalz

Nutzen Sie den Natrium-Gegenspieler

Durch ein optimales Natrium-Kalium-Verhältnis können Sie Ihren Blutdruck senken. Denn Kalium wirkt entwässernd und dadurch als Gegenspieler von Natrium. Sorgen Sie deshalb für eine gute Kaliumversorgung, indem Sie drei große Portionen Gemüse, Pilze oder Rohkost essen. Auch Kartoffeln sind eine gute Kaliumquelle, besonders wenn diese kein Kalium an das Kochwasser verlieren. Bereiten Sie also Ihre Kartoffeln idealerweise als Pellkartoffeln zu. Eine weitere gute Quelle für Kalium sind die Hülsenfrüchte. Da diese zusätzlich auch eine blutzuckerglättende Wirkung haben, lohnt es doppelt, die Hülsenfrüchte ein- bis zweimal wöchentlich als Hauptgericht oder auch für Salate einzuplanen. Auch einige Obstsorten wie Banane, Kiwi und Melone sind kaliumreich. Genießen Sie diese als Dessert oder zusammen mit einem Milchprodukt, um gleichzeitig den Blutzucker zu entlasten. Fisch, Meerestiere, Geflügel und Fleisch sind ebenfalls gute Kaliumquellen.

Blutdruckgesund kochen und essen – Praxistipps

Wählen Sie bevorzugt Lebensmittel, die nicht verarbeitet wurden:
- frisches Gemüse oder tiefgefrorenes Gemüse
- frisches Obst oder tiefgefrorenes Obst
- Kartoffeln, möglichst als Pellkartoffeln zubereitet
- Vollkorngetreide und ungesalzene Vollkorngetreide-produkte wie Flocken, Grieß und Grütze
- Milch und ungesalzene Milchprodukte wie Buttermilch, Joghurt, Kefir, Quark
- Geflügel, Fleisch, Fisch,
- Hülsenfrüchte
- Wasser, natriumarmes Mineralwasser,
- Kräuter- oder Früchtetee, grüner Tee
- frische Kräuter und Gewürze

Gesalzene Lebensmittel sollten Sie einschränken:
- Käse, besonders Kochkäse und Schmelzkäse
- Wurst-, Räucher- und Pökelwaren
- Fischkonserven
- Fertiggerichte, in der Dose und tiefgefroren
- Saucen, Suppen und Fertigsalate

Wählen Sie salzarme Zubereitungsarten:
Salz ist ein Geschmacksverstärker. Einige Zubereitungs-methoden intensivieren den Eigengeschmack der Lebens-mittel. Dadurch brauchen Sie weniger Salz:
- Braten nach der Niedrigtemperatur-Garmethode
- Köcheln bei niedriger Temperatur und geschlossenem Topf
- Garen im Römertopf oder in der Folie
- Dünsten in wenig Fett und Wasser
- Grillen

WÜRZIG STATT SALZIG

Testen Sie einmal den Aromaunterschied von frisch gemah-lenen Gewürzen und gelagerten gemahlenen – Sie werden sich für die frisch gemahlenen entscheiden! Viele Gewürze werden in kleinen, handlichen Mühlen angeboten. Auch mit einem Mörser kann man sie ganz einfach frisch zerstoßen. Verwenden Sie zusätzlich frische und getrocknete Kräuter. Auch durch das Marinieren von Fisch, Meerestieren, Geflügel und Fleisch vor der eigentlichen Zubereitung mit Öl, Zitro-ne und Gewürzen können Sie den Geschmack noch weiter verbessern und dadurch Salz sparen.

Gute Fette
Effizienter Gefäßschutz

Fettstoffwechselstörungen führen langfristig zu Gefäßverkalkung und erhöhtem Infarktrisiko. Das richtige Maß und eine gute Auswahl an Nahrungsfetten bringt den Fettstoffwechsel ins Lot.

Als Begleiterkrankungen des Diabetes Typ 2 treten häufig Bluthochdruck und Störungen des Fettstoffwechsels auf. Beide Erkrankungen belasten zusätzlich das Herz-Kreislauf-System. Zur Einschätzung des individuellen Risikos für die Entstehung von Herz-Kreislauf-Erkrankungen messen Ärzte neben dem Blutdruck vor allem folgende Blutfette: die Triglyceride sowie die Lipoproteine HDL und LDL für den Cholesterin- und Fett-Transport.

HDL sind Transportproteine hoher Dichte, sie transportieren Cholesterin von den Geweben zur Leber. HDL wirken als Blutgefäß-Reiniger und schützen so vor Gefäßverengung. Hohe HDL-Werte von mindestens 40 Milligramm je 100 Milliliter Blut sind deshalb wünschenswert.

LDL sind Transportproteine niedriger Dichte, die Cholesterin von der Leber zu den Körpergeweben transportieren. Auf ihrem Weg können die LDL auch Cholesterin in den Arterienwänden ablegen und diese sich dadurch verengen. Niedrige LDL-Werte sind deshalb ein guter Schutz zur Vorbeugung von Herz-Kreislauf-Erkrankungen.

Als guter Schutz vor Gefäßverengungen (Arteriosklerose) gelten:

- niedrige Triglyceridgehalte (unter 150 mg je 100 ml Blut)
- hohe HDL-Werte
- niedrige LDL-Werte (unter 100 mg je 100 ml Blut)
- ein gesunder Lebensstil und regelmäßige körperliche Aktivität

Über die Nahrung aufgenommene Fette beeinflussen die Blutfette

Nahrungsfette bestehen aus Glycerin und drei Fettsäuren (Triglyceride). Die Fettsäuren können gesättigt, einfach ungesättigt oder mehrfach ungesättigt sein.

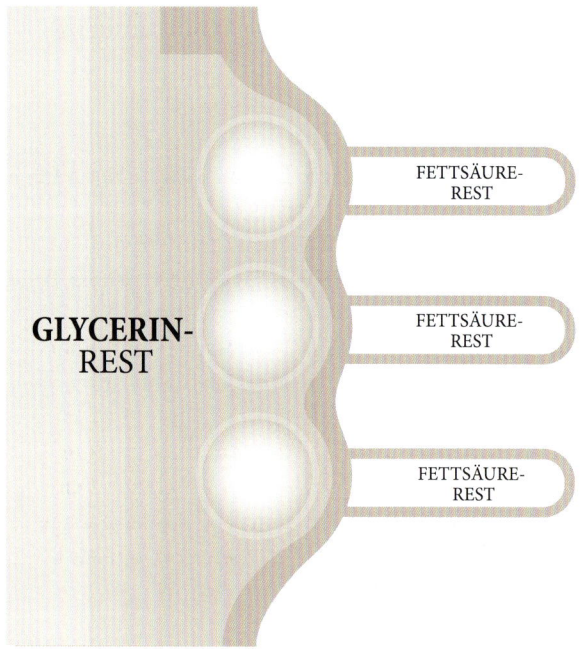

Schematischer Aufbau eines Triglycerids: Glycerin mit drei Fettsäuren

Die verschiedenen Nahrungsfettsäuren haben im Organismus unterschiedliche Wirkungen.

Folgende Fettsäurenverteilung ist geeignet, die Blutgefäße zu schützen:

- maximal 10 % gesättigte Fettsäuren (GFS) aus tierischen Lebensmitteln und gehärtete Fette aus Fertigprodukten
- 3 % lebenswichtige mehrfach ungesättigte Fettsäuren (MUFS) aus Pflanzenölen, Nüssen und Samen, und noch detaillierter: 2,5 % der Energiezufuhr an Omega-6-Fettsäuren als Linolsäure, 0,5 % der Energiezufuhr an Omega-3-Fettsäuren als Alpha-Linolensäure
- der Rest als einfach ungesättigte Fettsäuren (EUFS) aus hochwertigen Ölen wie Raps(kern)öl, Olivenöl, Sojaöl

Nahrungsfette unterschiedlicher Herkunft und ihre Zusammensetzung

Besonders Kaltwasser-Fettfische (wie Hering, Lachs, Makrele) enthalten reichliche Mengen an besonders günstigen langkettigen Omega-3-Fettsäuren. Diese Fische sollen regelmäßig auf dem Speisenplan stehen.

Das Fleisch von Landtieren dagegen enthält überwiegend gesättigte Fettsäuren. Der relativ geringe Gehalt mehrfach ungesättigter Fettsäuren besteht überwiegend aus Omega-6-Fettsäuren, während die Omega-3-Fettsäuren nur einen sehr geringen Teil ausmachen. Diese Lebensmittel sollten Sie deshalb nur in Maßen genießen.

Nach neueren wissenschaftlichen Auswertungen konnte für Milchfett – zumindest bei maßvollem Konsum – kein nachteiliger Einfluss auf das Herz-Kreislauf-Risiko nachgewiesen werden. Nutzen Sie also Milch- und Milchprodukte als wertvolle Quelle für Kalzium.

DIE FÜR SIE PASSENDE MENGE SICHTBARER FETTE KÖNNEN SIE LEICHT NACH FOLGENDER FAUSTFORMEL BESTIMMEN:

1. Zielgewicht durch 2 teilen
2. Zahlenwert in Gramm = sichtbares Fett pro Tag

Z. B.: Zielgewicht 70 kg
70 : 2 = 35 Gramm sichtbares Fett/Tag

Essen Sie fettbewusst

Verwenden Sie ausreichende Mengen pflanzlicher Öle, vermeiden Sie jedoch eine übermäßige Fettzufuhr. Bei leichter körperlicher Tätigkeit können bis zu 30 % der täglichen Energiezufuhr aus Fetten kommen, bei körperlich anstrengender Arbeit oder Sport bis zu 35 %.

FETTE ALS VITAMIN-TRANSPORTEURE

Verschiedene Gemüsesorten enthalten unter anderem reichlich fettlösliche Vitamine und Vitaminvorstufen wie Vitamin K, Carotinoide (Vitamin-A-Vorstufen) und Vitamin E. Die Zubereitung von Gemüse in Kombination mit Nahrungsfetten garantiert die optimale Aufnahme dieser fettlöslichen Vitamine aus dem Darm in die Blutbahn.

In der Praxis bedeutet das, dass Sie das Gemüse mit ein wenig pflanzlichem Öl (idealerweise Rapsöl oder Olivenöl) dünsten können oder gedämpftes Gemüse mit 1 TL Butter oder Reformmargarine servieren.

Achten Sie besonders auf die Qualität der Fette und Öle, die Sie zur Speisenzubereitung verwenden.

Starten Sie am besten schon beim Frühstück mit gesunden pflanzlichen Fetten in den Tag, z. B. mit Mandeln, Walnüssen oder Sonnenblumenkernen.

Verwenden Sie regelmäßig hochwertige Pflanzenöle wie Raps(kern)öl und Olivenöl bei der Zubereitung von Gemüsegerichten und Salaten.

Auch die Fette der Kaltwasserfische wie Hering, Lachs und Makrele schützen das Herz-Kreislauf-System. Ein bis zwei Fischmahlzeiten pro Woche sind deshalb ein Plus für Ihre Gesundheit und eine Bereicherung Ihres Speiseplans.

Nahrungsfette können noch mehr

Neben den Triglyceriden enthalten die Nahrungsfette auch noch andere Fettverbindungen. Dazu gehören Cholesterin in Lebensmitteln tierischer Herkunft sowie Phytosterine in pflanzlichen Lebensmitteln. Diese fettähnlichen Stoffe sind – in Maßen aufgenommen – unter anderem wichtig für den Zellaufbau und für die Kommunikation zwischen den Zellen. Zudem sind die Fette wichtige Träger von Geschmacksstoffen und Aromen.

Den Harnsäurespiegel senken
Stoffwechsel ins Lot bringen

Bei Diabetikern wird häufig ein erhöhter Harnsäurespiegel im Blut gemessen. Daraus kann rasch Gicht entstehen. Mit einigen wenigen Essens- und Verhaltensregeln können Sie vorbeugen.

Die allgemeine Unordnung der Stoffwechselsituation bei Diabetes Typ 2 betrifft vielfach auch den Harnsäurespiegel im Blut. Man spricht von Hyperurikämie, wenn die durchschnittlichen Referenzwerte für Harnsäure im Blutserum überschritten sind.

Referenzwerte für die Harnsäure
für Frauen: 2,5–5,7 mg/100 ml oder 149–339 µmol/l
für Männer: 3,5–7,0 mg/100 ml oder 208–419 µmol/l

Harnsäure ist das Abbauprodukt von Purinen, den Bausteinen der DNA (Träger der Erbinformation) im Inneren der Zellen. Purine sind Bestandteile sowohl der tierischen wie der pflanzlichen Zellen. Harnsäure wird über die Nieren mit dem Urin ausgeschieden. Wenn die Harnsäure so stark ansteigt, dass sie nicht mehr löslich ist und auskristallisiert, entsteht Gicht: Die nadelförmigen Harnsäurekristalle lagern sich bevorzugt in Gelenken und Extremitäten ab, und es kommt zur Bildung von Milchsäure, freien Radikalen und Substanzen, die Entzündungen auslösen.

Tipps zur Senkung des Harnsäurespiegels
Die Nahrung sollte grundsätzlich purinarm sein (siehe die Hinweise auf der nächsten Seite). Zudem ist eine maßvolle Eiweißzufuhr günstig, weil dadurch verhindert wird, dass der Säurewert (pH-Wert) von Blut und Urin nicht zu weit sinkt. Denn niedrige pH-Werte behindern die Harnsäureausscheidung.
Günstig wirkt sich auf die Hyperurikämie auch das Erreichen des Normalgewichts aus. Jedoch sollten Sie weder Fastenkuren noch Low-Carb-Diäten oder Null-Diäten durchführen, weil diese zu einer Stoffwechsellage führen, die die Harnsäureausscheidung hemmt!
Reichlich alkoholfreie Flüssigkeit – mindestens 2 Liter pro Tag – ist wichtig, um die Harnsäure gut lösen zu können.

Alkohol hingegen kann einen Gichtanfall auslösen. Deshalb gilt als Faustregel: Trinken Sie maximal 1 Glas eines alkoholischen Getränks pro Tag – und wegen des hohen Puringehalts möglichst kein Bier.

EMPFEHLUNGEN ZUR SENKUNG DES HARNSÄURESPIEGELS

- möglichst keine Innereien
- Fleisch, Geflügel, Fisch und Hülsenfrüchte in Maßen
- keine Fastenkuren
- keine kohlenhydratarme Diät (wegen der Gefahr zu niedriger pH-Werte von Blut und Urin)
- ausreichende Wassermenge
- kein anaerobes Training mit Milchsäurebildung

Bei Hyperurikämie und Gicht wird je nach Stoffwechselsituation eine »purinarme« oder eine »streng purinarme« Ernährung empfohlen. »Purinarm« bedeutet täglich maximal 500 mg Harnsäure beziehungsweise wöchentlich höchstens 3000 mg, »streng purinarm« heißt täglich maximal 120 bis 300 mg Harnsäure beziehungsweise höchstens 2000 mg Harnsäure pro Woche.

Im Folgenden wird vereinfachend vom »Harnsäuregehalt« von Lebensmitteln gesprochen, obwohl die Harnsäure erst im Körper aus den in den Lebensmitteln enthaltenen Purinen gebildet wird. Da für die Betroffenen die Menge an Harnsäure relevant ist, die aus den Purinen gebildet wird, weisen die gebräuchlichen Lebensmitteltabellen dies als sogenanntes »Harnsäure-Äquivalent« aus, hier kurz »Harnsäuregehalt« beziehungsweise – in der Tabelle rechts – »gebildete Harnsäure in mg« genannt.

Schlau gewählt

Diese Lebensmittel sollten Sie bevorzugt auswählen, um den Harnsäurespiegel nicht unnötig zu erhöhen bzw. um ihn idealerweise zu senken:

- Gemüse, Obst, Salate mit einem Harnsäuregehalt bis 50 mg/100 g Lebensmittel
- Milch, Milchprodukte und Eier
- Getreideprodukte, Backwaren und Wurstwaren mit einem Harnsäuregehalt bis 100 mg/100 g

Diese Lebensmittel sollten Sie reduzieren oder maximal bei einer Mahlzeit am Tag essen:

- Fleisch, Wurstwaren, Fisch und Fischkonserven mit einem Harnsäuregehalt bis zu 150 mg/100 g
- Hülsenfrüchte und Sonstiges mit einem Harnsäuregehalt bis zu 200 mg/100 g

Diese Lebensmittel sollten Sie möglichst vermeiden:

- alle Lebensmittel mit einem Harnsäuregehalt über 250 mg/100 g
- Innereien, Fleischextrakt
- Anchovis, Hering, Makrele, Ölsardinen, Sprotten
- Bier und Spirituosen
- fettreiche Lebensmittel
- Lebensmittel mit hohem Anteil schnell resorbierbarer Kohlenhydrate wie Saccharose (Haushaltszucker)

Nebenstehende Tabelle informiert Sie über Lebensmittel mit hohem Harnsäuregehalt. Diese sollten Sie nur in kleinen Portionen essen und nach Möglichkeit nicht mehrere davon am selben Tag.

Ausgewählte Lebensmittel mit hohen Harnsäuregehalten

Lebensmittel, 100 g essbarer Anteil	gebildete Harnsäure in mg
Gemüse und Pilze, frisch	
Champignons | Steinpilze	92
Mangold | Spinat	57
Rosenkohl	56
Staudensellerie	70
Hülsenfrüchte, getrocknet	
Bohnen, weiß	180
Erbsen, grün	544
Kichererbsen | Sojabohnen	356
Linsen	198
Fisch	
Forelle mit Haut	311
Lachs	170
Rotbarsch	241
Lachsforelle	300
Matjes mit Haut	317
Matjes ohne Haut	219
Sardelle	239
Sardine	345
Geflügel, Fleisch, Fleischwaren	
Hähnchenbrust mit Haut	175
Hähnchenbrust ohne Haut	120
Kalbsbries	918
Kalbsleber	460
Lachsschinken	184
Leberwurst, grob	165
Rinderfilet	154
Rinderleber	554
Schweinebraten, mager	182
Schweineleber	515

Richtig essen bei Diabetes
Diese Fragen sind von Bedeutung

1. *Ist Zucker wirklich Nervennahrung?*

Tatsächlich brauchen Nervenzellen Zucker – genauer gesagt Glukose – als Energiequelle. Allerdings ist es nicht erforderlich, Zucker zu essen, um den Nervenzellen die Versorgung zu sichern. Es ist völlig ausreichend, stärkehaltige Lebensmittel zu essen. Sie werden im Darm zu Zucker abgebaut, der dann die Nerven mit Energie versorgt. Stärkehaltig sind alle Getreidesorten sowie die daraus hergestellten Produkte, z. B. Brot und Nudeln, und auch Kartoffeln sind ideale Stärkelieferanten.

2. *Muss bei erhöhten Blutdruckwerten sofort mit Medikamenten behandelt werden?*

Ein normaler Blutdruck ist zum Schutz der Blutgefäße mindestens so wichtig wie normale, also den Normwerten nahe Blutzuckerwerte. Handeln Sie deshalb nicht auf eigene Faust, wenn bei Ihnen ein erhöhter Blutdruck festgestellt wurde. Besprechen Sie sich unbedingt mit Ihrem Arzt, ob Sie versuchen können, die Blutdruckwerte zunächst durch natürliche Maßnahmen wie Gewichtsreduktion und Einsparen von Natrium in den Griff zu bekommen oder ob es für Sie wichtig ist, direkt mit Medikamenten zu behandeln.

3. *Muss natriumhaltiges Mineralwasser bei Bluthochdruck in jedem Fall gemieden werden?*

Nein, es kommt auf die Natriumverbindung an. Natriumchlorid (Kochsalz) wirkt bei natriumempfindlichen Menschen blutdruckerhöhend. Natriumhydrogencarbonat dagegen hat keine blutdrucksteigernde Wirkung. Schauen Sie daher genau auf das Etikett Ihres Mineralwassers.

4. *Welches Pflanzenöl hat die wenigsten Kalorien?*

Alle Pflanzenöle haben denselben Kaloriengehalt: Sie bestehen zu 100 % aus Fetten und Fettbegleitstoffen. Deshalb liefern alle Öle je 100 g auch 900 Kilokalorien. Die Öle unterscheiden sich jedoch in ihrem Fettsäuremuster und durch ihren Gehalt an Vitamin E. Rapsöl weist eine sehr günstige Zusammensetzung an unterschiedlichen Fettsäuren auf und enthält zudem reichlich Vitamin E.

5. *Hülsenfrüchte haben ziemlich hohe Harnsäurewerte – sind sie bei Diabetes trotzdem empfehlenswert?*

Zur Glättung der Blutzuckerspiegel sind Hülsenfrüchte ideal. Sind nicht nur die Blutzuckerwerte erhöht, sondern auch die Harnsäurewerte zu hoch (Hyperurikämie), ist es empfehlenswert, am selben Tag nur ein einziges harnsäurereiches Lebensmittel auf den Speiseplan zu bringen. Das könnte in der Praxis dann so aussehen, dass es am »Hülsenfrucht-Tag« kein Fleisch gibt, denn auch Fleisch enthält reichlich harnsäurebildende Purine. Doch Hülsenfrüchte haben einen hohen Gehalt an Eiweiß, B-Vitaminen und Eisen. Dies macht sie zu einer guten Alternative an fleischlosen Tagen. Wenn Sie also Hülsenfrüchte anstelle Fleisch und nicht zusätzlich zum Fleisch essen, sind Portionen von 50 g getrockneten Hülsenfrüchten auch bei erhöhten Harnsäurewerten ideal.

6. *Warum werden in der Lebensmittelpyramide mehr Milchprodukte als Fisch- oder Fleischprodukte empfohlen?*

Diese Verteilung ist sehr sinnvoll. Zwar liefern sowohl Milchprodukte als auch Fisch und Fleisch hochwertiges Eiweiß, doch nur Milchprodukte sind gleichzeitig auch die Hauptquelle für Kalzium. Und von diesem wichtigen Mineralstoff bekommen wir über andere Lebensmittelgruppen nur unzureichende Mengen. Darüber hinaus ist das Milchfett – im Gegensatz zu Fett in Fleisch und Wurstwaren – nach heutigem Wissenstand für das Diabetesrisiko nicht von Bedeutung.

7. *Wie soll ich es schaffen, zwei Liter Wasser am Tag zu trinken?*

Diese Flüssigkeitsmenge erscheint auf den ersten Blick ziemlich viel, aber auf den ganzen Tag verteilt ist es doch leicht zu schaffen. Stellen Sie dazu Glas und Mineralwasser immer griffbereit. Vielen hilft es auch zum Einüben eines regelmäßigen Trinkverhaltens, jede volle Stunde ein Glas zu trinken. Dieser Zeitabschnitt und diese Flüssigkeitsmenge wären auch ideal für die Verarbeitung in den Nieren.

Die Lebensmittelpyramide
Gesund essen, ganz einfach

Die plakative Umsetzung der ernährungswissenschaftlichen Empfehlungen zeigt, welche Relationen die Lebensmittelgruppen auf unserem Speiseplan in etwa zueinander haben sollen.

Die Fachgesellschaften für Ernährung in Deutschland, Österreich und der Schweiz (D-A-CH) haben sich auf gemeinsame Empfehlungen für die Zufuhr an Nährstoffen geeinigt. Die Lebensmittelpyramide ist die bildhafte »Übersetzung« der wissenschaftlichen Empfehlungen. Sie hilft Ihnen dabei einzuschätzen, wie viel Sie aus den verschiedenen Lebensmittelgruppen wählen können.

1,5 bis 2 Liter Wasser am Tag

Wer ausreichend trinkt, sorgt unter anderem dafür, dass das Blut gut fließen kann, dafür dass Stoffwechselendprodukte sowie Schadstoffe rasch über die Nieren ausgeschieden werden und beugt Verstopfung vor.

5 am Tag

Nehmen Sie täglich idealerweise drei bis vier große Portionen Gemüse oder Rohkost zu sich und ein- oder zweimal eine Handvoll Obst.

Wenn Sie reichlich Gemüse oder Rohkost essen, versorgen Sie sich sehr gut mit verschiedenen Vitaminen, Mineralstoffen und bioaktiven Pflanzenstoffen – bei einem Minimum an Kalorien. Denn Gemüse ist sehr kalorienarm. Auch der hohe Gehalt an Ballaststoffen im Gemüse hat eine positive Wirkung auf Verdauung und Stoffwechsel.

Stärke aus Vollkorngetreide und Kartoffeln zu den Hauptmahlzeiten

Essen Sie je nach persönlichem Bedarf am besten zu jeder Hauptmahlzeit 4 bis 6 BE/KE stärkehaltige Lebensmittel, das entspricht 2 bis 3 Scheiben Brot oder 4 bis 6 Kartoffeln in Hühnereigröße oder 60 g bis 90 g Reis oder Nudeln (vgl. Tabelle Seite 21). Die Stärke wird zu Zucker abgebaut und versorgt Gehirn, Nervensystem und Muskulatur mit Energie. Nebenbei werden Vitamine, Mineralstoffe und Ballaststoffe mitgeliefert.

Täglich 3 Portionen Käse und Milchprodukte

Essen Sie über den Tag verteilt z. B. 3 Scheiben Käse oder 2 Scheiben Käse und 1 Becher Naturjoghurt. Zusätzlich zum hochwertigen tierischen Eiweiß liefern diese Lebensmittel reichlich Kalzium, Magnesium, Vitamin B_2 und sind zudem eine gute Quelle für Vitamin B_{12}.

Maß halten bei Fleisch und Fisch

Wählen Sie pro Woche zwei- bis dreimal 100 bis 150 g Geflügel oder mageres Fleisch, zweimal 150 bis 200 g Seefisch, ein- bis zweimal 50 g Hülsenfrüchte und maximal 3 Eier. Wurst sollte nur in geringen Mengen auf den Teller kommen, sie liefert meist viel verstecktes Fett und überreichlich Salz. Zusätzlich zum hochwertigen Eiweiß liefert Fleisch reichlich Eisen und B-Vitamine, der Seefisch B-Vitamine und je nach Sorte Jod oder gesunde Omega-3-Fettsäuren.

Sichtbare Öle und Fette abmessen

Pflanzenöle und Reformmargarine liefern gute Fettsäuren und fettlösliche Vitamine. Sie haben jedoch bereits in kleiner Menge reichlich Kalorien. Nehmen Sie täglich 30 g bis maximal 40 g sichtbare Öle und Fette zum Kochen und als Brotaufstrich.

7 kleine Extras pro Woche

Essen ist nicht nur schlichte Zufuhr von lebensnotwendiger Energie und Vitalstoffen, Essen ist immer auch ein Sinneserlebnis, für die Geschmacksnerven, für die Geruchsnerven. Und diese kitzeln wir ab und zu mit kleinen Extras. Zu den Extras zählen Süßwaren, zuckerhaltige Getränke, Knabberartikel und alkoholische Getränke. Verzehren und trinken Sie nur wenig davon, sehen Sie diese Extras als Genussmittel – sie liefern viele Kalorien, aber kaum andere lebensnotwendige Nährstoffe.

Ergänzende Tipps zur Lebensmittelauswahl und zum Essverhalten

Essen Sie frische Lebensmittel

Ideal sind frisches Obst und Gemüse; eine gute und auch vergleichsweise preiswerte Alternative sind tiefgekühlte, naturbelassene Lebensmittel (pures, unverarbeitetes Obst und Gemüse).

Genießen Sie die Vielfalt der Lebensmittel nach jahreszeitlichem Angebot

Essen Sie die Gemüse- und Obstsorten wenn möglich aus heimischem Angebot. Damit leisten Sie zudem einen Betrag zum Umweltschutz.

Verwenden Sie Salz in Maßen und würzen Sie mit Gewürzen und Kräutern

Salzarme Küche verhindert Wassereinlagerungen und entlastet den Blutdruck (siehe auch Seite 26).

Bereiten Sie Ihre Mahlzeiten möglichst bei niedrigen Temperaturen zu

Braten Sie nicht zu scharf an und dünsten Sie Ihre Gerichte bevorzugt. Schonend zubereitete Lebensmittel sind nicht nur nährstoffreicher, sie sind auch schmackhafter und aromatischer. Dadurch steigern Sie den Genuss.

Nehmen Sie sich Zeit zum Genießen

Versuchen Sie, Ihre Mahlzeiten so oft wie irgend möglich an einem Tisch sitzend einzunehmen. Mahlzeiten, die an einem Tisch in Ruhe gegessen wurden, bleiben im Gedächtnis. An die vielen kleinen Häppchen, die im Vorbeigehen mal schnell in den Mund gesteckt werden, können wir uns meist schon nach kurzer Zeit nicht mehr erinnern.

Vitamine und Mineralstoffe

Für Menschen mit Diabetes ist es besonders wichtig, dass sie sämtliche lebenswichtige Vitamine und Mineralstoffe in ausreichender Menge aufnehmen. Denn nur so können Regenerationsprozesse ablaufen und Schäden möglichst lange verhindert werden. Von großer Bedeutung sind die wasserlöslichen B-Vitamine (B_1, B_6, B_{12} und Folsäure) sowie das fettlösliche Vitamin E, die Mineralstoffe Zink und Magnesium.

Allerdings: Diese Nährstoffe in Form von hochdosierten Nahrungsergänzungsmitteln aufzunehmen, kann Diabetikern aufgrund neuerer Studienergebnisse nicht empfohlen werden. Eine kanadische Untersuchung aus dem Jahr 2010 zeigte, dass ein B-Vitamin-Präparat (2500 µg Folsäure, 25 mg Vitamin B_6 sowie 1000 µg Vitamin B_{12}) anstelle der erwarteten Verbesserung zu einer Verschlechterung der Nierenfunktion und zum häufigeren Auftreten begleitender Komplikationen wie Schlaganfällen, Herz- und Gefäßerkrankungen führte. Vor diesem Hintergrund lautet die Empfehlung, die Versorgung mit lebenswichtigen Nährstoffen über eine geeignete Lebensmittelauswahl sicherzustellen.

B-Vitamine B_1, B_6, B_{12} und Folsäure

Vitamin B_1 ist von Bedeutung für Kohlenhydratstoffwechsel und Nervenfunktion. Als Tageszufuhr werden 1 bis 1,3 mg Vitamin B_1 empfohlen. Gute Quellen sind Gemüse, einige Obstsorten, Getreide, Kartoffeln, Fisch, Geflügel, Fleisch, Innereien, Hülsenfrüchte und Nüsse.

Vitamin B_6 ist an Umbauprozessen von Eiweißbausteinen beteiligt. Als Tageszufuhr werden 1,2 bis 1,6 mg Vitamin B_6 empfohlen. Gute Quellen sind Gemüse, einige Obstsorten, Getreide, Kartoffeln, Fisch, Geflügel, Muskelfleisch, Innereien und Hülsenfrüchte.

Vitamin B_{12} ist als Coenzym an vielen Stoffwechselreaktionen beteiligt und wird auch für die Umwandlung der Folsäure in ihre physiologisch aktive Form benötigt. Als Tageszufuhr werden 3 µg Vitamin B_{12} empfohlen. Vitamin B_{12} kann ausschließlich durch Mikroorganismen hergestellt werden, z. B. durch (nützliche) Bakterien im Magen-Darm-Trakt

der Schlachttiere. Aus diesem Grund ist Vitamin B$_{12}$ hauptsächlich in tierischen Lebensmitteln enthalten (in Fleisch und Geflügel, aber auch in Milchprodukten und in Fisch). In pflanzlichen Lebensmitteln kommt B$_{12}$ nur vor, wenn diese vergoren sind (z. B. Sauerkraut).

Folsäure ist von Bedeutung für Zellteilung und Zellneubildung. Als Tageszufuhr werden 400 µg Folsäure empfohlen. Gute Quellen sind Gemüse, einige Obstsorten, Getreide, Innereien und einige Nusssorten.

Vitamin E

Die herausragende Wirkung des fettlöslichen Vitamin E ist seine Schutzwirkung vor zellschädigenden freien Radikalen. In dieser Funktion als Antioxidans ist das Vitamin E auch Bestandteil der Zellmembranen. Als Tageszufuhr werden 12 mg Vitamin E empfohlen. Gute Quellen sind Gemüse, einige Obstsorten, Getreide, Fisch, Geflügel, Innereien, Sojaprodukte, Pflanzenöle, Nüsse und Samen.

Zink

Zink ist unter anderem Bestandteil und Aktivator von Enzymen des Kohlenhydrat-, Protein- und Fettstoffwechsels. Zudem wird Zink bei der Bildung der Speicherform von Insulin benötigt. Als Tageszufuhr werden 7 bis 10 mg Zink empfohlen. Gute Quellen sind Gemüse, Getreide, Käse, Fisch, Geflügel, Fleisch, Innereien, Erdnüsse und Paranüsse.

Magnesium

Magnesium ist unter anderem Bestandteil und Aktivator verschiedener Enzyme des Kohlenhydrat- und Proteinstoffwechsels. Zudem wird Magnesium essenziell bei der neuromuskulären Reizübertragung und bei der Muskelkontraktion benötigt. Als Tageszufuhr werden 300 bis 400 mg empfohlen. Gute Quellen sind Gemüse, einzelne Obstsorten, Getreide, Fisch, Geflügel, Hülsenfrüchte sowie Nüsse und Samen.

So erreichen Sie eine optimale Zufuhr

Betrachtet man die möglichen Lebensmittelquellen für die Vitamine B$_1$, B$_6$, B$_{12}$ und Folsäure, für das fettlösliche Vitamin E und die Mineralstoffe Zink und Magnesium, so wird deutlich, wie sehr Menschen mit Diabetes von den Empfehlungen der Lebensmittelpyramide profitieren können. Denn täglich drei große Portionen Gemüse, Salat oder Rohkost sowie Getreide zu den Hauptmahlzeiten bilden die perfekte Basis einer guten Versorgung mit den genannten Vitaminen und Mineralstoffen.

Hochwertige Pflanzenöle, Nüsse und Samen ergänzen die tägliche Versorgung mit Nährstoffen ideal.

Vitamin B$_{12}$ ist in pflanzlichen Lebensmitteln nur dann enthalten, wenn diese mithilfe von Mikroorganismen fermentiert wurden, es gibt allerdings keine verlässlichen Angaben über den genauen Gehalt. Für die sichere Versorgung mit dem lebenswichtigen Nährstoff Vitamin B$_{12}$ sind daher auf lange Sicht Lebensmittel tierischen Ursprungs erforderlich. In der Leber werden bei guter Versorgung große Speicher für Vitamin B$_{12}$ angelegt, sodass ein Vitamin-B$_{12}$-Mangel erst nach jahrelanger Ernährung gänzlich ohne tierische Lebensmittel (Langzeitveganer) auftritt.

Diabetes –
Mythen und Fakten

1. *Fruchtzucker ist gesünder als Haushaltszucker*

NEIN.
Fruchtzucker hat zwar einen niedrigeren glykämischen Index als Haushaltszucker. Trotzdem gilt für beide Zuckerarten eine maximale Tageshöchstmenge von 40 g. Denn zu viel Zucker erhöht nicht nur das Körpergewicht, sondern auch die Triglyceride im Blut. Diese würden eine Gefäßverkalkung beschleunigen und das Blut dickflüssig werden lassen.

2. *Diätprodukte verschwinden aus den Regalen*

JA
Tatsächlich werden Diätprodukte für Diabetiker Ende 2012 vom Markt genommen. Hier wird der Erkenntnis Rechnung getragen, dass Diabetikerprodukte bei der Behandlung der diabetischen Stoffwechsellage nicht sinnvoll sind.

3. *Saft ohne Zuckerzusatz ist auch pur ein geeignetes Getränk für Diabetiker*

NEIN
Die Angabe »ohne Zuckerzusatz« bedeutet lediglich, dass dem Saft kein zusätzlicher Haushaltszucker zugesetzt wurde. Trotzdem enthält Saft je nach Fruchtsorte 6 bis 12 g fruchteigenen Zucker pro 100 ml.

4. *Light-Käse können beim Abspecken helfen*

JA
Light-Käse enthalten etwa 17 % Gesamtfett, das entspricht 30 % Fett in Trockenmasse. Wer eine Scheibe vollfetten Käse mit 45 % Fett in Trockenmasse durch eine gleich schwere Scheibe Light-Käse ersetzt, kann Kalorien sparen. Wenn die Scheibe 25 g wiegt, sind es übrigens etwa 20 kcal, die Sie sparen können.

5. *Bei Gemüse kann man nichts falsch machen, davon kann man essen, so viel man will*

JEIN

Sofern es sich um rohes oder um ohne jeglichen Zusatz gegartes Gemüse handelt, stimmt das. Denn Sie wären in jedem Fall satt, bevor Sie eine ungesund hohe Gemüsemenge gegessen hätten. Ist das Gemüse aber mit reichlich Fett, Sahne oder Ähnlichem zubereitet, ist die passende Menge diejenige, die einer Essensportion entspricht. – In unbegrenzter Menge wird jedes Essen ungesund.

6. *Bananen haben mehr Zucker als Äpfel*

JEIN

Das stimmt nur, wenn man 100-Gramm-Portionen vergleicht. ABER: Eine kleine Banane wiegt ohne Schale ungefähr 100 g und enthält etwa 21 g Zucker, ein schöner großer Apfel wiegt ohne Kerngehäuse über 200 g und enthält dann 23 g Zucker.

7. *Putenfleisch hat weniger Kalorien als Schweinefleisch*

JEIN

Stimmt nur, wenn man Putenfleisch mit fetten Schweinefleischstücken wie Schweinenacken vergleicht. Magere Fleischstücke von der Pute haben dagegen etwa gleich viele Kalorien wie magere Fleischstücke vom Schwein. Z. B. liefern 100 g Putenbrustfleisch 105 kcal und 100 g Schweineschnitzel 106 kcal.

8. *Wenn man Obst anstelle von Süßigkeiten isst, nimmt man in jedem Fall ab*

NEIN

Wer z. B. eine große Nektarine mit etwa 200 g anstelle eines Riegels Schokolade mit 20 g isst, ernährt sich zwar fettärmer und nimmt mehr Vitamine und Mineralstoffe auf, die Kalorien sind jedoch gleich.

9. *Essen nach 18 Uhr macht dick*

NEIN

Man nimmt nur dann an Gewicht zu, wenn man mehr isst, als man verbraucht. Die Uhrzeit ist dabei egal. Also Entwarnung für alle, die erst nach 18 Uhr essen können oder wollen.

Begleitprogramm
Energiebilanz, Bewegung, medizinische Hilfe

Gesundes Essen und Essverhalten, moderate Kalorienzufuhr
bei reichlich Bewegung und gegebenenfalls Unterstützung durch
Medikamente – so bekommen Sie den Diabetes gut in den Griff.

So schmelzen die Fettpolster

Richtig ist, dass der Körper permanent Fette und Kohlenhydrate verbraucht (fachsprachlich: verbrennt). Vergessen Sie also alles, was Sie vielleicht einmal über den »richtigen Puls« für eine ideale Fettverbrennung gehört haben. Man liest auch immer wieder, die Fettverbrennung setze erst nach 30 Minuten ein. Das führt manchmal dazu, dass Menschen, die eine nur 20-minütige Pause haben, keinen Spaziergang machen, weil sie denken, der bringe sowieso nichts.

Ob Bewegung beim Abnehmen und Gewichthalten hilft, hängt von der Energiebilanz ab. Wenn es Ihnen gelingt, weniger Kalorien aufzunehmen, als Sie durch Organleistung und Muskelarbeit verbrauchen, ist die Energiebilanz negativ. Das bedeutet, Ihr Körper muss ran an den eigenen Speck.

Kurbeln Sie den Stoffwechsel an – nutzen Sie jede Chance zur Bewegung

Um zusätzliche Kalorien zu verbrennen, ist jede noch so kleine Aktivität wirkungsvoll, denn die Summe aller Bewegungen führt zum Ziel. Auch eine Steigerung der ganz normalen Alltagsbewegungen ist ein Baustein zum Erfolg. Machen Sie es sich doch zum Grundsatz, alle Dinge, die Sie brauchen, selbst zu holen – getreu dem Motto »Jeder Gang macht schlank«. Steigen Sie Treppen, statt den Fahrstuhl oder die Rolltreppe zu benutzen, fahren Sie kleine Strecken mit dem Rad statt mit dem Auto oder gehen Sie zu Fuß. Wenn Sie öffentliche Verkehrsmittel benutzen, gehen Sie doch einen Teil der Strecke zu Fuß und steigen Sie eine Haltestelle später ein oder früher aus.

Darüber hinaus können Sie aus einer ganzen Palette von geeigneten Sportarten wählen: Sportmediziner empfehlen heutzutage einen Mix aus Ausdauerbewegung und Muskelkräftigung, z.B. Bewegungseinheiten wie Gehen, Radfahren oder Schwimmen im Wechsel mit muskelkräftigenden Einheiten wie Gymnastik oder Gerätetraining.

Kalorienverbrauch nicht überschätzen

Bewegung hilft nur dann beim Abnehmen und Gewicht halten, solange man die notwendige Trainingsdauer für eine kleine Nascherei zwischendurch nicht unterschätzt. Wer z.B. zusätzlich 30 g Käse aus dem Kühlschrank nascht, müsste 22,5 Minuten gehen, um die etwa 120 kcal wieder abzutrainieren. Ein Riegel Schokolade mit etwas über 100 kcal wäre nach 30 Minuten Tanzen gerade eben mal verbraucht.

UMSATZ AN KILOKALORIEN BEI VERSCHIEDENEN AKTIVITÄTEN IN 15 MINUTEN

Brustschwimmen	160 kcal
Gehen/Walken	80 kcal
Golf spielen	85 kcal
Laufen (11 km/h)	190 kcal
Radfahren (15 km/h)	100 kcal
Tanzen	50 kcal

Aller Anfang ist schwer

Wer sich hochmotiviert an die erste Sporteinheit macht, läuft Gefahr, dass er sich überanstrengt – und enttäuscht den Sport wieder aufgibt, weil alles wehtut. Überlasten Sie sich die ersten Male nicht, sondern fangen Sie mit zunächst nur kurz dauernden Bewegungseinheiten an. Und trainieren Sie möglichst täglich. Das nimmt so manche unnötige Hürde, weil das Bewegungsprogramm auf diese Weise rasch zum Alltag gehört. Starten Sie mit einer Bewegungsdauer, die Sie in jedem Fall gut bewältigen können – z. B. 10 Minuten. Gehen Sie also 5 Minuten in eine Richtung, drehen Sie um und gehen Sie 5 Minuten zurück. Auf diese Weise überfordern Sie sich keinesfalls. Steigern Sie nun langsam und konsequent die Trainingsdauer auf 15, 20, 25, 30 Minuten usw. Wenn Sie mehr Kondition haben, können Sie auch die Trainingsintensität steigern, etwa indem Sie zwischendurch ein paar Minuten lang schneller gehen, indem Sie eine Strecke wählen, die ein paar Steigungen hat. Je geübter Sie sind, desto mehr kommt die Lust auf mehr Bewegung.

Medikamente als Begleiter der Basistherapie

Wenn Ihr geänderter Ernährungsstil zusammen mit dem Mehr an Bewegung nicht ausreicht, um den Stoffwechsel in den Griff zu bekommen, wird Ihr Arzt den gezielten Einsatz von Medikamenten erwägen. Zur Verfügung stehen Tabletten mit unterschiedlicher Wirkung auf den Stoffwechsel sowie verschiedene Insuline. Besprechen Sie mit Ihrem Arzt ausführlich, welche Medikamente für Sie sinnvoll sind und welche zu Ihrer persönlichen Lebenssituation am besten passen.

Gehen Sie regelmäßig zu den Kontrolluntersuchungen

Zum richtigen Begleitprogramm gehören auch die ärztlichen Kontrollen. Nehmen Sie diese Termine in Absprache mit Ihrem behandelnden Arzt regelmäßig wahr.

Es gibt vier wichtige ärztliche Kontrollen bei Diabetes mellitus Typ 2
1. Alle 3 Monate die Messung des HbA1c-Wertes (Langzeit-Blutzucker), des Körpergewichts, des Blutdrucks sowie die Fußkontrolle.
2. Mindestens einmal im Jahr Kontrolle des Stoffwechsels mit Überprüfung von Blutfetten, Harnsäure und Nierenfunktion sowie EKG.
3. Mindestens einmal im Jahr Termin für die augenärztliche Untersuchung des Augenhintergrunds.
4. Mindestens einmal im Jahr Termin für eine zahnärztliche Untersuchung.

BLEIBEN SIE GELASSEN

Es ist für Sie wichtig, unnötige Stressoren zu vermeiden. Denn Aufregung, Ärger und ähnliche seelische Belastungen bewirken, dass das Stresshormon Adrenalin ausgeschüttet wird. Und das verschlechtert die Stoffwechselsituation im Körper, besonders die von Menschen mit Diabetes. Versuchen Sie daher, die Probleme des Alltags gelassen zu nehmen.

Diabetes besser verstehen
Diese Fragen sind noch offen

1. Ich habe gehört, es gibt nicht nur Diabetes Typ 1 und Typ 2, sondern auch noch Diabetes Typ 3 – was ist das?

Unter dem Begriff »Diabetes Typ 3« werden alle Ursachen erhöhter Blutzuckerwerte zusammengefasst, die weder dem Typ 1 noch dem Typ 2 zugeordnet werden können, beispielsweise hoher Blutzucker als Folge einer Entzündung der Bauchspeicheldrüse. Die Betroffenen benötigen ebenfalls Insulin.

2. Was ist ein LADA-Diabetes?

LADA ist die Abkürzung eines englischen Fachausdrucks, den man übersetzen kann mit »verzögert auftretender, autoimmun bedingter Diabetes beim Erwachsenen« oder auch »latent insulinpflichtiger Diabetes mellitus im Erwachsenenalter«. Fachleute gehen davon aus, dass etwa ein Zehntel der Typ-2-Diabetiker an einem solchen autoimmun verursachten Insulinmangeldiabetes, also einem erst im Erwachsenenalter auftretenden Typ-1-Diabetes leiden.

3. Für wen ist das Risiko, einen Schwangerschaftsdiabetes (Gestationsdiabetes) zu entwickeln besonders hoch?

Ein hohes Risiko besteht bei Frauen, die Übergewicht, Bluthochdruck oder eine Fettstoffwechselstörung haben. Auch wenn in einer früheren Untersuchung bereits eine gestörte Glukosetoleranz oder grenzwertig hoher Nüchternblutzucker festgestellt wurde, ist das Risiko für Diabetes erhöht. Frauen, die bereits ein Kind mit über 4000 g Geburtsgewicht geboren haben, tragen ebenfalls ein erhöhtes Risiko für die Entwicklung eines Gestationsdiabetes.

4. Diabetes und Zahngesundheit – wie hängt das zusammen?

Bei Diabetes besteht häufig eine erhöhte Anfälligkeit gegen Angriffe durch Bakterien sowie eine Wundheilungsstörung. Damit steigt das Risiko für Zahnfleischerkrankungen (Parodontose) und für Veränderungen der Mundflora. Vorbeugend sollten Sie aus diesem Grund einmal pro Quartal eine zahnärztliche Routineuntersuchung wahrnehmen.

5. *Führt Insulin zu Gewichtszunahme?*

Falls es aufgrund von Insulinmangel zu einer ungewollten Gewichtsabnahme gekommen ist, führt die Behandlung mit Insulin wieder zu einer Gewichtszunahme. Im Übrigen ist Gewichtszunahme eine Antwort auf ein Zuviel an Energiezufuhr, also auf zu kalorienreiches Essen und Trinken.

6. *Welche Sportarten sind bei Diabetes Typ 2 besonders empfehlenswert?*

Empfehlenswert sind vor allem dynamische Sport- und Bewegungsarten wie Schwimmen, Laufen, Skilanglauf, Walken, Nordic-Walken, Golfen, Tanzen und Wandern – dabei ist der gesamte Körper in Bewegung. Wählen Sie aus, was Sie gerne mögen und bewegen Sie sich, so oft es geht.

7. *Was sind Fett-Protein-Einheiten?*

Zurzeit finden wissenschaftliche Untersuchungen zur Insulinberechnung für Fett und Eiweiß statt. Besonders sinnvoll sind diese Berechnungen offensichtlich für Pumpenträger. Eine Fett-Protein-Einheit (FPE) = 100 kcal aus Eiweiß und Fett.

8. *Wieso brauchen Diabetiker eine Kontrolle der Füße?*

Durchblutungsstörungen treten durch Ablagerungen von Zucker zuerst an den vom Herzen am weitesten entfernten Körperteilen auf: den Füßen. Die mangelnde Durchblutung verursacht außerdem Sensibilitätsstörungen. Dadurch werden minimale Verletzungen z. B. durch einen drückenden Schuh häufig nicht bemerkt. Da auch die Wundheilung bei Diabetikern beeinträchtigt ist, kann so aus einer unentdeckten, kleinen Wunde ein langwieriger Prozess mit weitführenden Entzündungen werden.

Essen und Trinken im Tagesrhythmus

Gesund zu essen bedeutet auch, regelmäßig zu essen. So vermeiden Sie »Energielöcher« und können einen guten Rhythmus zwischen Hunger und Sättigung entwickeln.

Eine gleichmäßige Energieversorgung garantiert Ihnen ein hohes Leistungsniveau zur Bewältigung Ihrer Alltagsaufgaben. Bitte verwechseln Sie dabei nicht »gleichmäßige Versorgung« mit »ständiger Versorgung«. Denn wenn das Essen zum »Grasen«, also zum ständigen Vor-sich-hin-essen wird, ist es schwierig, die tatsächlich konsumierten Nahrungsmengen zu überblicken.

Essen bei Hunger

Mit Hunger signalisiert der Körper, dass die schnell verfügbaren Energiespeicher leer sind und Energie nachgeliefert werden muss. Hunger ist ein wichtiges Zeichen des Körpers. Wer das Hungersignal übergeht, bekommt Heißhunger. Und Heißhunger führt meist zu einer völlig unkontrollierten Lebensmittelauswahl. Oft essen heißhungrige Menschen auch sehr große Mengen, ohne dass sich ein Gefühl von Sättigung einstellt.

Wer dagegen isst, weil er Hunger hat, kann den Punkt der ausreichenden Sättigung besser spüren. Hunger ist auf diese Weise hilfreich, um das Gewicht im Griff zu behalten. Deshalb gilt, wer echten Hunger hat, soll das Signal ernst nehmen und essen.

Hunger nicht mit Esslust verwechseln

Die Lust auf Essen hat mit dem eigentlichen körperlichen Hungergefühl nichts gemein. Sie entsteht z.B. als Kompensation von Ärger, Stress oder Langeweile und braucht andere Strategien als Nahrungsaufnahme. Bei Stress ist es in vielen Fällen hilfreich, Strategien zur Stressbewältigung einzuüben. Wer gern läuft oder Rad fährt, kann ausprobieren, ob Bewegung geeignet ist, den Frust abzubauen. Bei Langeweile hilft in vielen Situationen, wenn Sie sich mit angenehmen Beschäftigungen ablenken. Vermeiden Sie unbedingt Tätigkeiten, die Sie eher als Strafe empfinden. Nur wenn Sie wirklich gern aufräumen oder bügeln, sind solche Arbeiten gute Ablenkungsmanöver. Wenn Sie dazu neigen, ein Langeweile-Esser zu sein, können Sie versuchen, sich schon vorbereitend eine Liste schöner Tätigkeiten zusammenzustellen, die Sie möglicherweise ablenken können, sodass Sie nicht so oft zum Essen greifen müssen.

Drei Hauptmahlzeiten – Zwischenmahlzeiten wenn nötig

Günstig sind grundsätzlich drei Hauptmahlzeiten. Die meisten begleitenden Medikamentenbehandlungen erfordern keine Zwischenmahlzeiten. Lediglich bei einer Behandlung mit Mischinsulinen müssen Sie zwei bis drei Zwischenmahlzeiten einplanen. Eine Empfehlung für angemessene Tagesportionen finden Sie in den Texten zur Lebensmittelpyramide auf Seite 34. Stellen Sie Ihre Mahlzeiten nach den Tipps von Seite 22 f. und den Rezepten ab Seite 50 zusammen. So bleibt Ihr Blutzucker stabil, und die Leistungskurve sackt nicht ab. Wählen Sie für Ihre Mahlzeiten so oft es geht möglichst naturbelassene Lebensmittel aus. So behalten Sie am besten den Überblick über die im Laufe des Tages verzehrten Nährstoffe und ernähren sich gleichzeitig gesund.

Gutes Frühstück – guter Start in den Tag

Nach der nächtlichen Fastenzeit sind die Kohlenhydratspeicher der Leber erschöpft. Die erste Mahlzeit des Tages soll diesen Energiespeicher wieder füllen und für einen guten Start in den Tag sorgen. Wer gern herzhaft frühstückt, kann beispielsweise Vollkornbrot mit Käse und einer Portion knackiger Rohkost kombinieren.

Für alle, die ein süßes Frühstück bevorzugen, ist ein Müsli aus Getreideflocken, Milch oder Joghurt ergänzt durch ein Stück Obst und einige Mandeln oder Nüsse ideal. Die Müslivariante ist auch bestens geeignet, wenn Sie natriumarm frühstücken wollen, um Ihren Blutdruck bewusst zu entlassen.

Zweites Frühstück oder Esspause

Nicht jeder braucht ein zweites Frühstück. Lediglich bei Behandlung mit festen Insulinmischungen ist ein zweites Frühstück wichtig, um Unterzuckerungen zu vermeiden. Wer mit Insulin behandelt wird, sollte sicherheitshalber mit seinem Arzt oder Berater besprechen, ob eine Zwischenmahlzeit am Vormittag erforderlich ist.

Für alle anderen gilt, nur wer einen höheren Energieverbrauch durch Arbeit oder Sport und dadurch echten Hunger hat, sollte eine kleine Zwischenmahlzeit essen. Ideal ist eine Kombination aus Milchprodukt und einem Stück Obst oder einer Portion Rohkost.

In jedem Fall ist es jedoch empfehlenswert, im Verlauf des Vormittags ausreichend zu trinken.

Mittagszeit – warme Mahlzeit oder Mittagsbrot

Ob warm oder kalt, kombinieren Sie eine Portion stärkehaltiges Lebensmittel wie Kartoffeln, Nudeln, Reis, Bulgur oder Brot mit einer großen Portion Gemüse oder Salat, und ergänzen Sie die Mahlzeit durch eine handtellergroße Portion eines eiweißhaltigen Nahrungsmittels: Fisch, Fleisch, Hülsenfrüchte oder ein Milchprodukt. Verwenden Sie für die Zubereitung kleine Mengen hochwertiger Pflanzenöle wie Rapsöl, Sojaöl oder Olivenöl. (Siehe auch die Hinweise zu den kombinierten Mahlzeiten auf Seite 22.)

Nachmittag

Für die Zwischenmahlzeit am Nachmittag gelten dieselben Empfehlungen wie für das zweite Frühstück. Sie brauchen nicht zu essen, wenn Sie vom Mittagessen noch ausreichend gesättigt sind. Wenn Sie allerdings zu Mittag ein Mischinsulin gespritzt haben, macht das eine Zwischenmahlzeit am Nachmittag nötig.

Abendzeit – Abendbrot oder warme Mahlzeit

Beim Abendessen sollten Sie dieselben Tipps zur Lebensmittelkombination beherzigen wie beim Mittagessen (siehe auch die Hinweise zu den kombinierten Mahlzeiten auf Seite 22). Empfehlenswert ist Vollkornbrot mit Käse oder Schinken, ergänzt durch eine große Portion Salat mit Öldressing. Wenn Sie abends warm essen, wählen Sie die Zusammenstellung einfach genauso wie beim Mittagessen. Wer lange wach und aktiv ist, braucht eventuell eine Spätmahlzeit. Ein Milchprodukt ist dann ideal.

Mahlzeiten außer Haus

Falls Sie in der Kantine oder im Restaurant essen, können Sie sich ebenfalls an den Tipps für kombinierte Mahlzeiten orientieren. Das bedeutet, wählen Sie zu stärkereichen Lebensmitteln wie Kartoffeln oder Getreideprodukten immer eine große Portion Salat oder Gemüse sowie ein eiweißreiches Lebensmittel als Ergänzung. Wird Ihnen das Essen als Büfett angeboten, sodass Sie selbst auswählen können, haben Sie es etwas einfacher als bei festen Menüs. Kombinieren Sie die in diesem Fall Lebensmittel ganz so, wie Sie es sonst zu Hause machen.

INSULINGEBRAUCH AUSSER HAUS

Besprechen Sie mit Ihrem Arzt oder Diabetesberater, wie Sie Ihr Mahlzeiteninsulin beim Essen außer Haus am besten anwenden.
Und falls Sie nach dem Essen noch Bewegung geplant haben, gilt es zu klären, um wie viele Einheiten Sie Ihr Insulin reduzieren oder wie viele Zusatz-BE/KE Sie essen sollten, um Unterzucker sicher zu vermeiden. Als Faustformel gilt: je 20 Minuten Bewegung 1 BE/KE zusätzlich.

Schichtdienst

Im Schichtdienst zu arbeiten, ist körperlich sehr anstrengend, insbesondere, weil Sie sich an wechselnde Schlafzeiten anpassen müssen. Um den Körper so weit es geht zu entlasten und den Darm so wenig wie irgend möglich zu irritieren, sollten Sie dennoch versuchen, Ihren normalen Mahlzeitenrhythmus an so vielen Tagen wie möglich beizubehalten. Meist gelingt dies bei Früh-, Normal- und Spätschicht gut, die Nachtschicht bedeutet dagegen eine besondere Herausforderung:

- Je nach Beginn der Nachtschicht (20.00 oder 21.00 Uhr) ist eine vorherige Mahlzeit zwischen 18.30 und 19.30 Uhr empfehlenswert.
- Nach etwa vier bis fünf Stunden können Sie eine leichte, wenig belastende Mahlzeit einnehmen, z. B. ein Milchprodukt mit Müsli und Früchten. Vorschläge für leichte Rezepte finden Sie auch ab Seite 82.
- Dem häufig zu beobachtenden Leistungstief zwischen 2 und 5 Uhr morgens können Sie mit einem Milchprodukt, eventuell kombiniert mit einem Stück Obst oder auch mit Rohkost und einigen Mandeln oder Nüssen begegnen. Damit Sie nach der Nachtschicht gut schlafen können, sollte dies Ihre letzte Mahlzeit sein.

Trinken Sie auch während der Nachtschicht ausreichend und regelmäßig, um Hirnleistung und Konzentrationsfähigkeit aufrechtzuerhalten. Geeignete Getränke sind Wasser, Mineralwasser, Kräuter- und Früchtetees.

Getränke, die den Kreislauf anregen, sollten Sie in den frühen Morgenstunden nicht mehr trinken, um den Schlaf nach der Nachtschicht nicht zu gefährden. Dazu zählen Colagetränke, Energiedrinks, koffeinhaltiger Kaffee, grüner, schwarzer und weißer Tee.

Verzichten Sie außerdem darauf, alkoholische Getränke als Einschlafhilfe einzusetzen, denn Alkohol vermindert die Schlafqualität.

Vermeiden Sie Unterzucker, wenn Sie Diabetes-Medikamente nehmen

Niedrige Blutzuckerwerte können zu typischen Symptomen führen. Diese können sehr unangenehm sein, gefährlich ist Unterzucker aber nur beim medikamentenbehandelten Diabetes.

Bereits bei Blutzuckerwerten von 80 mg pro 100 ml (unter 4,4 Millimol pro Liter) melden sich Gehirn und Nerven mit ersten Symptomen einer Unterzuckerung (Hypoglykämie).

Typische Anzeichen für Unterzucker
- Heißhunger
- Unkonzentriertheit
- weiche Knie
- Sehstörungen (Doppelbilder)
- kalter Schweiß
- blasse Gesichtsfarbe
- zittrige Stimme (teilweise lallend wie nach übermäßigem Alkoholkonsum)
- unerklärliche Gereiztheit bis hin zu Aggressivität

Welche Zeichen einer Unterzuckerung beim Einzelnen auftreten, ist individuell verschieden.
Wenn Ihr Diabetes ohne Medikamente und ohne Insulin behandelt wird, kann der Blutzucker unter 80 mg je 100 ml sinken, und es machen sich Unterzuckerungssymptome bemerkbar. Der Blutzucker sinkt jedoch nicht unter 60 mg. Sie brauchen in diesem Fall keinen Traubenzucker oder andere schnelle Kohlenhydrate.

Unterzucker beim medikamentenbehandelten Diabetes

Falls Sie mit Medikamenten behandelt werden, die bewirken, dass die Bauchspeicheldrüse mehr Insulin bereitstellt, oder wenn Sie Insulin spritzen, kann der Blutzucker so weit absinken, dass Sie ohnmächtig werden.
Hier gilt bei ersten Anzeichen von Unterzucker: Sofort schnelle Kohlenhydrate essen oder trinken. Geeignet sind
- 4 Täfelchen Traubenzucker oder
- 200 ml zuckerhaltiges Getränk, beispielsweise Saft oder Limonade.

MÖGLICHE URSACHEN FÜR UNTERZUCKER BEI MEDIKAMENTENBEHANDLUNGEN

- mehr Bewegung (Sport, aber auch Gartenarbeit, Fensterputzen, Tanzen)
- zu wenig Kohlenhydrate gegessen
- zu langer Abstand zur letzten Mahlzeit
- zu viel Insulin gespritzt
- zu langer Abstand zwischen Medikament oder gespritztem Insulin und Mahlzeit
- gehemmte körpereigene Zuckerbildung durch zu viel Alkohol (Alkohol wird als Lebergift zuerst abgebaut, bevor die Leber körpereigenen Zucker bildet)

Informieren Sie Ihr Umfeld!
Werte unter 60 mg pro 100 ml (bzw. unter 3,3 mmol pro Liter Blut) können zu Bewusstlosigkeit führen und müssen deshalb unbedingt rechtzeitig behandelt werden. Informieren Sie daher – wenn Sie Insulin spritzen oder Diabetes-Medikamente nehmen – Ihre Familie, Freunde und Kollegen über die Unterzuckerungssymptome, die man typischerweise bei Ihnen bemerken kann.

Individuelle Unterzuckerungsanzeichen können beispielsweise die sehr blasse Hautfarbe, das Zusammenkneifen eines Auges wegen anderenfalls auftretender Doppelbilder oder eine untypische Gereiztheit sein.
Wie rechtzeitig und wie deutlich Sie die Symptome einer Unterzuckerung bei sich selbst wahrnehmen können, ist u. a. von der Geschwindigkeit abhängig, mit der der Blutzucker abfällt. Je schneller und heftiger der Blutzuckerabfall, desto deutlicher macht er sich bemerkbar. Ein langsamer Blutzuckerabfall ist dagegen für den Betroffenen schwieriger zu erkennen. Wer Diabetes-Medikamente bekommt, muss daher besonders gut auf die Signale seines Körpers achten.

Abwechslungsreich genießen –
die erste Woche auf einen Blick

SO KÖNNTE IHRE ERSTE WOCHE AUSSEHEN	1. FRÜHSTÜCK	2. FRÜHSTÜCK (OPTIONAL)	MITTAGS
1. TAG	Sesambagel mit Frischkäse und Apfelraspel (S. 58) ca. 5,0 KE	Feta mit Trauben-Thymian-Kompott (S. 90) ca. 4,5 KE	Kartoffeltopf mit Tomaten und Kapern (S. 158) ca. 3,5 KE
2. TAG	Früchtequark mit Mandelkrokant (S. 68) ca. 3,0 KE	Camembert-Birnen-Sandwich (S. 86) ca. 2,5 KE	Gemüse-Kräuter-Bolognese mit Spaghetti (S. 164) ca. 6,5 KE
3. TAG	Mediterraner Frühstücksteller (S. 78) ca. 3,5 KE	Buttermilch-Mango-Smoothie (S. 82) ca. 2,0 KE	Tomaten mit Thunfisch-Kapern-Füllung (S. 128) ca. 0,5 KE
4. TAG	Fruchtiges Krokantmüsli mit Birnen (S. 72) ca. 4,0 KE	Gemüsesticks mit Kresse-Frischkäse-Dip (S. 88) ca. 0,5 KE	Quark-Pflanzerl mit Gemüsesalat (S. 188) ca. 3,5 KE
5. TAG	Hüttenkäse-Orangen-Brot mit Haselnüssen (S. 58) ca. 4,0 KE	Selleriesalat mit frischer Ananas und Walnüssen (S. 98) ca. 1,5 KE	Lachsfilet mit Oliven und Tomate (S. 194) ca. 0,0 KE
6. TAG	Scones mit Lachs (S. 62) ca. 2,5 KE	Himbeer-Joghurt-Smoothie (S. 82) ca. 1,5 KE	Wirsing-Möhren-Topf mit Schweinefilet (S. 154) ca. 1,0 KE
7. TAG	Frühstückscocktail aus Apfel-Mango-Kompott mit Reisflocken (S. 66) ca. 3,5 KE	Couscous mit Tomaten und Mozzarella (S. 102) ca. 1,5 KE	Zitronenhähnchen mit Knoblauch und Kartoffeln (S. 226) ca. 2,5 KE

DESSERT ODER NACHMITTAGSIMBISS (OPTIONAL)	ABENDS	DESSERT ODER SPÄTMAHLZEIT (OPTIONAL)
Himbeerkaltschale mit Dickmilch und Vanille (S. 244) ca. 2,5 KE	Brokkolisalat mit Eiern und Nussdressing (S. 108) ca. 1,0 KE	1 Apfel ca. 1,5 KE
Schnelle Apfelcreme mit Baiserschaum (S. 252) ca. 3,5 KE	Biergartenteller mit Rettich-salat (S. 126) ca. 3,0 KE	200 ml Gemüsesaft und 3 Pumpernickeltaler (à 10 g) ca. 1,0 KE
1 Birne ca. 1,5 KE	Asiatische Bratnudeln mit Rindfleisch und Brokkoli (S. 170) ca. 7,5 KE	Bunter Zitrusfruchtsalat mit Vanilleschaum (S. 252) ca. 3,5 KE
Apfelsorbet aus geriebenen Äpfeln (S. 256) ca. 1,0 KE	Parmaschinken-Kiwi-Sandwich (S. 136) ca. 2,5 KE	100 g Weintrauben und 150 g Naturjoghurt ca. 3,0 KE
1 Nektarine ca. 1,0 KE	Harzer Käse mit mariniertem Lauch (S. 132) ca. 0,5 KE	Creme aus 125 g Magerquark und 200 g Beeren ca. 1,0 KE
Feigen mit Quark-Walnuss-Füllung (S. 250) ca. 1,5 KE	Schneller Sardellen-Pizzatoast (S. 172) ca. 3,0 KE	100 g Hüttenkäse mit 3 Pumpernickeltalern (à 10 g) ca. 1,0 KE
Sauerrahm-Panna-cotta mit Minze-Ananas (S. 242) ca. 4,5 KE	Räucherforelle mit Möhren-Meerrettich-Quark (S. 128) ca. 1,0 KE	Nektarine und 200 ml Buttermilch ca. 2,0 KE

Rezepte

Holen Sie sich Appetit!
Rezeptübersicht nach Kapiteln

FRÜHSTÜCK

Starten Sie genussvoll in den Tag! Aromatische Früchte mit Joghurt
sind eine wertvolle Kombination, die den Tagesanfang versüßt.
Für Abwechslung am Frühstückstisch sorgen schnell gerührte
Brotaufstriche, warme Polenta mit Früchten und, ganz herzhaft,
das Tex-Mex-Frühstück mit Rindfleisch und Kidneybohnen.
So gut versorgt sind Sie gerüstet für den Tag!

Buttermilchbrötchen mit Walnussquark

Für den Teig
130 g Weizenmehl und Mehl
  zum Arbeiten
80 g Vollkornweizenmehl (Type 1050)
1 EL Weizenkeime
1/2 Beutel Trockenhefe
125 ml zimmerwarme Buttermilch
1/2 TL flüssiger Honig · Salz
2–3 EL Milch zum Bestreichen

Für 2 Personen
Zubereitung: 25 Min.
+ 12 Std. Gehen
+ 30 Min. Backen
Pro Portion:
ca. 650 kcal; 37 g EW,
13 g F, 96 g KH; 9,5 KE

Für den Quark
30 g Walnusskerne · 1/2 kleine Bio-Orange
250 g Magerquark · 2 EL Ahornsirup

Außerdem
Backpapier

1. Am Vorabend für den Brötchenteig beide Mehlsorten, die Weizenkeime und die Hefe in einer Schüssel vermischen. Buttermilch mit Honig und 1 Prise Salz gründlich verrühren. Milch-Honig-Mischung zum Mehlmix geben. Alles mit den Knethaken des Handrührgeräts kurz zu einem glatten Teig verkneten. Mit einem feuchten Küchentuch abdecken und zum Gehen über Nacht in den Kühlschrank stellen.

2. Am nächsten Morgen das Backblech mit Backpapier auslegen. Den Hefeteig auf einer leicht bemehlten Arbeitsfläche mit den Händen kurz durchkneten, zu einer Rolle formen und mit leicht bemehlten Händen in sechs gleich große Stücke teilen. Zu Brötchen formen. Auf das Blech legen und 15–20 Min. gehen lassen.

3. Den Backofen auf 200° vorheizen. Brötchen jeweils einmal schräg oder über Kreuz einschneiden und mit Milch bepinseln. Im Ofen (Mitte, Umluft 180°) 25–30 Min. backen, bis sie aufgegangen und gebräunt sind. Auf einem Rost auskühlen lassen.

4. Für den Quark die Walnusskerne fein hacken, in einer Pfanne ohne Fett unter Rühren kurz anrösten. Abkühlen lassen. Die Orange heiß waschen, abtrocknen und 1/2 TL Schale fein abreiben. Den Saft auspressen. Den Quark mit abgeriebener Orangenschale, Sirup und 2–3 EL Orangensaft glatt rühren. Die Nüsse untermischen. Den Quark als Aufstrich zu den Brötchen servieren.

TIPP *Die Brötchen lassen sich gut einfrieren. Zum Verzehr bei Zimmertemperatur in der Verpackung auftauen lassen, dann im Backofen bei 200° kurz aufbacken.*

Sesambagel mit Frischkäse und Apfelraspel

1 kleiner säuerlicher Apfel
(125–150 g)
2–3 TL Zitronensaft
100 g fettreduzierter
Frischkäse (17 % Fett
absolut)
weißer Pfeffer aus der Mühle
(nach Belieben)
2 Sesam-Bagels

Für 2 Personen
Zubereitung: *10 Min.*
Pro Portion:
*ca. 360 kcal; 15 g EW,
11 g F, 50 g KH; 5,0 KE*

1. Den Apfel waschen, trocken reiben, vierteln und das Kerngehäuse entfernen. Die Apfelviertel mitsamt der Schale auf der Küchenreibe grob raspeln und sofort mit 1 TL Zitronensaft vermischen.

2. Die Apfelraspel mit dem Frischkäse cremig verrühren. Falls die Masse noch zu fest ist, ein wenig Wasser hinzufügen. Mit dem restlichen Zitronensaft und nach Belieben mit einem Hauch Pfeffer abschmecken.

3. Die Bagels quer aufschneiden und beide Hälften mit dem Apfelfrischkäse bestreichen. Obere Bagelhälften auflegen und leicht andrücken.

VARIANTE *Feines für das Sonntagsfrühstück:
2 Scheiben Graved- oder Räucherlachs mit Küchenpapier trocken tupfen. Die Bagels wie im Rezept beschrieben zubereiten. Die unteren Bagelhälften mit dem Lachs belegen. Obere Brötchenhälften auflegen und leicht andrücken.*

Hüttenkäse-Orangen-Brot mit Haselnüssen

2 EL gemahlene Haselnüsse
100 g Hüttenkäse (körniger
Frischkäse, 13 % Fett)
1 EL Apfel- oder
Birnendicksaft
2 Scheiben Vollkornbrot
(à 60 g)
1 Bio-Orange (200 g)

Für 2 Personen
Zubereitung: *10 Min.*
Pro Portion:
*ca. 315 kcal; 14 g EW,
11 g F, 39 g KH; 4,0 KE*

1. Die Haselnüsse in einer kleinen beschichteten Pfanne ohne Fett unter Rühren kurz andünsten, bis sie duften. Sofort auf einen Teller umfüllen und abkühlen lassen.

2. Hüttenkäse und die Haselnüsse, bis auf 2 TL, miteinander verrühren und mit Dicksaft süßen. Die Brotscheiben damit gleichmäßig bestreichen und halbieren.

3. Die Orange so schälen, dass auch die weiße Haut vollständig entfernt wird. Orangen zuerst quer in Scheiben schneiden, dann je nach Größe halbieren oder vierteln. Auf den Brothälften anrichten, mit den restlichen Nüssen bestreuen und sofort genießen.

VARIANTE *Je nach Jahreszeit können Sie die Brote auch mit Scheiben von Nektarine, Pfirsich, Pflaume oder Birne belegen. Anstelle von Haselnüssen passen auch Walnüsse.*

INFO *Hüttenkäse, auch körniger Frischkäse oder Cottage Cheese genannt, entsteht durch die Einwirkung von Milchsäurebakterien auf erhitzte Kuhmilch. Die Körnchen, die sich dabei bilden, verleihen diesem Frischkäse seine unverwechselbare Konsistenz und seinen ganz eigenen, milden und angenehm säuerlichen Geschmack. Bei Frischkäse gibt es keinen Reifungsprozess, deshalb behält er seinen Wassergehalt und bleibt damit weich. Hüttenkäse ist fettarm, kohlenhydratarm, aber dafür eiweißreich. Es gibt ihn in Fettstufen von unter 10 bis zu 20 Prozent – ideal also für eine gesunde Ernährung. Hüttenkäse eignet sich vor allem als Frühstücks- oder Abendbrotkäse, für Müslizubereitungen und für Desserts.*

vorne Sesambagel mit Frischkäse und Apfelraspel | *hinten* Hüttenkäse-Orangen-Brot mit Haselnüssen

Ricotta-Aufstrich mit Cranberrys und Basilikum

1 EL getrocknete Cranberrys
  (ca. 10 g)
1–2 Stiele Basilikum
  (je nach Größe)
125 g Ricotta (italienischer
  Frischkäse)
2–3 TL Zitronensaft
Salz · Pfeffer aus der Mühle
2 Vollkornbrötchen oder
  2 Scheiben Vollkornbrot (à 60 g)

Für 2 Personen
Zubereitung: *15 Min.*
Pro Portion:
*ca. 275 kcal; 12 g EW,
12 g F, 28 g KH; 3,0 KE*

1. Die getrockneten Cranberrys grob hacken und mit
2 EL lauwarmem Wasser verrühren. Kurz quellen lassen.

2. Inzwischen das Basilikum trocken abreiben. Die Blätter
von den Stielen zupfen und quer in feine Streifen schneiden.

3. Den Ricotta mit den Cranberrys samt Flüssigkeit und
1 TL Zitronensaft cremig rühren. Falls die Masse noch zu fest
ist, ein wenig Wasser hinzufügen, bis eine streichbare Konsistenz entsteht. Das Basilikum unter den Aufstrich rühren.

4. Den Ricotta-Aufstrich mit Salz, Pfeffer und eventuell
dem übrigen Zitronensaft abschmecken. Zu den Brötchen
oder Brotscheiben servieren.

Aprikosenmus auf Knäckebrot

100 g Trockenaprikosen
100 ml Apfelsaft
1/4 TL gemahlener Piment
2 EL Orangensaft
2 EL Honig

Außerdem
1 kleines Glas mit Deckel
  von 150 ml Inhalt
für 2 Portionen 6 Scheiben
  Knusper- oder Knäckebrot

Für 2 Personen
(6 Scheiben Brot mit
je 1 TL Mus)
Zubereitung: *25 Min.*
Pro Portion:
*ca. 165 kcal; 4 g EW, 1 g F,
34 g KH; 3,5 KE*

1. Die getrockneten Aprikosen klein schneiden und im
Apfelsaft unter ständigem Rühren etwa 20 Min. bei geringer
Hitze im offenen Topf garen.

2. Mit Piment würzen und mit Orangensaft und Honig
pürieren. Das Aprikosenmus in das Glas füllen und verschlossen abkühlen lassen. Es hält sich im Kühlschrank
mindestens 2 Wochen.

3. Für zwei Personen 6 Teelöffel Aprikosenmus auf
6 Scheiben Knusper- oder Knäckebrot streichen.

VARIANTE *Nach diesem Grundrezept können Sie
auch andere Trockenfrüchte zu einem aromatischen süßen
Brotaufstrich verarbeiten. Versuchen Sie es doch einmal mit
getrockneten Pflaumen oder mit Mangostücken. Und auch
bei den Gewürzen gibt es Variationsmöglichkeiten: Statt
Piment passt auch Ingwer – ganz nach Belieben frisch und
feinst gerieben oder getrocknet – sowie gemahlener Zimt.
Damit der Würzgeschmack das Fruchtaroma nicht übertönt,
rühren Sie zunächst nur eine kleine Menge an Gewürz ein
und schmecken das Mus dann nochmals ab.*

vorne Ricotta-Aufstrich mit Cranberrys und Basilikum | *hinten* Aprikosenmus auf Knäckebrot

Scones mit Lachs

Für die Scones

125 g Mehl und Mehl zum Arbeiten
1 TL Backpulver
4 EL helles Rapsöl
120 ml Buttermilch
1/4 TL Salz

Für 4 Stück
Zubereitung: *20 Min.*
Pro Portion:
ca. 285 kcal; 13 g EW,
14 g F, 26 g KH; 2,5 KE

Für den Lachs

1/2 Bund Dill
75 g Magerquark
Salz · Pfeffer aus der Mühle
75 g Räucherlachs in Scheiben

Außerdem
Backpapier

1. Den Backofen auf 200° (Umluft 180°) vorheizen. Mehl, Backpulver, Öl und Buttermilch mit Salz zu einem weichen Teig verarbeiten. Auf einer gut bemehlten Arbeitsfläche kräftig kneten und zu 4 Kugeln formen. Auf ein mit Backpapier ausgelegtes Blech geben. Im vorgeheizten Ofen (Mitte) ca. 10 Min. backen.

2. Den Dill waschen und trocken schwenken, einige Zweige zurücklegen, den restlichen fein hacken, mit dem Quark verrühren und mit Salz und Pfeffer würzen. Die Scones aufschneiden, mit der Dillcreme bestreichen und mit den Räucherlachsscheiben belegen. Mit den zurückgelegten Dillzweigen servieren.

VARIANTE *Scones mit Forellencreme*
Die Scones wie beschrieben backen. 150 g geräucherte Forellenfilets ggf. von den feinen Gräten und der Haut befreien. 75 g Magerquark, 75 g Frischkäse und die geräucherten Forellenfilets mit dem Pürierstab oder im Mixer sehr fein zu einer Creme pürieren, mit 1/4 TL Zitronensaft, Salz und Pfeffer aus der Mühle würzen. 1/2 Bund Dill waschen und die Blättchen fein hacken. Die Scones aufschneiden und dick mit der Forellencreme bestreichen. Mit etwas Forellenkaviar garnieren und mit dem gehackten Dill bestreuen.

Zucchini-Aufstrich mit Mandeln und Petersilie

1 möglichst kleiner
  schlanker Zucchino (125 g)
2 Cocktailtomaten
2 Stiele glatte Petersilie
100 g Cremequark natur
  (0,2 % Fett)
3 EL gemahlene Mandeln
  (ersatzweise Nüsse)
Salz · Pfeffer aus der Mühle
mildes Paprikapulver
2 Scheiben Mehrkorn- oder Vollkornbrot (à 60 g)

Für 2 Personen
Zubereitung: *15 Min.*
Pro Portion:
*ca. 260 kcal; 13 g EW,
11 g F, 28 g KH; 3,0 KE*

1. Den Zucchino waschen und die beiden Enden knapp abschneiden. Zucchino mitsamt der Schale auf der Küchenreibe grob raspeln. Die Tomaten waschen, abtrocknen und halbieren oder in Scheiben schneiden.

2. Petersilie waschen und trocken schütteln. Die Blättchen von den Stielen zupfen und möglichst fein hacken.

3. Den Quark mit der Petersilie und den Mandeln glatt und cremig rühren. Die Zucchiniraspel leicht ausdrücken und unter den Quark mischen. Den Aufstrich mit Salz, Pfeffer und Paprika kräftig abschmecken.

4. Brotscheiben mit dem Zucchini-Aufstrich bestreichen und mit den Tomaten garnieren. Möglichst rasch genießen.

TIPP *Je kleiner die Zucchini sind, desto höher ist der grünfarbene Anteil der Schale und umso frischer sieht der Aufstrich aus.*

Kräuterkäse mit Möhrenraspel

100 g fettreduzierter
  Frischkäse (17 % Fett
  absolut)
2–3 EL Orangensaft
1 kleine Möhre (ca. 80 g)
je 1/2 Bund Petersilie
  und Schnittlauch
Salz · Pfeffer aus der Mühle
4 Scheiben Vollkorn-Knäckebrot

Für 2 Personen
Zubereitung: *15 Min.*
Pro Portion:
*ca. 155 kcal; 10 g EW,
5 g F, 15 g KH; 1,5 KE*

1. Den Frischkäse mit dem Orangensaft cremig rühren. Die Möhre waschen, schälen und auf der Küchenreibe grob raspeln. Sofort unter den Frischkäse mischen.

2. Petersilie und Schnittlauch waschen und trocken schütteln. Petersilienblättchen von den Stielen zupfen und fein hacken. Den Schnittlauch in feine Röllchen schneiden.

3. Die Kräuter unter die Frischkäsemasse mischen. Falls sie zu fest ist, mit etwas Wasser zu einer streichfähigen Konsistenz verrühren. Den Aufstrich mit Salz und Pfeffer abschmecken und möglichst rasch genießen. Dazu das Vollkorn-Knäckebrot servieren.

VARIANTE *Statt mit Möhren schmeckt der Kräuterkäse auch prima mit roh geraspeltem Kohlrabi oder Fenchel oder auch mit winzig klein gewürfelter Paprikaschote.*

INFO *Möhren toppen mit ihrem hohen Beta-Carotin-Gehalt alle Gemüsesorten. Beta-Carotin, die Vorstufe von Vitamin A, kommt als natürlicher Farbstoff in rotem, gelbem und grünem Gemüse vor, aber eben in unterschiedlicher Menge. Möhren mit ihrem günstigen Beta-Carotin-Gehalt haben daher viele positive Wirkungen auf unseren Körper. Neben der Stärkung von Sehkraft und Immunsystem bieten sie Schutz für Haut, Gefäße und Herz. Beta-Carotin wird vom Körper besonders gut aufgenommen, wenn das Gemüse in wenig Fett kurz gedünstet ist. Das lohnt sich aber kaum für eine so kleine Menge wie in diesem Rezept. Wer regelmäßig sowohl rohe als auch gegarte Möhren verzehrt, ist daher mit dem wichtigen Inhaltsstoff am besten versorgt.*

vorne Zucchini-Aufstrich mit Mandeln und Petersilie | *hinten* Kräuterkäse mit Möhrenraspel

Frühstückscocktail aus püriertem Apfel-Mango-Kompott mit Reisflocken und Molke

1 *Mango*
1 *großer* Apfel
400 ml *Molke*
2 EL *Reisflocken*
Zimtpulver

Für 2 große Gläser
(je 300 ml)
Zubereitung: *15 Min.*
Pro Portion:
ca. 170 kcal; 3 g EW, 1 g F, 36 g KH; 3,5 KE

1. Die Mango mit einem großen, schmalen Messer längs etwa dritteln, sodass sich im Mittelteil der flache Kern befindet. An diesem knapp entlangschneiden, damit möglichst wenig Fruchtfleisch verloren geht.

2. Das Fruchtfleisch der beiden »Backen« mit einem Gemüsemesser gitterartig einschneiden, jedoch nur so tief, dass die Schale der Mango nicht verletzt wird. Die Mango-»Backen« umstülpen, sodass das eingeschnittene Fruchtfleisch sich nach außen wölbt. Die Mangostücke mit dem flach gehaltenen Messer von der Schale schneiden.

3. Den Apfel schälen, vierteln und das Kerngehäuse entfernen, Apfel in kleine Stücke schneiden und mit den Mangostücken kurz in wenig (bodenbedeckt) Wasser dünsten, bis die Fruchtstücke zerfallen.

4. Die Apfel-Mango-Masse mit der Molke pürieren und in große Gläser füllen. Reisflocken in einer Pfanne ohne Fett rösten und mit 1 Prise Zimt über den Drink geben.

Melonen-Birnen-Frühstück in der Melonenschale

2 EL Kokosflocken
3 EL kernige Haferflocken
1 kleine Cantalupe-Melone
1 große Birne
100 g fettarmer Frischkäse
2 EL getrocknete Kirschen
    oder Cranberrys

Für 2 Personen
Zubereitung: *15 Min.*
Pro Portion:
ca. 260 kcal; 10 g EW,
6 g F, 41 g KH; 4,0 KE

1. Die Kokos- und Haferflocken unter Rühren in einer Pfanne ohne Fett rösten. Die Melone halbieren, die Kerne mit einem Esslöffel entfernen und das Fruchtfleisch mit einem Kugelausstecher aus den Melonenhälften heraustrennen. Das restliche Fruchtfleisch mit einem Esslöffel aus der Schale kratzen, die Schale dabei nicht verletzen.

2. Die Birne waschen, schälen, halbieren und das Kerngehäuse entfernen. Die Birne mit dem ausgekratzten Melonenfruchtfleisch und dem Frischkäse pürieren. Die Trockenkirschen oder Cranberrys unterrühren.

3. Die Frischkäse-Fruchtcreme mit den Melonenkugeln in die beiden Melonenhälften füllen und mit Kokos- und Haferflocken bestreuen.

TIPP *Die Cantalupe-Melone mit ihrem orangen Fruchtfleisch und der grünen, genetzten Schale schmeckt besonders frisch und süß. Eine Unterart der Cantaloupe-Melonen ist die Ogen-Melone, deren gelbgrüne Schale helle Rippen aufweist. Ihr sehr saftiges Fruchtfleisch besitzt neben der Süße auch eine feine Säure – eine willkommene Erfrischung gerade bei heißen Temperaturen! Genauso gut eignet sich für einen fruchtigen Start in den Tag aber auch die grünfleischige Galia-Melone, erkennbar an ihrer gelben Schale.*

Früchtequark mit Mandelkrokant

3 TL Vanillezucker
1 EL kernige Haferflocken
2 EL Mandelblättchen
2 Birnen
1 Kiwi
1 Orange
100 g Magerquark
2 EL Milch (1,5 % Fett)

Für 2 Personen
Zubereitung: *20 Min.*
Pro Portion:
ca. 230 kcal; 10 g EW,
6 g F, 31 g KH; 3,0 KE

Außerdem
Backpapier

1. Den Vanillezucker hellbraun karamellisieren. Die Haferflocken und die Mandelblättchen zugeben und darin wenden. Sofort auf Backpapier verstreichen. Auskühlen lassen.

2. Inzwischen die Birnen waschen, halbieren, das Kerngehäuse entfernen und die Birne in kleine Stücke schneiden. Die Kiwi schälen und in Stücke schneiden.

3. Die Orange so schälen, dass die gesamte weiße Haut vollständig entfernt ist. Die Orange in Scheiben schneiden und in kleine Stücke zerteilen. Heraustropfenden Fruchtsaft mit Quark und Milch verrühren.

4. Die Obststücke gut vermengen. Den Quark auf zwei Dessertschälchen verteilen und die Obststücke daraufgeben. Den Mandelkrokant mit der Hand zerbröseln und auf die Quark-Obst-Creme geben.

TIPP *Den Mandelkrokant können Sie auch gut in größeren Mengen zubereiten und, in kleine Stücke gebrochen, in einem fest verschließbaren Glas lagern.*

Trink-Müsli mit Sanddorn

500 ml *Milch*
  (1,5 % Fett)
6 EL *Schmelzflocken*
  (Instant-Haferflocken)
4 EL *Sanddornvollfrucht*
  (honiggesüßt)
2–3 EL *Ahornsirup*

Für 2 Personen
Zubereitung: *10 Min.*
Pro Portion:
ca. 275 kcal; 13 g EW,
7 g F, 39 g KH; 4,0 KE

1. Die Milch in einem Topf bei mittlerer Hitze heiß werden, dabei aber nicht aufkochen lassen. Vom Herd nehmen.

2. Zuerst die Schmelzflocken mit einem Schneebesen in die heiße Milch rühren, danach die Sanddornvollfrucht. Die Mischung mit dem Schneebesen kräftig aufschlagen und mit dem Ahornsirup abschmecken.

3. Das Trinkmüsli in Gläser oder Tassen verteilen und heiß oder warm servieren.

TIPP *Wer das flüssige Müsli lieber kalt trinkt, füllt alle Zutaten zusammen mit 2–3 Eiswürfeln in einen Standmixer. Das Ganze etwa 3 Min. auf höchster Stufe durchmixen. Danach sofort in Gläser füllen und genießen.*

VARIANTE *Im Sommer und im Herbst können Sie statt Sanddornvollfrucht auch frisches Obst nehmen. Besonders gut eignen sich hierbei ohne Zuckerzusatz fein pürierte Erdbeeren, Himbeeren oder Brombeeren.*

INFO *Sanddorn wird auch die »Zitrone des Nordens« genannt, denn die kleinen sauren Früchte besitzen ein Vielfaches mehr an Vitamin C als eine Zitrone! Deswegen ist Sanddorn ein bewährtes Hausmittel gegen Erkältungskrankheiten. Aber das Sanddornfruchtfleisch hat noch wesentlich mehr zu bieten. Neben Vitamin C liefert es einen gesundheitsfördernden Mix an vielen anderen Vitaminen, Mineralstoffen und sekundären Pflanzenstoffen. Je naturbelassener der Sanddorn ist, desto besser seine Wirkung. Sanddornvollfrucht oder Sanddornsaft sind am wenigsten verarbeitet und enthalten deshalb noch die meisten Wirkstoffe!*

Orangen-Beeren-Müsli

100 g *Himbeeren*
  (frisch oder TK)
2 *Orangen*
200 g *körniger Frischkäse*
50 g *kernige Haferflocken*
1 Päckchen *Vanillezucker*

Für 2 Personen
Zubereitung:
15 Min. + Auftauzeit
Pro Portion:
ca. 300 kcal; 18 g EW,
9 g F, 33 g KH; 3,5 KE

1. Frische Himbeeren verlesen, wenn nötig vorsichtig waschen. Tiefgekühlte Beeren auftauen lassen.

2. Die Orangen so schälen, dass auch die weiße Haut entfernt wird. Die Orangenfilets mit einem Messer aus den feinen Häutchen trennen. Den austretenden Saft dabei auffangen. Die Filets halbieren.

3. Die Orangenfilets und den aufgefangenen Orangensaft mit dem körnigen Frischkäse, den Haferflocken und dem Vanillezucker vermengen und auf zwei Schalen aufteilen. Die Himbeeren darüberstreuen.

TIPP *Auch andere Beeren der Saison lassen sich für dieses Rezept verwenden, beispielsweise Erdbeeren, Heidelbeeren oder Stachelbeeren.*

VARIANTE *Für den empfindlichen Magen: Wer rohe Getreideflocken nicht gut verträgt, bereitet ein Porridge zu und gart dafür die Haferflocken in wenig Wasser oder Milch ganz kurz an. Dabei können die tiefgekühlten Himbeeren zugegeben werden, um schnell aufzutauen. Die Orangenfilets wie beschrieben aus den Orangen schneiden. Den Orangensaft mit dem Frischkäse und dem Vanillezucker verrühren, zu dem noch warmen Getreideflocken-Porridge geben. Bei Bedarf etwas Milch einrühren. Das Porridge mit den halbierten Orangenfilets und den frischen Beeren servieren.*

Knuspermüsli mit frischen Feigen und Orange

6 *Cashewnusskerne*
6 *EL kernige Haferflocken*
200 g *Naturjoghurt*
  (1,5 % Fett)
2 *EL Apfel- oder*
  Birnendicksaft
1 *Orange*
2 *reife violette Feigen*
einige *Zitronenmelisseblättchen zum Garnieren*
  (nach Belieben)

Für 2 Personen
Zubereitung: *15 Min.*
Pro Portion:
ca. 275 kcal; 10 g EW,
7 g F, 40 g KH; 4,0 KE

1. Die Cashewnusskerne grob hacken. Zusammen mit den Haferflocken in einer kleinen beschichteten Pfanne ohne Fett unter Rühren anrösten, bis sie duften. Sofort auf einen Teller umfüllen und abkühlen lassen.

2. Die Flocken-Cashew-Mischung mit dem Joghurt verrühren und mit Apfel- oder Birnendicksaft abschmecken.

3. Die Orange so schälen, dass auch die weiße Haut vollständig entfernt wird. Die Orangenfilets zwischen den Trennhäutchen herausschneiden, dabei den austretenden Saft auffangen. Fruchtfilets nach Belieben quer halbieren.

4. Die Feigen waschen und trocken tupfen. Je nach Größe längs halbieren oder vierteln.

5. Aufgefangenen Orangensaft unter das Müsli mischen. Knuspermüsli in tiefe Teller verteilen. Orangen- und Feigenstücke darauf verteilen. Nach Belieben die Melisseblättchen waschen, trocken tupfen und das Müsli damit garnieren.

VARIANTE *Je nach Jahreszeit und Gusto schmeckt auch ein anderer Frucht-Mix, beispielsweise gemischte Beeren, Apfelwürfel mit blauen Weintraubenhälften oder Kiwischeiben mit Mangowürfeln.*

Fruchtiges Krokantmüsli mit Birnen

100 g *Getreideflocken-*
  mischung
1 *Päckchen Vanillezucker*
2 *reife Birnen*
200 g *Magerquark*
100 ml *Birnensaft*

Für 2 Personen
Zubereitung: *10 Min.*
Pro Portion:
ca. 345 kcal; 20 g EW,
4 g F, 56 g KH; 5,5 KE

1. Die Getreideflocken in einer Pfanne ohne Fett rösten. Wenig Vanillezucker zugeben und unter ständigem Rühren leicht karamellisieren. Danach abkühlen lassen.

2. Die Birnen waschen, halbieren, das Kerngehäuse entfernen und die Birnenhälften in kleine Stücke schneiden.

3. Die Birnenstücke mit dem Quark und dem Birnensaft vermengen und auf zwei Schälchen verteilen. Krokantflocken über den Birnenjoghurt geben.

VARIANTE *Wer rohe Birnen schwer verträgt, schneidet die geputzten Birnen in dünne Spalten und gart die Spalten mit 2 Gewürznelken in 100 ml Birnensaft und 100 ml Wasser kurz an, sodass sie noch Biss behalten. Die Birnenspalten abtropfen lassen, den Sud dabei auffangen. Die Birnen je nach Größe halbieren oder dritteln. Den Birnensud durch ein Sieb geben und den Saft mit dem Magerquark cremig rühren. Die Birnestücke hinzufügen. Die Krokantflocken wie oben beschrieben herstellen, über den Birnenquark geben und mit etwas Zimt oder mit 1 Prise Ingwerpulver würzen.*

Beeren-Porridge

200 ml *Milch*
   (1,5 % Fett)
100 g *feine Haferflocken*
200 g *TK-Himbeeren*
3 EL *fettarmer Joghurt*
1 TL *Honig*
1 EL *Apfelsaft*

Für 2 Personen
Zubereitung: *5 Min.*
Pro Portion:
ca. 290 kcal; 13 g EW,
5 g F, 44 g KH; 4,5 KE

1. Die Milch aufkochen, Haferflocken und TK-Beeren zugeben und kurz erhitzen, bis die Beeren aufgetaut sind. Das Beeren-Porridge in zwei Schälchen verteilen.

2. Den Joghurt mit Honig und Apfelsaft verrühren und über das Porridge geben.

TIPP *Gerade sensible Mägen sind mit rohen Getreide-flocken oft überfordert. Als Alternative zum Müsli bieten sich gekochte Getreidebreie an, wie sie aus der englischen Küche bekannt sind. Um ihnen mehr Aroma zu geben, kommen Beeren oder in mundgerechte Stücke geschnittene Früchte der Saison hinzu. Ganz nach eigenem Geschmack können Sie die Getreidebreie mit Rosinen oder anderen klein geschnittenen Trockenfrüchten, mit Zimt, Vanille-pulver, Nelkenpulver oder auch mit Sesam, sehr fein gehack-ten Mandeln, Pinienkernen, eingeweichtem Leinsamen oder gehackten Pistazien abschmecken.*

Süße Polenta mit Trauben

50 g *feiner Maisgrieß*
   (Polenta)
1 Päckchen *Vanillezucker*
100 ml *Milch*
   (1,5 % Fett)
150 g *kernlose Weintrauben*
Zimtpulver zum Bestreuen

Für 2 Personen
Zubereitung: *5 Min.*
Pro Portion:
ca. 180 kcal; 5 g EW, 1 g F,
37 g KH; 3,5 KE

1. Den Maisgrieß mit 250 ml Wasser und dem Vanillezucker 2 Min. aufkochen, dabei ständig rühren. Etwa 5 Min. bei geringer Hitze kochen, bis ein fester Maisbrei entsteht.

2. Den Maisbrei etwas abkühlen lassen und die Milch unter-rühren. Die Weintrauben waschen, halbieren und unter die noch warme Polenta geben. Mit Zimt bestreuen.

VARIANTE *Hirsecreme mit Trauben*
75 ml Hirse waschen und abtropfen lassen. Die Hirse mit 400 g TK-Beeren-Mischung in 200 ml Wasser 30 Min. sanft garen. In den letzten 10 Min. der Garzeit 100 ml Milch zugeben. 150 g Weintrauben wie beschrieben putzen, waschen und halbieren. Die Hälfte der Hirsecreme auf zwei Dessertgläser verteilen. Einige Weintraubenhälften zum Garnieren beiseitelegen, die übrigen Weintrauben in die Gläser geben und mit der restlichen Hirsecreme bedecken. Mit den zurückgelegten Weintraubenhälften die Creme dekorieren und das Dessert vor dem Servieren vollständig abkühlen lassen.

Asia-Rührei mit Garnelen, Mango und Frühlingszwiebeln

4 *kleine* makellose Salatblätter
2 *Frühlingszwiebeln*
1/2 *reife, aber schnittfeste Mango*
  (ca. 150 g)
80 g *kleine Eismeergarnelen*
  (gegart und geschält)
3 *Eier*
1–2 EL *helle Sojasauce*
2 TL *Limetten- oder Zitronensaft*
1 TL *geröstetes Sesamöl*
gemahlener Ingwer
Salz · Pfeffer aus der Mühle
2 TL *Raps- oder Sonnenblumenöl*

Für 2 Personen
Zubereitung: *20 Min.*
Pro Portion:
ca. 275 kcal; 20 g EW,
17 g F, 10 g KH; 1,0 KE

1. Die Salatblätter waschen und trocken tupfen. Frühlingszwiebeln waschen, putzen und mit dem knackigen Grün in dünne Ringe schneiden. Die Mangohälfte schälen, das Fruchtfleisch vom Kern schneiden und klein würfeln.

2. Die Garnelen kurz mit kaltem Wasser waschen und mit Küchenpapier trocken tupfen.

3. Die Eier in einer Schüssel mit der Gabel kräftig aufschlagen, bis sich Eigelb und Eiweiß gut verbunden haben. Die Masse sollte dabei aber nicht schaumig werden. Die Eiermasse mit Sojasauce, Limetten- oder Zitronensaft, Sesamöl, Ingwer sowie etwas Salz und Pfeffer kräftig würzen.

4. Garnelenstücke, Mangowürfel und die Frühlingszwiebelringe bis auf 1 EL unter die Eiermasse rühren.

5. Das Öl in einer mittelgroßen beschichteten Pfanne bei mittlerer Hitze erwärmen. Die Eiermasse hineingießen und langsam fest werden lassen. Dabei mit einem Pfannenwender mehrfach vom Pfannenrand zur Mitte hin schieben. Die Pfanne vom Herd nehmen, wenn das Rührei noch leicht feucht ist.

6. Das Rührei sofort mit den Salatblättern auf vorgewärmten Tellern anrichten. Mit übrigen Frühlingszwiebelringen garniert servieren.

Mediterraner Frühstücksteller

1 *Stück* Salatgurke (ca. 100 g)
  oder 1 *Minigurke*
3 *kleine* Tomaten
1 *kleine* rote oder grüne
  Spitzpaprika (ca. 80 g)
Salz · Pfeffer aus der Mühle
100 g *fettreduzierter Feta*
  (Schafkäse; 9 % Fett
  absolut)
4 schwarze Oliven (ohne Stein)
einige kleine Petersilienblätter
4 Scheiben Vollkornbaguette (à 30 g)

Für 2 Personen
Zubereitung: *10 Min.*
Pro Portion:
*ca. 270 kcal; 18 g EW,
7 g F, 33 g KH; 3,5 KE*

1. Die Gurke waschen, abtrocknen und in etwa 1/2 cm dicke Scheiben schneiden. Tomaten waschen, abtrocknen und die Stielansätze keilförmig herausschneiden. Tomaten quer in dicke Scheiben schneiden.

2. Die Paprikaschote waschen, längs halbieren und Stielansatz, Kerne und Trennwände entfernen. Paprikahälften quer in etwa 1/2 cm breite Streifen schneiden.

3. Zwei flache Teller oder Schalen abwechselnd mit Gurken- und Tomatenscheiben sowie Paprikastreifen auslegen. Alles leicht salzen und pfeffern. Den Käse eventuell abtropfen lassen und in Stifte oder Würfel teilen. Die Oliven je nach Größe halbieren oder vierteln.

4. Schafkäse, Oliven und Petersilienblättchen auf dem Gemüse verteilen. Frühstücksteller mit dem Baguette servieren.

VARIANTE *Die Gurke durch etwa 200 g Wassermelone austauschen. Die Melone entkernen, schälen und in mundgerechte Stücke schneiden. Mit Gemüse, Käse, Oliven und Petersilienblättchen anrichten.*

Tex-Mex-Frühstück mit Rindfleisch und Kidneybohnen auf Toast

1 *Tomate*
1 *Knoblauchzehe*
1 *Rindersteak* (100 g)
1 *EL* Olivenöl
4 *Toastscheiben*
100 g *Kidneybohnen* (Dose)
2 *EL* Ajvar (Paprikapaste)
2 *Stängel* Koriander
1 *TL* Zitronensaft
Kreuzkümmel
Salz · Pfeffer aus der Mühle

Für 2 Personen
Zubereitung: *15 Min.*
Pro Portion:
*ca. 275 kcal; 18 g EW,
9 g F, 30 g KH; 3,0 KE*

1. Die Tomate waschen, halbieren, den Stielansatz herausschneiden und die Tomate in Würfel schneiden. Den Knoblauch schälen und hacken.

2. Rindersteak in feine Streifen schneiden und in heißem Öl kurz braten. Knoblauch und Tomaten zugeben und bei geringer Hitze dünsten. Inzwischen die Brotscheiben toasten.

3. Die Bohnen abtropfen lassen, unter die Rindfleischstreifen geben und mit Ajvar vermengen. Den Koriander waschen und trocken schütteln, die Blättchen abzupfen und fein hacken. Mit dem Zitronensaft unter die Fleischstreifen geben und mit 1 Prise Kreuzkümmel, Salz und Pfeffer würzen. Auf flache Teller oder Schalen geben und mit den Toastscheiben servieren.

oben Mediterraner Frühstücksteller | *unten* Tex-Mex-Frühstück mit Rindfleisch und Kidneybohnen auf Toast

Zwischen-GERICHTE

Ergänzen Sie Ihren Speisenplan mit kleinen abwechslungsreichen Mahlzeiten ganz nach Ihren Bedürfnissen. Für Sie als Frühaufsteher hält der Camembert-Birnen-Snack zum zweiten Frühstück Ihren Blutzuckerspiegel stabil. Sie sind ein aktiver Mensch und treiben gerne Sport? Dann gibt auch am Nachmittag ein Gemüsesnack mit Kresse-Frischkäsecreme schnell wieder Energie.

Buttermilch-Mango-Smoothie

2 EL Kokosraspel
1 Mango
300 ml Buttermilch

Für 2 Personen
Zubereitung: *10 Min.*
Pro Portion:
*ca. 175 kcal; 6 g EW, 7 g F,
19 g KH; 2,0 KE*

1. Die Kokosraspeln in einer Pfanne ohne Fett rösten, bis sie leicht braun sind, dann beiseitestellen.

2. Die Mango mit einem großen, schmalen Messer längs etwa dritteln, sodass sich im Mittelteil der flache Kern befindet. An diesem knapp entlangschneiden, damit möglichst wenig Fruchtfleisch verloren geht.

3. Das Fruchtfleisch der beiden »Backen« mit einem Gemüsemesser gitterartig einschneiden, jedoch nur so tief, dass die Schale der Mango nicht verletzt wird. Die Mango-»Backen« umstülpen, sodass das eingeschnittene Fruchtfleisch sich nach außen wölbt. Die Mangostücke mit dem flach gehaltenen Messer von der Schale abschneiden.

4. Die Mangostücke mit der Buttermilch pürieren. Den Smoothie auf die Gläser verteilen und mit den gerösteten Kokosraspeln bestreut servieren.

TIPP *Die Frische und Reife einer Mango erkennen Sie nur mithilfe des Daumendrucks: Eine gut durchgereifte Mango gibt leicht nach, darf aber keine allzu weichen oder dunklen Stellen zeigen. Die Farbe der Mango, ob sie nun dunkelrot glänzt oder eine matt hellgrüne Schale besitzt, sagt hingegen nichts über ihre Reife und ihr Aroma aus.*

Himbeer-Joghurt-Smoothie

300 g Himbeeren
  (frisch oder tiefgekühlt)
2 TL Zitronensaft
1 EL Ahornsirup
150 g Naturjoghurt
  (1,5 % Fett)
100 ml Mineralwasser
  mit Kohlensäure
einige Zitronenmelisseblättchen zum Garnieren

Für 2 Personen
Zubereitung: *15 Min.*
Pro Portion:
*ca. 100 kcal; 5 g EW, 2 g F,
14 g KH; 1,5 KE*

1. Die frischen Beeren verlesen und eventuell entstielen, nur falls nötig vorsichtig waschen und abtropfen lassen. Tiefgekühlte Himbeeren auftauen lassen. 4 schöne Beeren zum Garnieren beiseitelegen.

2. Den Rest fein pürieren und mit dem Rücken eines Esslöffels durch ein mittelfeines Sieb streichen, sodass die kleinen Kerne im Sieb bleiben.

3. Das Fruchtpüree mit Zitronensaft und Ahornsirup abschmecken. Etwa zwei Drittel des Himbeerpürees mit Joghurt und Mineralwasser schaumig aufmixen. In zwei hohe Bechergläser verteilen. Restliches Himbeerpüree mit einem langstieligen Löffel unter den Beeren-Joghurt-Smoothie heben, sodass eine leichte Marmorierung entsteht.

4. Die Zitronenmelisseblättchen waschen und trocken tupfen. Smoothies mit den ganzen Himbeeren und der Zitronenmelisse garnieren und sofort genießen.

VARIANTE *Auf diese Weise lassen sich auch andere Frucht-Smoothies zubereiten, beispielsweise mit Erdbeeren oder Heidelbeeren, mit Aprikosen oder exotischen Früchten.*

Möhrenquark

100 g Möhre
100 ml Apfelsaft
gemahlener Kardamom
Zimtpulver
50 g Magerquark
1 TL Sesamsamen

Für 2 Personen
Zubereitung: *15 Min.*
Pro Portion:
ca. 65 kcal; 4 g EW, 1 g F,
8 g KH; 1,0 KE

1. Die Möhre schälen und in
1 cm große Würfel schneiden, diese im Apfelsaft 5 Min. bei
mittlerer Hitze garen.

2. Je 1 Prise Kardamom und Zimt zugeben und mit dem
Quark sehr fein pürieren und in zwei Schälchen füllen.

3. Sesamsamen in einer Pfanne ohne Fett hellbraun rösten
und über den Möhrenquark streuen.

TIPP *Um das wertvolle Vitamin Beta-Carotin in Möhren
optimal ausnutzen zu können, sollten Sie Möhren kurz
garen. Werden Möhren als Rohkost verzehrt, kann der
Körper nur einen Teil der stabilen Zellwände des Gemüses
aufbrechen, sodass bei Weitem nicht das gesamte enthaltene Beta-Carotin freigesetzt wird. Beim Kochen dagegen
werden alle Zellwände aufgebrochen, und der Körper kann
den Zellinhalt verwerten. Weil Beta-Carotin ein fettlösliches
Vitamin ist, braucht es für die Aufnahme in den Körper
allerdings gleichzeitig noch ein wenig Fett. Hierfür reicht
der in diesem Rezept enthaltene Teelöffel Sesam mit dem in
den Samen enthaltenen Öl aus.*

Kürbisquark

100 g Hokkaido-Kürbis
1/2 TL heller Balsamico-Essig
1/4 TL Zucker
gemahlener Kardamom
50 g Magerquark
Salz · Pfeffer aus der Mühle
5 g Kürbiskerne

Für 2 Personen
Zubereitung: *15 Min.*
Pro Portion:
ca. 45 kcal; 4 g EW, 1 g F,
4 g KH; 0,5 KE

1. Den Hokkaido-Kürbis putzen, in 1 cm große Würfel
schneiden, mit Essig, Zucker und 1 Prise Kardamom in
wenig Wasser dünsten.

2. Nach knapp 10 Min. sind die Kürbiswürfel weich gegart.
Die Kürbisstücke abgießen und mit dem Quark pürieren.
Mit Salz und Pfeffer abschmecken.

3. Kürbiskerne fein hacken und auf den Aufstrich streuen.
Als Dip oder Aufstrich verwenden.

SÜSSE VARIANTE *100 g geputzen und klein-
geschnittenen Kürbis statt mit Essig, 1 TL Zucker und
etwas Kardamom lediglich in ganz wenig Wasser dünsten.
2 Orangen so schälen, dass auch die weiße Haut vollständig entfernt wird. Die Orangenfilets mit einem Messer
aus den feinen Häutchen herauslösen. Den austretenden
Saft dabei auffangen. Die Filets halbieren. Den Orangensaft mit 50 g Quark, 1 TL Kokossirup und den gegarten,
abgetropften Kürbisstücken pürieren. Mit wenig Zimtpulver würzen. 1 EL Kokosflocken in einer Pfanne ohne
Fett hellbraun rösten, über den süßen Kürbisquark streuen
und diesen servieren.*

vorne Möhrenquark | *hinten* Kürbisquark

Camembert-Birnen-Sandwich

4 **kleine** makellose Salatblätter (z. B. Lollo rosso,
Radicchio)
4 **TL** Joghurt-Salatcreme
1 **TL** Feigensenf
(nach Belieben)
100 **g** fettreduzierter
Camembert
1 **kleine** reife Birne
1/2 **TL** Zitronensaft
4 **Scheiben** Vollkorn-Sandwichbrot

Für 2 Personen
Zubereitung: *15 Min.*
Pro Portion:
ca. 265 kcal; 15 g EW,
11 g F, 25 g KH; 2,5 KE

1. Die Salatblätter waschen und trocken schütteln. Die Joghurt-Salatcreme nach Belieben mit dem Feigensenf glatt rühren. Den Camembert in dünne Scheiben schneiden.

2. Die Birne waschen, abtrocknen und längs halbieren. Stiel und Kerngehäuse entfernen. Die Birnenhälften der Länge nach in Scheiben schneiden und mit Zitronensaft beträufeln. Die Brotscheiben nach Belieben toasten.

3. Alle Brote dünn mit dem Salatcreme-Senf-Mix bestreichen. Die Hälfte der Brote zuerst mit je 1 Salatblatt, dann mit den Camembert- und Birnenscheiben belegen. Mit den übrigen Salatblättern belegen und mit den restlichen Brotscheiben bedecken. Die Brote leicht andrücken und mit einem scharfen Messer diagonal in je zwei Dreiecke schneiden.

TIPP *Der Snack eignet sich gut zum Mitnehmen an den Arbeitsplatz. Die Brotdreiecke einzeln in Frischhaltefolie wickeln und in Kunststoffboxen transportieren.*

Staudensellerie mit Kräuter-Nuss-Paste

3 **Stangen** Staudensellerie
1 **TL** Zitronensaft
20 **g** Walnusskerne
50 **g** Magerquark
Salz
Pfeffer aus der Mühle
2 **Zweige** Petersilie

Für 2 Personen
Zubereitung: *15 Min.*
Pro Portion:
ca. 95 kcal; 6 g EW, 6 g F,
3 g KH; 0,5 KE

1. Den Staudensellerie waschen und putzen, eine Stange klein schneiden und mit Zitronensaft beträufeln, die übrigen Stangen in Sticks zum Dippen schneiden. Die Walnüsse fein hacken und ohne Fett in einer beschichteten Pfanne rösten.

2. Den Quark mit Walnusskernen und Selleriestücken pürieren und mit Salz und Pfeffer würzen.

3. Die Petersilie waschen und trocken schütteln, die Blätter abzupfen und hacken. Unter den Dip rühren und zu den Selleriesticks servieren.

VARIANTE *Aus Paste wird Salat:*
1 Mango von Kern und Schale befreien. Das Fruchtfleisch dabei in kleine Stücke schneiden. Die 3 Stangen Stauden-sellerie waschen, putzen und in sehr feine Scheibchen schneiden. Die 20 g Walnüsse wie beschrieben rösten. 50 g Magerquark mit 1 TL Zitronensaft und 1 EL Salat-creme vermengen, mit Salz und Pfeffer würzen und mit Mango und Staudensellerie verrühren. 2 Zweige Petersilie wie beschrieben hacken und über den Salat geben.

vorne Camembert-Birnen-Sandwich | *hinten* Staudensellerie mit Kräuter-Nuss-Paste

Kichererbsen-Sesam-Püree

30 g *getrocknete Kichererbsen*
1/2 **Bund** *Schnittlauch*
1 *Knoblauchzehe*
3 TL *Zitronensaft*
1 EL *dunkles Sesamöl*
Salz
Paprikapulver
6 **Scheiben** *Knäckebrot*

Für 2 Personen
Zubereitung: *10 Min.*
+ 12 Std. Einweichen
+ 45 Min. Kochen
Pro Portion:
ca. 195 kcal; 6 g EW,
6 g F, 27 g KH; 2,5 KE

1. Die Kichererbsen in reichlich Wasser 12 Std. einweichen. In frischem Wasser 45 Min. bei mittlerer Hitze kochen lassen und abgießen.

2. Den Schnittlauch waschen, trocken schütteln und grob hacken. Den Knoblauch schälen, durch eine Presse zu den Kichererbsen drücken und alles mit Schnittlauch, Zitronensaft und Sesamöl pürieren. Mit Salz und Paprikapulver pikant würzen. Auf die Knäckebrote streichen.

TIPP *Probieren Sie dieses Rezept aus, selbst wenn Hülsenfrüchte bei Ihnen in der Regel zu Blähungen führen. Denn im Vergleich mit Bohnen, Linsen oder Trockenerbsen blähen lange eingeweichte Kichererbsen weit weniger, obgleich sich ihr Gehalt an darmaktivierenden Ballaststoffen sehen lassen kann. Wer trotzdem Angst vor unangenehmen Darmwinden hat, kann ins Püree noch Kräuter wie Bohnenkraut oder Thymian geben sowie anstelle von Paprikapulver mit Koriander und Kardamom würzen. Das macht die Hülsenfrüchte noch besser verdaulich.*

Gemüsesticks mit Kresse-Frischkäse-Dip

Für die Gemüsesticks
1 *Paprikaschote oder*
   1 **kleiner** *Zucchino oder*
   1 **kleiner** *Kohlrabi*

Für den Kresse-Frischkäse-Dip
100 g *Ziegenweichkäse*
100 g *fettarmer Frischkäse*
1 *Kästchen Gartenkresse*
Tabasco

Für 2 Personen
Zubereitung: *10 Min.*
Pro Portion:
ca. 190 kcal; 17 g EW,
11 g F, 4 g KH; 0,5 KE

1. Paprika oder Zucchino oder Kohlrabi waschen. Paprika längs halbieren und Stielansatz, Kerne und Trennwände entfernen. Den Kohlrabi schälen. Das geputzte Gemüse in fingerdicke Streifen schneiden.

2. Für den Frischkäse-Dip den Ziegenkäse entrinden und mit dem Frischkäse verrühren. Kresse waschen, vom Beet schneiden und mit einem Spritzer Tabasco unter die Ziegenkäse-Mischung rühren. Zu den Gemüsesticks servieren.

VARIANTE *Frischkäse-Dip als süße Füllung*
Bereiten Sie wie beschrieben aus 50 g Ziegenweichkäse und 50 g fettarmen Frischkäse ohne Kresse und ohne Tabasco eine Creme zu. Die Creme mit 1 Päckchen Vanillezucker leicht süßen. 2 weiche Birnen waschen, halbieren und entkernen. Die Creme in die Birnenhälften verteilen und unter einem Grill oder bei Oberhitze im Backofen kurz bei höchster Hitze gratinieren. Leicht abkühlen lassen und die Birnenhälften mit 1 EL Schokoraspeln bestreuen.

vorne Kichererbsen-Sesam-Püree | *hinten* Gemüsesticks mit Kresse-Frischkäse-Dip

Feta mit Trauben-Thymian-Kompott

1/2 Bio-Zitrone
4 kleine Zweige Thymian
200 ml roter Traubensaft
2 Gewürznelken
200 g kernlose Weintrauben
   (grüne und blaue gemischt)
schwarzer Pfeffer aus der Mühle
180 g fettreduzierter Feta
   (Schafkäse; 9 % Fett absolut)
60 g Vollkornbaguette

Für 2 Personen
Zubereitung: *20 Min.*
Pro Portion:
ca. 360 kcal; 22 g EW,
9 g F, 47 g KH; 4,5 KE

1. Für das Kompott die Zitrone heiß waschen, trocken tupfen und ein Stück Schale möglichst dünn abschälen. Die Zitrone auspressen. Den Thymian waschen und trocken schütteln.

2. Den Traubensaft in einem kleinen Topf aufkochen lassen. Zitronenschale, Nelken und 2 Zweige Thymian hinzufügen. Das Ganze ohne Deckel bei starker Hitze in 5–6 Min. zu einem sämigen Sud einkochen lassen.

3. Inzwischen die Weintrauben waschen, abtropfen lassen, von den Stielen zupfen und halbieren. Zitronenschale, Thymianzweige und Gewürznelken aus dem Traubensud entfernen. Die Traubenhälften in den Sud geben und zugedeckt bei kleiner Hitze 5 Min. sanft kochen lassen. Traubenkompott lauwarm oder kalt abkühlen lassen.

4. Das Trauben-Thymian-Kompott mit 1–2 EL Zitronensaft und etwas Pfeffer abschmecken. Zum Servieren den Feta abtropfen lassen, in zwei Hälften schneiden und mit etwas grob gemahlenem Pfeffer bestreuen. Käse und Kompott auf Tellern anrichten und mit den übrigen Thymianzweigen garnieren. Das Baguette dazu reichen.

TIPPS *Das Kompott lässt sich gut vorbereiten und schmeckt auch prima mit Kirschen oder Zwetschgen zubereitet.*
Wer mag, kann den Feta noch unter dem Backofengrill in 4–6 Min. warm werden lassen.

Gemüsespieße

einige Blätter frisches
   Basilikum
4 EL Zitronensaft
Salz · Pfeffer aus der Mühle
2 Scheiben altbackenes
   Weißbrot
1 Knoblauchzehe
1 TL gerebelter Thymian
4 Cocktailtomaten
1 kleine gelbe Paprikaschote
1 EL Olivenöl
Cayennepfeffer

Außerdem
4 kleine Schaschlikspieße

Für 2 Personen
Zubereitung: *20 Min.*
Pro Portion:
ca. 115 kcal; 3 g EW,
5 g F, 13 g KH; 1,5 KE

1. Das Basilikum trocken abreiben und grob hacken. Mit Zitronensaft, Salz und Pfeffer zu einer Marinade verrühren.

2. Das Brot in große Würfel schneiden. Den Knoblauch schälen und grob hacken. Mit dem Thymian in einer großen Pfanne ohne Fett erhitzen, Brotwürfel zugeben und kurz rösten. Abkühlen lassen.

3. Die Cocktailtomaten waschen. Die Paprikaschote waschen, längs halbieren und Stielansatz, Kerne und Trennwände entfernen. Paprika in große Würfel schneiden. Mit den Cocktailtomaten und den gerösteten Brotwürfeln in bunter Reihenfolge auf Schaschlikspieße stecken, mit der Basilikummarinade bestreichen und für etwa 5 Min. im heißen Olivenöl von allen Seiten braten. Mit wenig Cayennepfeffer würzen.

Matjestatar mit Apfel und Kresse

250 g Matjesfilets
1 rote Zwiebel
1 säuerlicher rotschaliger
   Apfel (ca. 200 g)
1 EL Zitronensaft
1 TL mittelscharfer Senf
Salz · Pfeffer aus der Mühle
2 TL Rapsöl
1/2 Kästchen Gartenkresse
2 Scheiben Vollkornbrot (à 60 g)

Für 2 Personen
Zubereitung: *15 Min.*
Pro Portion:
ca. 570 kcal; 26 g EW,
36 g F, 34 g KH; 3,5 KE

1. Die Matjesfilets kurz unter fließendem kaltem Wasser waschen und mit Küchenpapier trocken tupfen. Filets mit einem scharfen Messer möglichst klein würfeln. Die Zwiebel schälen und ebenfalls in möglichst kleine Würfel schneiden.

2. Den Apfel waschen, abtrocknen und vierteln. Stiel und Kerngehäuse entfernen. Die Apfelviertel samt Schale in kleine Würfel schneiden.

3. Den Zitronensaft mit Senf und etwas Salz und Pfeffer verrühren. Das Öl unterschlagen. Matjes-, Zwiebel- und Apfelwürfel mit der Vinaigrette mischen.

4. Die Gartenkresse waschen, vom Beet schneiden und unter das Tatar mischen, mit Salz und Pfeffer abschmecken. Matjestatar entweder auf den Brotscheiben verteilen oder aber das Brot zum Tatar essen.

TIPP *Kleine Saucenmengen, insbesondere Vinaigrette, lassen sich gut mit einem batteriebetriebenen Milchaufschäumer mit Quirlstab verrühren.*

vorne Gemüsespieße | *hinten* Matjestatar mit Apfel und Kresse

Geraspelter Apfel-Möhren-Mix mit Bärlauchkäse

1 Möhre
1 kleine Zwiebel
1 TL Rapsöl
10 g Walnusskerne
1 großer Apfel
1 Gewürzgurke
50 g Bärlauchkäse
1/4 Bund Schnittlauch
1 TL Zitronensaft
1 TL Honig
50 g Joghurt (1,5 % Fett)
Salz · Pfeffer aus der Mühle
Basilikumblätter zum Garnieren (nach Belieben)

Für 2 Personen
Zubereitung: *20 Min.*
+ 15 Min. Durchziehen
Pro Portion:
ca. 200 kcal; 4 g EW,
11 g F, 21 g KH; 2,0 KE

1. Die Möhre putzen, schälen und grob raspeln. Die Zwiebel schälen, klein würfeln und in heißem Öl dünsten. Die Walnusskere grob hacken und zusammen mit den Möhrenraspeln in die Pfanne geben. Alles kurz erhitzen, vom Herd nehmen und abkühlen lassen.

2. Den Apfel vierteln, schälen und das Kerngehäuse entfernen. Die Apfelviertel ebenfalls raspeln. Die Möhren-Zwiebel-Mischung unterrühren. Die Gewürzgurke in Scheiben schneiden. Den Bärlauchkäse in kleine Würfel schneiden.

3. Den Schnittlauch waschen, trocken schütteln und fein hacken, mit Zitronensaft und Honig unter den Joghurt rühren und mit Salz und Pfeffer würzen. Mit den Gurkenscheiben und den Käsewürfeln unter den Salat geben und alles 15 Min. durchziehen lassen. Den Salat nach Belieben mit Basilikumblättern garniert servieren.

Tomaten-Pfirsich-Salat mit Mozzarella

350 g reife, schnittfeste
  Tomaten
Salz
1 reifer gelber Pfirsich
1 Kugel fettreduzierter
  Mozzarella (125 g)
3–4 kleine grüne Salatblätter
1 Stiel Minze
2 EL Weinessig
2 EL klare Gemüsebrühe
Pfeffer aus der Mühle
1 EL Olivenöl

Für 2 Personen
Zubereitung: *20 Min.*
Pro Portion:
ca. 260 kcal; 14 g EW,
18 g F, 10 g KH; 1,0 KE

1. Die Tomaten waschen, abtrocknen, achteln und den Stielansatz dabei entfernen. Die Achtel in eine Schüssel füllen und leicht salzen. Den Pfirsich waschen, trocken tupfen, vierteln und dabei entsteinen. Pfirsichviertel quer in dünne Spalten schneiden und unter die Tomaten mischen.

2. Den Mozzarella abtropfen lassen und in Würfel schneiden. Die Salatblätter waschen, trocken schütteln und in kurze breite Streifen schneiden. Die Minze waschen, trocken schütteln und die Blättchen abzupfen. Alles zur Tomaten-Pfirsich-Mischung geben.

3. Für das Dressing Essig, Brühe, Salz, Pfeffer und Öl am besten mit einem Milchaufschäumer gründlich verrühren. Über die Zutaten in der Schüssel gießen und alles behutsam vermengen. Den Salat abschmecken und servieren.

KOHLENHYDRATBEILAGE *Dazu passen etwa 60 g Vollkornbaguette je nach erlaubten KE.*

TIPP *Wer die Haut des Pfirsichs nicht mag, kann sie entfernen. Dafür die noch unzerteilte Frucht kurz in heißes Wasser tauchen, kalt abschrecken und die Haut mit einem kleinen spitzen Messer abziehen.*

oben Geraspelter Apfel-Möhren-Mix mit Bärlauchkäse | *unten* Tomaten-Pfirsich-Salat mit Mozzarella

Linsentörtchen im bunten Orangen-Feldsalatnest

Für die Linsentörtchen
30 g braune Linsen
30 g Parmesan
1 Knoblauchzehe
1 Zweig glatte Petersilie
1 Ei (Größe M)
1/2 TL Zitronensaft
Cayennepfeffer
Salz · Pfeffer aus der Mühle
Fett für die Form

Für den Salat
50 g Feldsalat
2 EL Apfelsaft
1 TL Walnussöl
1 TL Zitronensaft
Salz · Pfeffer aus der Mühle
1 Orange

Außerdem
Muffinsblech

Für 2 Personen
Zubereitung: *25 Min.*
+ 12 Std. Einweichzeit
Pro Portion:
ca. 230 kcal; 13 g EW,
14 g F, 12 g KH; 1,0 KE

1. Die Linsen mit kaltem Wasser bedeckt über Nacht einweichen.

2. Die Linsen mit dem Einweichwasser aufkochen und in ca. 10 Min. weich kochen und anschließend abtropfen lassen.

3. Inzwischen den Backofen auf 200° (Umluft 180°) vorheizen. Den Parmesan reiben. Den Knoblauch schälen und durch eine Presse drücken. Die Petersilie waschen und trocken schütteln, die Blätter abzupfen und fein hacken.

4. Das Ei trennen. Das Eiweiß steif schlagen. Das Eigelb mit Parmesan, Petersilie, Knoblauch und Zitronensaft zu den Linsen geben, gut durchrühren und mit Cayennepfeffer, Salz und Pfeffer würzen. Den Eischnee vorsichtig unterheben. Die Linsenmasse in zwei gefettete Mulden eines Muffinsbleches geben und im Backofen (Mitte) ca. 15 Min. hellbraun backen.

5. Inzwischen den Feldsalat waschen, trocken schwenken und putzen. Apfelsaft mit Öl und Zitronensaft verrühren, mit Salz und Pfeffer würzen. Orange mit einem scharfen Messer schälen, dabei die weiße Schale vollständig entfernen. Die Filets aus den Häuten herausschneiden und über den Salat geben. Salat mit dem Dressing auf Teller verteilen und mit den Linsentörtchen servieren.

Selleriesalat mit frischer Ananas und Walnüssen

1 *Stück* Knollensellerie
   (ca. 200 g)
2 *EL* Zitronensaft
100 *g* zarter Staudensellerie
1 *kleiner* säuerlicher
   rotschaliger Apfel
   (ca. 150 g)
1 *EL* Walnusskerne
1 *EL* Joghurt-Salatcreme
2–3 *EL* Milch *(1,5 % Fett)*
Salz · weißer Pfeffer aus der Mühle
100 *g* frisches Ananasfruchtfleisch

Für 2 Personen
Zubereitung: *20 Min.*
+ 1 Std. Durchziehen
Pro Portion:
ca. 135 kcal; 3 g EW,
5 g F, 17 g KH; 1,5 KE

1. Den Knollensellerie großzügig schälen und waschen. In möglichst kleine Würfel schneiden oder auf einer Küchenreibe grob raspeln. In eine Schüssel füllen und sofort mit 1 EL Zitronensaft vermischen.

2. Staudensellerie waschen, putzen und klein würfeln. Das zartes Selleriegrün trocken schütteln und beiseitelegen. Den Apfel waschen, trocken reiben und vierteln. Stiel und Kerngehäuse entfernen. Apfelviertel klein würfeln und mit den Staudenselleriewürfeln unter den Knollensellerie mischen.

3. Die Walnusskerne grob hacken. Die Joghurt-Salatcreme mit der Milch glatt rühren, mit Salz und Pfeffer kräftig würzen. Mit der Hälfte der Walnusskerne unter den Sellerie-Apfel-Mix rühren. Den Salat zum Durchziehen zugedeckt mindestens 1 Std. kalt stellen.

4. Vor dem Servieren das Ananasfleisch in kleine Würfel oder Stücke schneiden. Das Selleriegrün in feine Streifen schneiden. Beides unter den Salat heben. Mit Salz, Pfeffer und dem restlichen Zitronensaft abschmecken. Mit den übrigen Walnüssen bestreut servieren.

Couscoussalat mit Gurke, Tomaten und Dill

80 *g* Instant-Couscous
200 *ml* klare Gemüsebrühe
3 *EL* Zitronensaft
1/4 *TL* gemahlener
   Kreuzkümmel
Salz · Pfeffer aus der Mühle
1 *Stück* Salatgurke *(ca. 200 g)*
150 *g* kleine schnittfeste
   Tomaten
2 *TL* Olivenöl
2 *Zweige* Dill

Für 2 Personen
Zubereitung: *20 Min.*
Pro Portion:
ca. 210 kcal; 6 g EW,
5 g F, 34 g KH; 3,5 KE

1. Den Couscous in eine Schüssel füllen. Die Gemüsebrühe bis auf 4 EL aufkochen lassen. 2 EL Zitronensaft, Kreuzkümmel und etwas Salz und Pfeffer einrühren. Die kochende Würzbrühe über den Couscous gießen und quellen lassen.

2. Währenddessen die Gurke waschen, trocken reiben, der Länge nach halbieren und mit einem Teelöffel entkernen. Gurkenhälften samt Schale in kleine Würfel schneiden. Tomaten waschen, halbieren und die Stielansätze herausschneiden. Tomaten ebenfalls in kleine Würfel schneiden.

3. Für das Dressing den übrigen Zitronensaft mit restlicher Gemüsebrühe, Salz, Pfeffer und dem Olivenöl verrühren und kräftig abschmecken. Den Dill waschen und trocken schütteln, die Dillspitzen abzupfen und bis auf zwei zum Garnieren fein schneiden.

4. Den Couscous mit einer Gabel auflockern und mit den Gurken- und Tomatenwüfeln, dem Dill und dem Dressing vermischen. Mit Salz und Pfeffer abschmecken. Mit den Dillspitzen garniert servieren.

TIPP *Zum Servieren können Sie den Salat auch geschichtet in Gläsern anrichten: Dafür das Dressing je zur Hälfte mit den Gurken- und Tomatenwürfeln vermischen. Den Couscous mit einer Gabel auflockern, den Dill unterrühren und mit Salz und Pfeffer abschmecken. Couscous abwechselnd mit den Gurken- und Tomatenwürfeln in zwei große Bechergläser schichten.*

Gefüllte Champignons

1 kleine Tomate (ca. 50 g)
50 g Mozzarella
2 Stängel Basilikum
Salz
Pfeffer aus der Mühle
3 TL heller Balsamico-Essig
6 weiße Zuchtchampignons

Für 2 Personen
Zubereitung: *20 Min.*
Pro Portion:
ca. 80 kcal; 6 g EW,
5 g F, 2 g KH; 0,0 KE

1. Die Tomate waschen, halbieren und den grünen Stielansatz herausschneiden. Die Tomatenhälften in kleine Würfel schneiden. Den Mozzarella kurz abtropfen lassen. Ebenfalls in ganz kleine Würfel schneiden und zu den Tomatenwürfeln geben.

2. Die Basilikumblätter trocken abreiben und abzupfen, die Hälfte davon fein schneiden und unter die Tomaten-Mozzarella-Mischung rühren. Mit wenig Salz, Pfeffer und 1 Teelöffel Essig würzen.

3. Die Champignons mit einem Küchentuch abreiben. Die Stiele herausdrehen, sodass im Pilzinneren eine kleine Vertiefung entsteht. In jede dieser Vertiefungen die Tomaten-Mozzarella-Mischung hineindrücken und leicht auftürmen.

4. Jeden gefüllten Champignon mit etwas Essig beträufeln, in eine Auflaufform geben und unter dem Backofengrill bei höchster Hitze nur wenige Minuten erhitzen, bis die Mozzarellawürfel geschmolzen sind. Aus dem Ofen nehmen und mit den restlichen Basilikumblättern garnieren.

Hirse-Taler

50 g Hirse
1/2 Zwiebel
1 Ei
2 EL Paniermehl
30 g Parmesan, gerieben
1/2 TL gerebelter Thymian
Salz · Pfeffer aus der Mühle
Paprikapulver
1 EL Ajvar (Paprikapaste)
Fett für die Form

Für 8 Stück
Zubereitung: *15 Min.*
+ 10 Min. Backen
Pro Portion:
ca. 65 kcal; 3 g EW,
3 g F, 6 g KH; 0,5 KE

Außerdem
Muffinsblech

1. Backofen auf 180° (Umluft 160°) vorheizen. Die Hirse mit 100 ml Wasser aufkochen und ca. 10 Min. bei mittlerer Hitze garen. In einem Sieb abtropfen und auskühlen lassen.

2. Während die Hirse gart, die Zwiebel schälen und sehr fein würfeln. Mit Ei, Paniermehl und geriebenem Parmesan unter die abgekühlte Hirse geben. Mit Thymian, Salz, Pfeffer, Paprika und Ajvar würzen.

3. Die Masse in acht gefettete Mulden eines Muffinsbleches geben und flach drücken. Im Ofen (Mitte) 10 Min. backen, herausnehmen und erkalten lassen.

VARIANTE *Knusprige Hirse-Pfanne*
1 große Gemüsezwiebel schälen, sehr fein würfeln und in einem Topf in 1 EL heißem Rapsöl dünsten. 50 g Hirse zugeben, kurz mitdünsten und mit 200 ml Gemüsebrühe ablöschen. Bei mittlerer Hitze 30 Min. einkochen lassen. 2 rote Paprikaschoten waschen und Stielansatz, Kerne und Trennwände entfernen. Die Paprikaschoten in sehr kleine Würfel schneiden. Mit 1/2 TL gerebeltem Thymian und 2 Eiern unter die Hirse geben, die Mischung mit Salz und Pfeffer kräftig würzen. Die Hirsemasse in einer großen Pfanne in 1 EL heißem Rapsöl bei mittlerer Hitze ca. 15 Min. abgedeckt durchgaren. In kleine Stücke zerteilen, dabei wenden und weitere 5 Min. garen. Dazu passt sehr gut ein grüner Salat.

Cremesuppe von Kartoffeln und Radieschenblättern

1 **Bund** Radieschen mit
  makellosen Blättern
  (am besten in Bio-Qualität)
1 kleine Zwiebel
1 mehligkochende Kartoffel
  (ca. 70 g)
1/2 EL Joghurt-Butter
400 ml klare Gemüsebrühe
2 EL Sojacreme (zum Kochen
  und Verfeinern)
Salz · weißer Pfeffer aus der Mühle
frisch geriebene Muskatnuss
2 TL Zitronensaft

Für 2 Personen
Zubereitung: 15 Min.
+ ca. 20 Min. Garen
Pro Portion:
ca. 75 kcal; 2 g EW,
4 g F, 8 g KH; 1,0 KE

1. Die Radieschen von den Blättern trennen. Die Blätter waschen und putzen, einige zarte Blätter beiseitelegen, den Rest grob zerschneiden. 3 schöne Radieschen für die Garnitur beiseitelegen, die übrigen anderweitig verwenden.

2. Die Zwiebel schälen und fein würfeln. Die Kartoffel waschen, schälen und klein würfeln.

3. Die Butter in einem Topf erhitzen, zerkleinerte Radieschenblätter und Zwiebel darin 2 Min. unter gelegentlichem Rühren andünsten. Kartoffelwürfel unterrühren. Die Brühe zugießen. Alles aufkochen und zugedeckt 15–20 Min. bei kleiner Hitze kochen lassen.

4. Beiseitegelegte Radieschen waschen, putzen und ungeschält in möglichst dünne Scheiben schneiden.

5. Die Suppe mit dem Stabmixer fein pürieren. Sojacreme unterrühren und die Suppe kurz aufkochen lassen. Mit Salz, Pfeffer, Muskatnuss und Zitronensaft abschmecken.

6. Die Cremesuppe nochmals kurz aufmixen. In vorgewärmten Tellern anrichten und mit übrigen Radieschenblättern und den Radieschenscheiben garniert servieren.

Couscous mit Tomaten und Mozzarella

1 kleine Zwiebel
1 Tomate
75 g Gemüsegurke
1/2 TL getrockneter Oregano
1/2 TL Olivenöl
100 ml Gemüsebrühe
25 g Couscous
1/2 TL Zitronensaft
60 g Mozzarella
1/4 **Bund** glatte Petersilie
Salz · Pfeffer aus der Mühle

Für 2 Personen
als Snack (für 1 Person
als Hauptgericht)
Zubereitung: 20 Min.
Pro Portion:
ca. 145 kcal; 8 g EW,
7 g F, 12 g KH; 1,0 KE

1. Die Zwiebel schälen und klein würfeln. Die Tomate waschen, den Stielansatz herausschneiden und die Tomate in dünne Scheiben schneiden. Die Gurke waschen, putzen und in große Würfel schneiden.

2. In einem breiten Topf die Zwiebelwürfel mit dem Oregano in heißem Olivenöl kurz dünsten. Mit Gemüsebrühe ablöschen und aufkochen. Couscous, Zitronensaft und das in Stücke geschnittene Gemüse untermengen und alles bei geringer Hitze im geschlossenen Topf 10 Min. garen.

3. Den Mozzarella abtropfen lassen und in Würfel schneiden. Die Petersilie waschen und trocken schütteln, die Blätter abzupfen und fein hacken. Mit den Mozzarellawürfeln zum Gemüsecouscous geben. Mit Salz und Pfeffer würzen.

Joghurtsuppe
mit Gemüsestreifen

1 kleine gelbe Paprikaschote
1 kleine Möhre *(ca. 50 g)*
3 Cocktailtomaten
2–3 Zweige Petersilie
1 Knoblauchzehe · 2 TL Olivenöl
Salz · 400 g Naturjoghurt (1,5 % Fett)
250 ml klare Fleisch- oder
  Gemüsebrühe
1 Ei · weißer Pfeffer aus der Mühle

Für 2 Personen
Zubereitung: *25 Min.*
Pro Portion:
ca. 205 kcal; 11 g EW,
11 g F, 12 g KH; 1,0 KE

1. Die Paprikaschote waschen, vierteln und Stielansatz, Kerne und Trennwände entfernen. Die Viertel quer in kurze feine Streifen schneiden. Die Möhre schälen und putzen. Zuerst der Läge nach in dünne Scheiben, dann in kurze Streifen schneiden.

2. Die Tomaten waschen, trocken tupfen, halbieren und entkernen. Tomatenhälften in Streifen schneiden. Die Petersilie waschen, trocken schütteln und die Blätter von den Stielen zupfen. Einige kleine Blätter zum Garnieren auf die Seite legen, die übrigen in feine Streifen schneiden. Den Knoblauch schälen.

3. Das Öl in einer kleinen beschichteten Pfanne erhitzen. Jeweils die Hälfte der Paprika- und Möhrenstreifen darin unter Rühren 3 Min. dünsten. Den Knoblauch dazupressen und kurz mitdünsten. Das Gemüse leicht salzen und warm halten.

4. In einem Topf den Joghurt mit Brühe und Ei verquirlen. Bei mittlerer Hitze unter ständigem Rühren mit dem Schneebesen heiß werden lassen, dann vom Herd nehmen. Die Suppe darf nicht aufkochen, da sonst das Ei gerinnt und somit nicht mehr binden kann. Suppe mit Salz und Pfeffer abschmecken.

5. Die Joghurtsuppe mit dem Stabmixer glatt und schaumig aufmixen. In vorgewärmte Teller füllen. Gedünstetes und rohes Gemüse mit den Petersiliestreifen locker vermischen. Auf die Joghurtsuppe streuen und mit den Petersilienblättchen garnieren.

KOHLENHYDRATBEILAGE *Dazu passt Sesamfladen (Menge nach KE-Bedarf).*

TIPP *Die Joghurtsuppe schmeckt auch gekühlt prima. Dafür zuerst die Suppe zubereiten und zugedeckt kühl stellen. Dann kurz vor dem Servieren das Gemüse und die Petersilie vorbereiten, teilweise garen und mit dem rohen Gemüse vermischen. Die Suppe nochmals schaumig aufmixen und wie beschrieben anrichten.*

Kalte
HAUPTGERICHTE

Kein Lust zu Kochen oder einfach nur Lust auf eine leckere
Brotmahlzeit, einen Salat oder auch mal eine Tortilla?
Diese Rezepte schmecken mittags und abends und lassen sich vielfach
auch mitnehmen. Ganz nach Lust und Laune das Putenbrust-
Sandwich vorbereiten und später essen oder gleich Roastbeef
mit Kartoffel-Zucchini-Salat genießen.

Brokkolisalat mit Eiern und Nussdressing

3 Eier (Größe S)
1 EL Wal- oder Haselnusskerne
500 g Brokkoli
Salz
4 Cocktailtomaten
150 g Naturjoghurt (1,5 % Fett)
1 TL mittelscharfer Senf
1 TL Nuss- oder Rapsöl
Pfeffer aus der Mühle
1 TL Zitronensaft

Für 2 Personen
Zubereitung: *20 Min.*
+ 10 Min. Ziehen
Pro Portion:
ca. 240 kcal; 17 g EW,
15 g F, 9 g KH; 1,0 KE

1. Die Eier jeweils an der stumpfen Seite anstechen und in kochendem Wasser 10 Min. garen.

2. Währenddessen die Nusskerne in einer kleinen beschichteten Pfanne ohne Fett unter Rühren kurz anrösten, bis sie duften. Auf einen Teller umfüllen und abkühlen lassen. Die Hälfte der Nusskerne möglichst fein, den Rest grob hacken.

3. Den Brokkoli waschen, putzen und in mundgerechte Röschen teilen. Dicke Stiele schälen und würfeln. Röschen und Würfel in wenig kochendem Salzwasser zugedeckt in 5–6 Min. bissfest garen.

4. Inzwischen die Eier kalt abschrecken und schälen. Tomaten waschen, abtrocknen und vierteln. Für das Dressing den Joghurt mit Senf, Öl und den fein gehackten Nüssen glatt rühren. Mit Salz, Pfeffer und ein paar Tropfen Zitronensaft kräftig abschmecken.

5. Die Brokkoliröschen in ein Sieb schütten und abtropfen lassen. Dann mit den Tomaten und dem Nussdressing vorsichtig vermischen. Den Salat zugedeckt 10 Min. ziehen lassen. Falls nötig, nochmals mit Salz und Pfeffer nachwürzen.

6. Zum Servieren die Eier in Viertel teilen und behutsam unter den Salat heben. Auf zwei Tellern anrichten und mit den grob gehackten Nüssen bestreuen.

VARIANTE *Auch bissfest gegarter Lauch, Blumenkohl oder knackig gegarte Möhren schmecken gut zur Kombination von Nussdressing und Eiervierteln.*

Avocado-Melonen-Salat

1/2 Galia-Melone
1 Avocado
1 rote Paprikaschote
1 Zwiebel
1 EL Apfelessig
1 EL Walnussöl
50 g fettarmer Frischkäse
50 g Salatcreme
Salz · Pfeffer aus der Mühle
Zucker

Für 2 Personen
Zubereitung: *20 Min.*
Pro Portion:
ca. 455 kcal; 7 g EW,
39 g F, 20 g KH; 2,0 KE

1. Die Kerne der Galia-Melone mit einem Esslöffel entfernen, das Fruchtfleisch schälen und in kleine Würfel schneiden. Ebenso von der Avocado Kern und Schale ablösen und das Fruchtfleisch würfeln.

2. Die Paprika waschen, halbieren und Stielansatz, Kerne und Trennwände entfernen. Die Paprikahälften in Würfel schneiden. Die Zwiebel schälen und fein würfeln, mit Essig, Öl, Frischkäse und Salatcreme verrühren und mit Salz, Pfeffer und 1 Prise Zucker würzen.

3. Die Sauce mit den übrigen Zutaten vermengen und den Salat vor dem Servieren 10 Min. ziehen lassen.

TIPP *Eine reife Avocado gibt auf Fingerdruck leicht nach, während die Schalenfarbe nichts über den Reifegrad aussagt. Aromatisch nussig schmeckt die runzlige, dunkelgrüne bis braune Hass-Avocado, während die ebenfalls sehr bekannte etwas größere, eher glattschalige Fuerte-Avocado ein milderes Aroma besitzt.*

Sellerie-Birnen-Salat

150 g Staudensellerie
1 kleine Zwiebel
1 große reife Birne
200 g Lachsschinken
1 TL gerebelter Estragon
50 g Frischkäse (0,2 % Fett)
50 ml Gemüsebrühe
Salz · Pfeffer aus der Mühle

Für 2 Personen
Zubereitung: *20 Min.*
Pro Portion:
ca. 190 kcal; 21 g EW,
7 g F, 9 g KH; 1,0 KE

1. Den Staudensellerie waschen, putzen und in dünne Scheiben schneiden. Die Zwiebel schälen und fein hacken. Die Birne schälen, halbieren, das Kerngehäuse herausschneiden und die Birne in Würfel schneiden.

2. Den Lachsschinken in kleine Streifen schneiden. Den Estragon mit Frischkäse und Brühe verrühren und mit Salz und Pfeffer würzen. Mit den übrigen Salatzutaten vermengen und kurz durchziehen lassen.

VARIANTE *Für einen schnellen Salat können Sie auch statt Staudensellerie 150 g Dosenspargel verwenden. Den Spargel abtropfen lassen und die Stangen in mundgerechte Stücke schneiden. Die übrigen Zutaten wie beschrieben verwenden. Wer keine frische reife Birne bekommt, probiert die Spargel-Variante stattdessen mit einer Avocado aus und gibt noch 3 geviertelte Cocktailtomaten dazu.*

links Avocado-Melonen-Salat | *rechts* Sellerie-Birnen-Salat

Fenchelsalat mit grünen Trauben zu Kartoffelrösti

125 g gekochte Pellkartoffeln
Salz · Pfeffer aus der Mühle
1 EL Rapsöl
40 g Parmesan
1 TL Zitronensaft
5 EL Apfelsaft
1 kleine Fenchelknolle
1 kleiner Radicchio
100 g kernlose grüne Weintrauben
1/4 Bund Schnittlauch

Für 2 Personen
Zubereitung: 35 Min.
Pro Portion:
ca. 235 kcal; 11 g EW,
11 g F, 24 g KH; 2,5 KE

1. Die Pellkartoffeln grob reiben, mit Salz und Pfeffer würzen und zu vier kleinen Häufchen gut zusammendrücken. Im heißen Öl bei geringer Hitze etwa 15 Min. goldgelb braten, dabei mit einem Pfannenwender gut andrücken. Vorsichtig wenden und weitere 15 Min. braten.

2. Inzwischen den Parmesan reiben und mit Zitronen- und Apfelsaft vermengen. Fenchel putzen, waschen und den Strunk herausschneiden. Die Fenchelblätter lösen, in hauchdünne, kurze Streifen schneiden und mit der Sauce vermengen. Mit Salz und Pfeffer würzen.

3. Den Radicchio waschen, putzen und in mundgerechte Stücke zerteilen. Mit dem Fenchel vermengen.

4. Die Weintrauben waschen, putzen und halbieren. Schnittlauch waschen, trocken schütteln, fein hacken und mit den Trauben über den Salat geben. Kurz ziehen lassen und zu den Kartoffelrösti servieren.

Maissalat mit Rindfleisch, Gurke und Paprika und Avocadostreifen

1 Knoblauchzehe
1 EL Zitronensaft
1/2 TL Senf
3 EL Rinderbrühe
50 g Rindersteak
1 TL Olivenöl
150 g Maiskörner (Dose)
1 kleine rote Paprikaschote
1 kleine Salatgurke
1 kleine reife Avocado
Chilipulver
Salz · Pfeffer aus der Mühle

Für 2 Personen
Zubereitung: 20 Min.
Pro Portion:
ca. 375 kcal; 13 g EW,
26 g F, 21 g KH; 2,0 KE

1. Den Knoblauch schälen, durch eine Presse drücken und mit Zitronensaft, Senf und Brühe verrühren. Das Rindfleisch in Würfel schneiden und kurz in heißem Olivenöl anbraten. Mit der Knoblauch-Brühe ablöschen und abkühlen lassen.

2. Den Mais abtropfen lassen. Die Paprikaschote halbieren, waschen und Stielansatz, Kerne und Trennwände entfernen. Die Hälften in dünne, kleine Streifen schneiden und zum Fleisch geben. Die Gurke waschen und in Würfel schneiden.

3. Die Avocado schälen, halbieren und den Kern entfernen. Das Fruchtfleisch vom Stein lösen und ebenfalls in kleine Streifen schneiden. Mit dem Mais und den Gurkenwürfeln unter die Paprika-Fleisch-Mischung geben und kurz ziehen lassen. Mit wenig Chilipulver, Salz und Pfeffer würzen.

TIPP *Dekorativ angerichtet wird der Salat, wenn Sie die Fleischstücke nach dem Braten auf Spieße stecken.*

Möhren-Zucchini-Salat mit Kartoffelecken und Cocktailcreme

Für die Kartoffelecken

400 g vorwiegend festkochende
Bio-Kartoffeln
Salz · Pfeffer aus der Mühle
3 TL getrocknete Kräuter
(Oregano, Thymian, Rosmarin)

Für 2 Personen
Zubereitung: *45 Min.*
Pro Portion:
ca. 325 kcal; 12 g EW,
15 g F, 35 g KH; 3,5 KE

Für die Cocktailcreme

*1/2 **Bund** Petersilie*
100 g fettarmer Frischkäse · 1 EL Walnussöl
2 EL Salatcreme · 1 EL Ajvar (Paprikapaste)
1 EL Zitronensaft · Salz · Pfeffer aus der Mühle

Für den Salat

1 dünne Möhre · 100 g dünne Zucchini
*1/2 **Bund** Basilikum · 50 g kräftiger Bärlauchkäse*
1 TL Apfelessig · 1 TL Walnussöl · Salz
Pfeffer aus der Mühle · 1/2 TL getrockneter Thymian

Außerdem

Backpapier

1. Den Backofen auf 200° vorheizen. Die Kartoffeln gründlich waschen und abreiben. In Spalten schneiden, diese zu Ecken schneiden und mit der Schnittfläche nach oben auf ein mit Backpapier ausgelegtes Blech geben. Mit Salz und Pfeffer würzen. Getrocknete Kräuter über die Kartoffeln geben. Im heißen Backofen (Umluft 180°, Mitte) ca. 35 Min. backen, bis die Kartoffeln leicht gebräunt sind.

2. Für die Cocktailcreme die Petersilie waschen und trocken schütteln. Die Blättchen abzupfen, fein hacken und mit Frischkäse, Öl, Salatcreme, Ajvar und Zitronensaft verrühren. Salzen und pfeffern.

3. Die Möhre putzen, schälen, in kleine Würfel schneiden und kurz in wenig Wasser dünsten. Die Zucchini waschen, putzen und ebenfalls in kleine Würfel schneiden. Möhren vom Herd nehmen, mit den Zucchiniwürfeln mischen und abkühlen lassen.

4. Die Basilikumblätter trocken abreiben, von den Stängeln zupfen und klein hacken. Den Käse in Würfel schneiden und mit Essig, Öl, Gemüsewürfeln und Basilikum vermengen. Mit wenig Salz, Pfeffer und Thymian würzen. Den Möhren-Zucchini-Salat zu den Kartoffelecken und der Cocktailcreme servieren.

Petersilienwurzel-Salat
mit Linsen

100 g *getrocknete rote Linsen*
200 g *Petersilienwurzeln*
1 TL *Rapsöl*
250 ml *Gemüsebrühe*
1 *kleiner* Apfel
100 g *Lachsschinken*
1/2 **Bund** *Petersilie*
3 TL *Balsamico-Essig*
Salz · Pfeffer aus der Mühle
Currypulver

Für 2 Personen
Zubereitung: *20 Min.*
+ 12 Std. Einweichen
+ 10 Min. Ziehen
Pro Portion:
ca. 300 kcal; 23 g EW,
8 g F, 34 g KH; 3,5 KE

1. Die roten Linsen über Nacht einweichen. Die Petersilienwurzeln putzen, waschen, schälen und in dünne Scheiben schneiden. Die Linsen in einem Sieb abtropfen lassen.

2. Das Rapsöl in einem Topf erhitzen. Die Petersilienwurzeln darin andünsten. Die roten Linsen zugeben und sofort mit der Gemüsebrühe ablöschen. Nur kurz aufkochen und zugedeckt bei schwacher Hitze etwa 5 Min. garen.

3. Den Apfel waschen, vierteln und das Kerngehäuse herausschneiden. Die Apfelviertel in kleine Würfel schneiden und am Ende der Kochzeit zu den heißen Linsen geben. Alles abkühlen lassen.

4. Inzwischen den Schinken in hauchdünne Streifen schneiden. Die Petersilie waschen und trocken schütteln, die Blätter abzupfen, klein hacken und mit den Schinkenstreifen zu den abgekühlten Linsen geben. Mit Essig, Salz, Pfeffer und Currypulver abschmecken und 10 Min. ziehen lassen.

Couscous-
Tomaten-Salat

200 ml *Gemüsebrühe*
50 g *Couscous*
1 *Knoblauchzehe*
einige *Basilikumblätter*
1/2 **Bund** *glattblättrige*
   Petersilie
1 TL *Zitronensaft*
1 TL *Olivenöl*
1 **Spritzer** *Tabasco*
Salz · Pfeffer aus der Mühle
125 g *Mozzarella*
200 g *Gurke*
4 *feste, vollaromatische Tomaten*

Für 2 Personen
Zubereitung: *25 Min.*
Pro Portion:
ca. 305 kcal; 17 g EW,
15 g F, 25 g KH; 2,5 KE

1. Die Brühe aufkochen. Den Couscous dazugeben und bei
sehr geringer Hitze ca. 10 Min. quellen lassen.

2. Inzwischen den Knoblauch schälen und fein hacken.
Basilikum trocken abreiben. Die Petersilie waschen und
trocken schütteln, die Blättchen abzupfen und mit dem
Basilikum fein hacken. Knoblauch und Kräuter mit Zitronensaft, Olivenöl, Tabasco, wenig Salz und Pfeffer verrühren.
Den Mozzarella abtropfen lassen, in kleine Würfel schneiden
und unter die Kräutermarinade mischen.

3. Die Gurke waschen und in kleine Würfel schneiden.
Den gegarten Couscous abtropfen lassen und die Gurkenwürfel unter den heißen Couscous geben. Die Tomaten
waschen, abtrocknen und die Stielansätze keilförmig herausschneiden. Tomaten in Würfel schneiden. Mit den ein-
gelegten Mozzarellawürfeln samt Kräutermarinade unter
den Couscous geben und 5 Min. ziehen lassen.

Bunter Apfelsalat
mit Toastbrotwürfeln

2 **Scheiben** *Toastbrot*
2 *rote Paprikaschoten*
1 *rote Zwiebel*
2 *große süße Äpfel*
2 *Orangen*
200 g *Gewürzgurken*
1/2 **Bund** *Petersilie*
1 EL *süßer Senf*
1 EL *Walnussöl*
4 EL *Apfelsaft*
1 EL *Zitronensaft*
Salz · Pfeffer aus der Mühle
mildes Currypulver

Für 2 Personen
Zubereitung: *15 Min.*
+ 15 Min. Durchziehen
Pro Portion:
ca. 174 kcal; 4 g EW,
4 g F, 30 g KH; 3,0 KE

1. Die Brotscheiben toasten und abkühlen lassen. Die Pap-
rika halbieren, waschen und Stielansatz, Kerne und weiße
Trennwände entfernen. Die Paprika in Würfel schneiden.
Die Zwiebel schälen und sehr fein würfeln.

2. Die Äpfel waschen, vierteln, vom Kerngehäuse befreien
und in Stifte schneiden. Die Orangen sorgfältig schälen,
in Scheiben aufschneiden und in kleine Fruchtstücke zerteilen. Die Gurken in Scheiben schneiden und mit Zwiebel,
Paprika-, Orangen- und Apfelstücken vermengen.

3. Die Petersilie waschen und trocken schütteln, die Blätter abzupfen und fein hacken. Mit Senf, Öl, Apfel- und
Zitronensaft verrühren und kräftig mit Salz, Pfeffer und
Currypulver würzen. Unter die Rohkost geben und 15 Min.
durchziehen lassen.

4. Toastbrote in kleine Würfel schneiden, unter den Salat
geben und sofort servieren.

Makkaronisalat
mit Spinat und Schafkäse

150 g *kurze Vollkorn-Spiral-*
nudeln (oder Makkaroni)
Salz
1 EL Pinienkerne
100 g fettreduzierter Feta
(Schafkäse, 9 % Fett
absolut)
200 g TK-Blattspinat
1 EL Olivenöl
1 Knoblauchzehe
Pfeffer aus der Mühle
frisch gemahlene Muskatnuss
2 EL Weißweinessig
2 EL Orangensaft
2 EL klare Gemüsebrühe

Für 2 Personen
Zubereitung: *30 Min.*
Pro Portion:
ca. 440 kcal; 24 g EW,
15 g F, 51 g KH; 5,0 KE

1. Die Nudeln in sprudelnd kochendem Salzwasser bissfest kochen. Anschließend in ein Sieb abgießen, mit kaltem Wasser abschrecken und abtropfen lassen.

2. Während die Nudeln kochen, die Pinienkerne in einer beschichteten Pfanne ohne Fett unter Rühren goldgelb rösten. Aus der Pfanne nehmen und abkühlen lassen. Den Schafkäse in Stücke bröckeln.

3. Den Spinat nach Packungsangabe auftauen, in ein Sieb geben und etwas abkühlen lassen. Spinat leicht ausdrücken und grob hacken. In einer Pfanne 1 TL Öl erhitzen, den Spinat darin kurz andünsten. Die Knoblauchzehe schälen und dazupressen. Spinat mit Salz, Pfeffer und 1 Prise Muskatnuss kräftig abschmecken und abkühlen lassen.

4. Für die Orangen-Vinaigrette den Essig mit Orangensaft, Brühe, Salz, Pfeffer und dem restlichen Öl am besten mit dem Milchaufschäumer gründlich verquirlen.

5. Nudeln mit dem Spinat und der Orangen-Vinaigrette vermischen. Falls nötig, nachwürzen. Schafkäse unter den Salat heben. Auf zwei Tellern anrichten und mit den Pinienkernen bestreut servieren.

Nudelsalat
mit Artischocken, Tomaten und Rucola

150 g *Vollkornnudeln (Riga-*
toni, Penne oder Fusilli)
Salz
150 g eingelegte
Artischockenherzen
(lose oder aus dem Glas)
1 Schalotte
1/2 Bund Rucola (ca. 20 g)
2 kleine schnittfeste Tomaten
50 g fettreduzierter Frischkäse (5 % Fett absolut)
2 EL Naturjoghurt (1,5 % Fett)
1 Msp. scharfer Senf
2 EL Weißweinessig
2 EL frisch geriebener Parmesankäse (ca. 10 g)
Pfeffer aus der Mühle

Für 2 Personen
Zubereitung: *30 Min.*
Pro Portion:
ca. 330 kcal; 19 g EW,
4 g F, 53 g KH; 5,5 KE

1. Die Nudeln in sprudelnd kochendem Salzwasser bissfest kochen. Anschließend in ein Sieb abgießen, mit kaltem Wasser abschrecken und abtropfen lassen.

2. Während die Nudeln kochen, die Artischocken abtropfen lassen und der Länge nach in mundgerechte Stücke schneiden. Die Schalotte schälen und klein würfeln.

3. Den Rucola waschen, trocken schütteln und grobe Stiele entfernen. Die Tomaten waschen, abtrocknen, halbieren und den Stielansatz keilförmig herausschneiden. Die Tomatenhälften in Würfel schneiden.

4. Für das Dressing den Frischkäse mit Joghurt, Senf und Essig glatt rühren. Den Parmesan untermischen. Das Dressing mit Salz und Pfeffer abschmecken.

5. Die gegarten Nudeln mit Artischocken, Schalotten und Tomaten vermischen. Den Rucola in Stücke zupfen und unterheben. Den Nudelsalat anrichten und das Parmesandressing mit einem Löffel gleichmäßig darüber verteilen.

TIPP *Wer zartes Knoblaucharoma schätzt, reibt die Salatschüssel vorab mit einer halbierten Knoblauchzehe ein.*

vorne Makkaronisalat mit Spinat und Schafkäse | *hinten* Nudelsalat mit Artischocken, Tomaten und Rucola

Muschelsalat

200 g Miesmuscheln
(aus dem Glas oder
tiefgekühlt)
1 TL Olivenöl
1 TL Salatcreme
1/2 TL Senf, mittelscharf
1 TL Apfelessig
100 g fettarmer Frischkäse
1 TL Zitronensaft
Salz · Pfeffer aus der Mühle
Tabasco
1 sehr dünne Lauchstange
1 kleiner Apfel
2 Scheiben Vollkornbrot

Für 2 Personen
Zubereitung: 15 Min.
Pro Portion:
ca. 310 kcal; 22 g EW,
8 g F, 36 g KH; 3,5 KE

1. Die Muscheln aus dem Glas abtropfen bzw. die tiefgekühlten Muscheln auftauen und dann abtropfen lassen.

2. Salatcreme mit Senf, Essig, Frischkäse und Zitronensaft verrühren. Mit Salz, Pfeffer und 1 Spritzer Tabasco würzen.

3. Den Lauch putzen und längs einschneiden, unter fließendem Wasser waschen und abtropfen lassen. In feine Scheiben schneiden. Den Apfel schälen, vierteln, vom Kerngehäuse befreien und in feine Scheiben schneiden.

4. Muschelfleisch mit Lauch und Äpfeln unter die Salatcreme heben. Mit Brot servieren.

TIPP *Wer möchte, kann auch 500 g frische Muscheln in der Schale kaufen und zubereiten: Die Muscheln gründlich waschen und putzen, offene und beschädigte Exemplare aussortieren. Die übrigen Muscheln in einem Sieb abtropfen lassen. Öl in einem Topf erhitzen, die Muscheln in der Schale zugeben und 10 Min. im geschlossenen Topf bei starker Hitze garen, bis sie sich geöffnet haben, dabei mehrmals durchrühren. Noch geschlossene Muscheln entfernen. Die geöffneten Muscheln mit kaltem Wasser abschrecken, abkühlen lassen und das Muschelfleisch aus den Schalen lösen. Das Muschelfleisch bis zur weiteren Verwendung kalt stellen.*

Linsen-Fischsalat

250 ml Gemüsebrühe
75 g getrocknete rote Linsen
150 g Räucherlachs
2 EL Zitronensaft
1 dünne Lauchstange
1 TL Rapsöl
1 EL Apfelessig
Salz · Pfeffer aus der Mühle
Zucker
1 Apfel
1/2 Bund Dill

Für 2 Personen
Zubereitung: 35 Min.
Pro Portion:
ca. 395 kcal; 31 g EW,
18 g F, 25 g KH; 2,5 KE

1. Die Brühe aufkochen. Die Linsen hineingeben, im geschlossenen Topf bei geringer Hitze ca. 5 Min. ziehen, aber nicht kochen lassen. Danach in einem Sieb abtropfen lassen.

2. Während die Linsen ziehen, den Räucherlachs in Streifen schneiden und mit 1 EL Zitronensaft beträufeln. Die Lauchstange längs einschneiden und sorgfältig waschen. Die dunkelgrünen Enden abschneiden. Lauchstange in Ringe schneiden und ca. 5 Min. unter Wenden in heißem Öl bei mittlerer Hitze dünsten und herausnehmen.

3. Das Bratfett mit Essig und 1 EL Zitronensaft ablöschen, mit Salz, Pfeffer und 1 Prise Zucker würzen. Linsen abtropfen lassen. Den Apfel waschen, vierteln und das Kerngehäuse herausschneiden. Den Apfel in kleine Würfel schneiden, mit Linsen, Lauch, Lachs und der Sauce kurz vermengen und 10 Min. ziehen lassen. Den Dill waschen, trocken schütteln und dicke Stängel entfernen. Den Dill fein hacken und unter den Salat geben.

Mango-Seelachs-Salat mit Basmatireis

200 ml *Gemüsebrühe*
75 g *Basmatireis*
1 *Limette*
Pfeffer aus der Mühle
1 TL *scharfer Senf*
1 EL *Walnussöl*
1 TL *heller Balsamico-Essig*
gemahlener Ingwer
300 g *Seelachs*
1 *rote Paprikaschote*
1 TL *Rapsöl*
1 *reife Mango*
Salz · Paprikapulver
1 *Zweig Estragon*

Für 2 Personen
Zubereitung: *20 Min.*
Pro Portion:
ca. 400 kcal; 32 g EW,
10 g F, 45 g KH; 4,5 KE

1. Die Brühe aufkochen, den Reis zugeben und im geschlossenen Topf bei geringster Hitze in 15 Min. ausquellen lassen.

2. Inzwischen die Limette auspressen und den Saft mit Pfeffer, Senf, Öl, Essig und Ingwer verrühren. Das Seelachsfilet entgräten, in mundgerechte Würfel schneiden und in der Limettenmarinade geben 5 Min. ziehen lassen. Herausnehmen und trocken tupfen.

3. Die Paprikaschote waschen, halbieren und den Stielansatz, Kerne und weiße Trennwände entfernen. Paprikaschote in mittelgroße Würfel schneiden. Das Öl erhitzen und die Paprikawürfel darin dünsten. Die Seelachsstücke zugeben und kurz erhitzen. Mit der Limettenmarinade ablöschen und abkühlen lassen.

4. Die Mango mit einem großen, schmalen Messer längs etwa dritteln, sodass sich im Mittelteil der flache Kern befindet. An diesem knapp entlangschneiden, damit möglichst wenig Fruchtfleisch verloren geht. Das Fruchtfleisch der beiden »Backen« mit einem Gemüsemesser gitterartig einschneiden, jedoch nur so tief, dass die Schale der Mango nicht verletzt wird.

5. Die Mango-»Backen« umstülpen, sodass das eingeschnittene Fruchtfleisch sich nach außen wölbt. Die Mangostücke mit dem flach gehaltenen Messer von der Schale schneiden, mit den Paprika und Fischwürfeln vermengen. Mit Salz und Paprikapulver pikant würzen.

6. Den Estragon waschen, Blätter hacken. Den Basmatireis mit Estragon und wenig Salz würzen, zum Mango-Seelachs-Salat servieren.

Biergartenteller mit Rettichsalat

1 Stück weißer Rettich
  (ca. 200 g)
1 EL Weißweinessig
Salz · Pfeffer aus der Mühle
Zucker
1 TL Maiskeim- oder
  Sonnenblumenöl
1/4 Bund Schnittlauch
4 Maiskölbchen (aus dem Glas)
6 Radieschen
4 kleine Salatblätter
150 g gemischter fettreduzierter Wurstaufschnitt in dünnen
  Scheiben (z. B. Leberkäse, Bierschinken, Schinkenwurst)
2 Laugenstangen, Laugenbrezeln oder Kornspitz-Brötchen

Für 2 Personen
Zubereitung: *20 Min.*
Pro Portion:
ca. 380 kcal; 27 g EW,
17 g F, 30 g KH; 3,0 KE

1. Für den Salat den Rettich schälen, putzen und auf der Küchenreibe grob raspeln. Essig, Salz, Pfeffer und 1 Prise Zucker verrühren, dann das Öl unterschlagen. Die Marinade mit dem zerkleinerten Rettich vermischen. Den Schnittlauch waschen, trocken schütteln, in feine Röllchen schneiden und unter den Rettichsalat mischen.

2. Die Maiskölbchen in einem Sieb abtropfen lassen, dann der Länge nach schräg halbieren. Die Radieschen waschen und putzen und halbieren. Die Salatblätter waschen, putzen und trocken schütteln.

3. Auf zwei flachen Tellern die Salatblätter mit Rettichsalat, Radieschen, Maiskölbchen und dem Wurstaufschnitt anrichten. Dazu die Laugenstangen, Laugenbrezeln oder Kornspitzbrötchen servieren.

Roastbeef mit Kartoffel-Zucchini-Salat

400 g kleine festkochende
  Kartoffeln
1 kleine Zwiebel
150 g kleine Zucchini
Salz
150 ml klare Gemüsebrühe
3 EL Apfel- oder
  Weißweinessig
Zucker
2 TL Raps- oder Sonnenblumenöl
Pfeffer aus der Mühle
3 Stiele glatte Petersilie
100 g Roastbeef-Aufschnitt

Für 2 Personen
Zubereitung: *30 Min.*
+ 20 Min. Ziehen
Pro Portion:
ca. 255 kcal; 16 g EW,
8 g F, 29 g KH; 3,0 KE

1. Die Kartoffeln mit 1 Tasse Wasser aufkochen und zugedeckt in etwa 20 Min. garen.

2. Inzwischen die Zwiebel schälen und klein würfeln. Zucchini waschen und putzen. Zuerst der Länge nach halbieren, dann in möglichst dünne Scheiben hobeln oder schneiden.

3. Kartoffeln abgießen, kalt abschrecken, noch heiß pellen und etwas abkühlen lassen. Danach in Scheiben schneiden, in eine Schüssel füllen und leicht salzen. Zucchini obenauf geben und ebenfalls leicht salzen.

4. Die Brühe mit 2 EL Essig, 1 Prise Zucker und den Zwiebelwürfeln aufkochen. Die kochend heiße Brühe über Kartoffeln und Zucchini gießen. Das Öl und etwas Pfeffer hinzufügen und alles behutsam vermischen. Den Salat zugedeckt mindestens 20 Min. durchziehen lassen.

5. Die Petersilie waschen und trocken schütteln, die Blättchen abzupfen, fein hacken und unter den Kartoffelsalat heben. Mit Salz, Pfeffer und dem restlichen Essig abschmecken. Zum Servieren den Kartoffel-Zucchini-Salat mit den Roastbeefscheiben auf Tellern anrichten.

Tomaten mit Thunfisch-Kapern-Füllung

4 Tomaten (à ca. 80 g)
Salz · Pfeffer aus der Mühle
100 g Thunfischfilets
  im eigenen Saft
  (Dose oder Glas)
100 g Magerquark
1/2 TL abgeriebene
  Bio-Zitronenschale
2 TL Zitronensaft
1 EL kleine Kapern
1 Zweig Basilikum (oder 1–2 Stängel Petersilie)

> **Für 2 Personen**
> **Zubereitung:** 15 Min.
> **Pro Portion:**
> ca. 130 kcal; 21 g EW,
> 1 g F, 6 g KH; 0,5 KE

1. Die Tomaten waschen und abtrocknen. Jeweils einen Deckel abschneiden und das Fruchtfleisch mit einem Teelöffel herauslösen. Tomaten innen leicht salzen und pfeffern.

2. Den Thunfisch abtropfen lassen und etwas zerpflücken. Thunfisch mit Quark, Zitronenschale und 1 TL Zitronensaft cremig pürieren. Falls die Konsistenz zu fest ist, ein wenig Wasser hinzufügen.

3. Die Kapern abtropfen lassen und hacken. Das Basilikum trocken abreiben, die Blättchen vom Stiel zupfen und in feine Streifen schneiden. Kapern und Basilikum unter die Thunfischmasse rühren. Die Füllung mit Salz, Pfeffer und restlichem Zitronensaft abschmecken.

4. Die Thunfischmasse in die ausgehöhlten Tomaten füllen und die Deckel schräg aufsetzen. Möglichst frisch genießen.

KOHLENHYDRATBEILAGE *Dazu passt Vollkornbaguette (Menge nach KE-Bedarf).*

TIPP *Die Thunfischmasse schmeckt auch gut als Brotaufstrich oder als Dip zu rohen Gemüsestiften.*

Räucherforelle mit Möhren-Meerrettich-Quark

200 g Cremequark natur
  (0,2 % Fett)
1 Msp. mittelscharfer Senf
2 TL Weißweinessig
2 TL Ahornsirup
2 TL Meerrettich
  (aus dem Glas)
1 Möhre (ca. 80 g)
1 Stängel Dill
Salz · Pfeffer aus der Mühle
2 geräucherte Forellenfilets (à ca. 125 g)

> **Für 2 Personen**
> **Zubereitung:** 15 Min.
> **Pro Portion:**
> ca. 235 kcal; 36 g EW,
> 6 g F, 9 g KH; 1,0 KE

1. Den Cremequark mit Senf, Essig, Ahornsirup und 1 TL Meerrettich verrühren.

2. Die Möhre putzen, schälen und auf einer Küchenreibe fein raspeln. Sofort unter den Quark mischen.

3. Den Dill waschen und trocken schütteln. Die Spitzen vom Stängel zupfen und bis auf zwei kleine Exemplare fein schneiden, unter den Quark mischen.

4. Den Quark mit Salz, Pfeffer und dem restlichen Meerrettich abschmecken. Forellenfilets mit dem Möhren-Meerrettich-Quark auf Tellern anrichten und den Quark mit den übrigen Dillspitzen garnieren.

KOHLENHYDRATBEILAGE *Dazu passt Vollkornbrot (Menge nach KE-Bedarf).*

Kartoffel-Tortilla mit Erbsen

400 g vorwiegend
  festkochende Kartoffeln
2 Frühlingszwiebeln
1 kleine Knoblauchzehe
  (nach Belieben)
1 EL Olivenöl
50 g junge TK-Erbsen
4 Stängel Petersilie
Salz · Pfeffer aus der Mühle
rosenscharfes Paprikapulver
4 Eier · 6 EL Milch (1,5 % Fett)
6 EL Mineralwasser mit Kohlensäure

Für 2 Personen
Zubereitung: *40 Min.*
Pro Portion:
ca. 360 kcal; 20 g EW,
18 g F, 30 g KH; 3,0 KE

1. Die Kartoffeln schälen, waschen und in dünne Scheiben hobeln oder schneiden. Die Frühlingszwiebeln putzen, waschen und in dünne Ringe schneiden. Nach Belieben die Knoblauchzehe schälen und in kleine Würfel schneiden.

2. In einer beschichteten Pfanne (18–20 cm Ø) mit hohem Rand 1/2 EL Öl erhitzen, die Kartoffeln darin bei mittlerer Hitze unter Wenden 7 Min. garen, dabei nicht braun werden lassen. Frühlingszwiebeln, Knoblauch und die tiefgekühlten Erbsen untermischen. Alles zusammen noch 5–7 Min. garen, bis die Kartoffeln fast weich sind. In eine Schüssel umfüllen und etwas abkühlen lassen.

3. Die Petersilie waschen und trocken schütteln. Die Blättchen von den Stängeln zupfen, fein hacken und unter die Kartoffeln heben. Mit Salz, Pfeffer und Paprikapulver würzen.

4. Die Eier mit Milch und Mineralwasser verquirlen. Eiermilch salzen, pfeffern und unter die Kartoffelmasse mischen.

5. Die Pfanne mit Küchenpapier auswischen. Das restliche Öl darin erhitzen. Die Kartoffelmasse in die Pfanne geben und darin bei kleiner Hitze ohne zu rühren 8 Min. braten. Einen großen flachen Teller auf die Tortilla legen und alles zusammen umdrehen. Tortilla vom Teller mit der hellen Seiten nach unten behutsam wieder in die Pfanne gleiten lassen und in weiteren 5–7 Min. fertig braten.

6. Die Kartoffel-Tortilla auf einen großen Teller gleiten lassen und kalt werden lassen. Zum Servieren wie eine Torte in Stücke schneiden.

TIPP *Dazu passt ein Tomatensalat oder ein gemischter Blattsalat. Ebenso köstlich schmeckt die Kartoffel-Tortilla, wenn man sie warm oder lauwarm serviert. Statt in Stücke lässt sie sich auch gut in mundgerechte Würfel schneiden.*

Harzer Käse
mit mariniertem Lauch

500 g *dünne* Lauchstangen
2 *getrocknete Tomaten*
1 *kleiner Zweig* Thymian
50 ml *trockener Weißwein*
  oder klare Gemüsebrühe
50 ml *Weißweinessig*
Zucker
1 *Lorbeerblatt*
2 *Stängel* Petersilie
2 TL *Olivenöl · Salz · Pfeffer aus der Mühle*
150 g *Harzer Käse*

Für 2 Personen
Zubereitung: *30 Min.*
+ Zeit zum Marinieren
Pro Portion:
ca. 215 kcal; 26 g EW,
7 g F, 7 g KH; 0,5 KE

1. Die Lauchstangen putzen. Den weißen und den knacki-gen grünen Teil der Stangen schräg in 5–6 cm lange Stücke schneiden. Unter fließendem kaltem Wasser kurz aber gründlich waschen, damit auch Erd- und Sandreste entfernt werden. Die Lauchstücke abtropfen lassen.

2. Die getrockneten Tomaten in dünne Streifen schneiden. Den Thymian waschen und trocken schütteln. Für den Sud in einem breiten Topf Weißwein oder Brühe mit Essig, 50 ml Wasser, 1 Prise Zucker, Thymian und Lorbeerblatt aufkochen. Die Lauchstücke in den Sud legen und zugedeckt bei mittlerer Hitze in 10–15 Min. bissfest garen, dabei für die letzten 3 Min. die Tomaten zufügen. Lauch und Tomaten aus dem Topf heben und in eine flache Schüssel umfüllen.

3. Die Petersilie waschen und trocken schütteln, die Blätt-chen abzupfen und grob hacken. Den Sud durch ein Sieb gießen. Das Öl einrühren und die Marinade mit Salz und Pfeffer würzen. Über die Lauch- und Tomatenstücke gießen. Die Petersilie untermischen. Das Gemüse zugedeckt kalt werden lassen (oder über Nacht marinieren).

4. Zum Servieren den Lauch-Tomaten-Mix aus der Mari-nade heben und mit dem Harzer Käse auf Tellern anrichten. Das Gemüse mit etwas Marinade beträufeln.

KOHLENHYDRATBEILAGE *Dazu passt Bauern-brot (Menge nach KE-Bedarf).*

TIPP *Eignet sich auch gut für ein Picknick. Käse und Lauch samt etwas Marinade getrennt in Vorrats-dosen verpacken und bis zum Transport im Kühlschrank aufbewahren.*

Tofu mit
mariniertem Gemüse

1 *kleine rote* Paprikaschote
  (ca. 150 g)
100 g *Möhren*
1 *Stück Salatgurke (ca. 100 g)*
50 g *Champignons*
1 *Zweig* Minze
100 ml *klare Gemüsebrühe*
3 EL *Weißweinessig*
Salz · Pfeffer aus der Mühle
1/2 TL *geröstetes Sesamöl (oder Rapsöl)*
200 g *schnittfester (Räucher-)Tofu*
Schnittlauchhalme zum Garnieren

Für 2 Personen
Zubereitung: *25 Min.*
+ 1 Std. Marinieren
Pro Portion:
ca. 125 kcal; 11 g EW,
6 g F, 7 g KH; 0,5 KE

1. Für das Gemüse die Paprikaschote waschen, vierteln, von Stielansatz, Kernen und weißen Trennwänden be-freien. Die Viertel quer in kurze feine Streifen schneiden. Die Möhren schälen und putzen. Zuerst der Länge nach in dünne Scheiben, dann in kurze Streifen schneiden. Die Gurke waschen, längs halbieren und mit einem Teelöffel ent-kernen. Gurkenhälften in dünne kurze Streifen schneiden.

2. Die Champignons mit dem Pinsel putzen oder behutsam mit einem feuchten Küchenpapier abwischen. Pilzstiele entfernen und die Pilzhüte in Scheiben schneiden. Minze waschen und trocken schütteln, die Blättchen abzupfen und quer in Streifen schneiden.

3. Paprika, Möhren, Gurke und Pilze in eine Schüssel füllen. Die Brühe mit Essig, etwas Salz und Pfeffer aufkochen. Vom Herd nehmen, das Öl einrühren und die noch warme Mari-nade über das Gemüse gießen. Die Minze untermischen. Das Gemüse zugedeckt mindestens 1 Std. darin marinieren.

4. Den Tofu in etwa 1 cm dicke Scheiben schneiden und eventuell zwischen Küchenpapier leicht ausdrücken. Die Schnittlauchhalme waschen und trocken schütteln. Das Gemüse aus der Marinade heben, mit dem Tofu an-richten. Etwas Marinade über Tofu und Gemüse träufeln, mit den Schnittlauchhalmen garnieren.

TIPP *Als Mahlzeit für den Arbeitsplatz das Gemüse mit etwas Marinade und den Tofu getrennt in gut verschließ-baren Vorratsdosen verpacken und bis zum Transport im Kühlschrank aufbewahren.*

vorne Harzer Käse mit mariniertem Lauch | *hinten* Tofu mit mariniertem Gemüse

Putenbrust-Sandwich

50 g Feldsalat
1/2 **Bund** Petersilie
1 **kleine** rote Zwiebel
1 TL Salatcreme
1 TL Magerquark
1 TL Zitronensaft
Salz · Pfeffer aus der Mühle
4 **Scheiben** geräucherte
  Putenbrust
4 **große Scheiben** Toastbrot

Für 2 Personen
Zubereitung: *15 Min.*
Pro Portion:
ca. 165 kcal; 9 g EW,
4 g F, 22 g KH; 2,0 KE

1. Den Feldsalat und die Petersilie waschen und trocken schütteln. Den Feldsalat putzen, die Petersilienblättchen abzupfen. Zwei Drittel vom Feldsalat und die gesamte Petersilie sehr fein hacken. Die Zwiebel schälen und sehr fein würfeln und mit den gehackten Kräutern, der Salatcreme, dem Quark und dem Zitronensaft verrühren.

2. Die Putenbrustscheiben auf die 4 Toastbrotscheiben verteilen, mit dem übrigen Feldsalat belegen und den Aufstrich auf 2 Toastbrotscheiben verteilen, die 2 weiteren Toastbrotscheiben darauflegen und sanft zusammenpressen.

DEKO-TIPP *Das Toastbrot nach Belieben in Dreiecke oder kleine Quadrate schneiden, mit Zahnstochern zusammenstecken und mit Kiwischeiben verzieren.*

VARIANTE *Vegetarische Variante:*
Statt der Putenbrustscheiben 2 Tomaten (je ca. 100 g) waschen, in Scheiben schneiden und die Hälfte auf 2 Toastbrotscheiben verteilen. Diese mit der Hälfte der Feldsalatblätter belegen. Den im Rezept beschriebenen Aufstrich mit etwas mildem Paprikapulver und 1 guten Prise Zucker verfeinern. Auf die beiden bereits belegten Toastbrotscheiben streichen. Mit den übrigen Feldsalatblättern und Tomatenscheiben belegen. Die verbliebenen Toastbrotscheiben darauflegen und die Sandwiches sanft zusammendrücken.

Vollkornbrot mit bayerischem Obazden

1 Schalotte
1/4 **Bund** Schnittlauch
100 g fettreduzierter weicher
  Camembert
100 g fettreduzierter
  Frischkäse
  (5 % Fett absolut)
1 TL Joghurt-Butter
2–4 EL helles Bier
  (auch alkoholfreies)
Salz · Pfeffer aus der Mühle
1 TL edelsüßes Paprikapulver
1/2 TL gemahlener Kümmel (nach Belieben)
6–8 Radieschen
2 **große Scheiben** Vollkornbrot

Für 2 Personen
Zubereitung: *10 Min.*
+ 30 Min. Durchziehen
Pro Portion:
ca. 315 kcal; 24 g EW,
11 g F, 29 g KH; 3,0 KE

1. Die Schalotte schälen und möglichst klein würfeln. Den Schnittlauch waschen, trocken schütteln und in feine Röllchen schneiden.

2. Vom Camembert die Rinde rundum möglichst dünn abschneiden. Camembert und Frischkäse mit einer Gabel fein zerdrücken. In eine Schüssel füllen und mit Schalotten und Butter gründlich vermischen. So viel Bier unterrühren, dass eine streichfähige Masse entsteht.

3. Den Schnittlauch unter die Käsemasse rühren. Mit Salz, Pfeffer, Paprikapulver und Kümmel kräftig abschmecken. Den Obazden zugedeckt bei Zimmertemperatur mindestens 30 Min. durchziehen lassen.

4. Zum Servieren die Radieschen waschen. Den Obazden dick auf die Brotscheiben streichen und die Brote mit den Radieschen anrichten.

links Putenbrust-Sandwich | *rechts* Vollkornbrot mit bayerischem Obazden

Tramezzini mit Thunfisch

150 g *Thunfischfilets*
  im eigenen Saft
  (aus Dose oder Glas)
1 *Zweig* Basilikum
  (oder Petersilie)
2 EL *Magerquark*
1 TL *Zitronensaft*
Salz · Pfeffer aus der Mühle
1 *kleine* Tomate
1 *Stück* Salatgurke *(ca. 40 g)*
2 *kleine* Salatblätter
4 *Scheiben* Vollkorn-Sandwichbrot

Für 2 Personen
Zubereitung: *15 Min.*
Pro Portion:
ca. 220 kcal; 24 g EW,
3 g F, 20 g KH; 2,0 KE

1. Den Thunfisch abtropfen lassen und fein zerzupfen. Das Basilikum trocken abreiben. Die Blätter vom Stiel zupfen und in Streifen schneiden.

2. Den Thunfisch mit Quark, Zitronensaft und dem Basilikum vermischen. Die Masse mit Salz und Pfeffer würzen.

3. Die Tomate und das Gurkenstück waschen, abtrocknen und in dünne Scheiben schneiden. Salatblätter waschen, trocken tupfen und in mundgerechte Stücke zupfen.

4. Die Brotscheiben nach Bedarf entrinden. Die Hälfte der Scheiben mit den Salatblättern belegen, darauf die Gurkenscheiben verteilen. Mit Thunfischmasse bestreichen und mit Tomatenscheiben belegen. Salzen und pfeffern.

5. Die restlichen Brotscheiben obenauf legen, leicht andrücken und die Tramezzini jeweils behutsam diagonal halbieren. Die Thunfisch-Tramezzini möglichst frisch servieren.

Parmaschinken-Kiwi-Sandwich

4 *Scheiben* Parmaschinken
2 *Kiwis*
4 *große Scheiben* Toastbrot
30 g *Salatcreme*
Pfeffer aus der Mühle

Für 2 Personen
Zubereitung: *10 Min.*
Pro Portion:
ca. 215 kcal; 11 g EW,
7 g F, 25 g KH; 2,5 KE

1. Den Parmaschinken in Streifen schneiden. Die Kiwis schälen und in Scheiben schneiden. Die Toastbrotscheiben dünn mit Salatcreme bestreichen.

2. Zwei Brotscheiben mit Schinkenstreifen und Kiwischeiben belegen und mit wenig Pfeffer bestreuen. Jeweils eine weitere Toastbrotscheibe daraufgeben und sanft festdrücken. Sandwich nach Belieben in Dreiecke oder kleine Quadrate schneiden, mit Zahnstochern zusammenstecken und mit Kiwischeiben dekorieren.

VARIANTE *Kiwisalat mit Parmaschinken*
4 Kiwis schälen, in mundgerechte Würfel schneiden und mit 1 EL Zitronensaft verrühren. 4 Scheiben Parmaschinken in dünne, kurze Streifen schneiden. 2 EL Walnüsse hacken und ohne Fett in einer Pfanne kurz anrösten. Die Kiwiwürfel mit den Schinkenstreifen und 30 g Salatcreme vermengen. Mit Salz und Pfeffer aus der Mühle würzen und mit den gerösteten Walnüssen bestreuen. Dazu knusprig getoastete Weißbrotscheiben servieren.

Fruchtige Radicchiobrötchen mit Melone

1/4 *kleiner* Radicchiosalat
1/2 Cantalupe-Melone
1/2 **Bund** Schnittlauch
1 TL Apfelessig
1 TL *süßer* Senf
3 EL *fettarmer* Frischkäse
Salz
Pfeffer aus der Mühle
2 **große** oder **4 kleine** Baguettebrötchen

Für 2 Personen
Zubereitung: *15 Min.*
Pro Portion:
ca. 180 kcal; 7 g EW,
1 g F, 37 g KH; 3,5 KE

1. Den Radicchiosalat waschen, trocken schütteln und in kleine, mundgerechte Stücke zupfen. Aus der Melonenhälfte mit einem Esslöffel die Kerne heraustrennen. Die Melonenhälfte in Spalten schneiden, das Fruchtfleisch von der Schale trennen und klein schneiden. Die Hälfte der Melonenstücke mit dem Radicchiosalat mischen.

2. Den Schnittlauch waschen, trocken schütteln und in feine Röllchen schneiden. Die zweite Hälfte der Melonenstücke mit Schnittlauch, Apfelessig, Senf und Frischkäse im Mixer pürieren und mit wenig Salz und Pfeffer würzen. Unter die Radicchio-Melonen-Mischung geben und kurz durchziehen lassen.

3. Die Baguettebrötchen längs aufschneiden. Die Radicchio-Melonen-Mischung in die unteren Brötchenhälften geben. Die oberen Hälften darauflegen und sanft zusammendrücken. Zum Transport die Brötchen mit Frischhaltefolie umwickeln.

VARIANTE *Radicchiosalat*
Das Radicchio-Viertel waschen, trocken schütteln und die einzelnen Blätter ablösen. Die entkernte und geschälte Melonenhälfte mit den zerteilten Radicchioblättern vermengen. 1 TL Apfelessig, 1 TL süßen Senf und 3 EL Frischkäse verrühren, mit Salz und Pfeffer aus der Mühle würzen. Den Schnittlauch waschen und in feine Röllchen schneiden, diese unter das Dressing rühren. Das Dressing zur Radicchio-Melonen-Mischung geben. 2 Brötchen aufschneiden, rösten und zum Salat reichen.

Vollkorn-Stangenbrot mit Dillcreme und Garnelenrührei

100 g TK-Garnelen
  (küchenfertig geschält
  und entdarmt)
1/2 Bund Dill
200 g Magerquark
Salz · Pfeffer aus der Mühle
4 große Scheiben
  Vollkorn-Stangenbrot
2 Eier
1 TL Rapsöl

Für 2 Personen
Zubereitung: *15 Min.*
Pro Portion:
*ca. 370 kcal; 36 g EW,
10 g F, 33 g KH; 3,5 KE*

1. Die Garnelen abspülen und abtropfen lassen. Den Dill waschen, trocken schwenken und dicke Stängel entfernen. Den Dill fein hacken und mit dem Quark verrühren. Mit Salz und Pfeffer würzen und auf die Brotscheiben streichen.

2. Die Eier aufschlagen und verquirlen. Öl in einer Pfanne erhitzen, das verquirlte Ei und die Garnelen zugeben und unter Rühren langsam stocken lassen. Mit Salz und Pfeffer würzen. Zum Stangenbrot servieren.

VARIANTE *Pilz-Rührei*
Statt der Garnelen 200 g frische Pilze wie Champignons, Pfifferlinge oder Steinpilze mit Küchenpapier trocken abreiben und die trockenen Stielenden abschneiden. Die Pilze in feine Scheiben schneiden und unter die in der Pfanne stockende Eimischung mengen. Das Pilz-Rührei mit Salz, Pfeffer und ein wenig Muskat würzen.

Kornspitz mit Fetacreme und Oliven

1 Zweig *Thymian*
1 kleine *Knoblauchzehe*
4 schwarze *entsteinte Oliven*
125 g *fettreduzierter Feta
  (Schafkäse; 9 % Fett
  absolut)*
2 EL *Naturjoghurt (1,5 %
  Fett)*
1 TL *Olivenöl*
Salz · *Pfeffer aus der Mühle*
2 Kornspitz-Brötchen

Für 2 Personen
Zubereitung: *15 Min.*
Pro Portion:
*ca. 290 kcal; 19 g EW,
11 g F, 31 g KH; 3,0 KE*

1. Den Thymian waschen, trocken schütteln und die Blättchen abzupfen. Knoblauch schälen. Die Oliven fein hacken.

2. Den Feta abtropfen lassen und in grobe Stücke teilen. Mit Joghurt, Öl und etwa drei Viertel der Thymianblättchen fein pürieren. Die gehackten Oliven unter die Fetacreme rühren und den Knoblauch dazupressen. Falls die Creme noch keine streichfähige Konsistenz hat, ein wenig Wasser unterrühren. Die Creme mit Salz und Pfeffer abschmecken.

3. Die Kornspitz-Brötchen halbieren. Jede Hälfte mit der Käsecreme bestreichen und mit den restlichen Thymianblättchen garniert servieren.

TIPP *Wer mag, kann die Brote noch unter dem Backofengrill in etwa 3 Min. hellbraun überbacken, dann mit Thymian garnieren und heiß servieren.*

Gratiniertes Vollkorn-Stangenbrot mit Auberginenscheiben

1/4 *kleine* Aubergine
2 EL *Olivenöl*
6 *getrocknete Tomaten*
Salz · *Pfeffer aus der Mühle*
1 TL *getrockneter Oregano*
6 *Scheiben* Vollkornbaguette
30 g *Parmesan*

Für 2 Personen
Zubereitung: *15 Min.*
Pro Portion:
ca. 330 kcal; 12 g EW,
17 g F, 29 g KH; 3,0 KE

1. Die Aubergine waschen, abtrocken, in dünne Scheiben schneiden und im heißen Olivenöl kurz dünsten. Die Tomaten sehr fein hacken und zu den Auberginen geben. Die Masse mit Salz, Pfeffer und Oregano würzen und auf die Baguettescheiben verteilen.

2. Die Brotscheiben in eine flache Auflaufform legen. Den Parmesan reiben, auf den Brotscheiben verteilen und unter dem Grill bei höchster Hitze ca. 2 Min. gratinieren.

VARIANTE *Mediterran gefülltes Brötchen*
Die Auberginenviertel und die Tomaten waschen, putzen, in kleine Stücke schneiden und im Olivenöl garen. Den Backofen auf 200° (Umluft 180°) vorheizen. 2 Brötchen längs halbieren und aushöhlen. Die ausgelöste Krume fein hacken und zu den Auberginen und den Tomaten geben. Wie beschrieben mit Salz, Pfeffer und Oregano würzen. Diese Mischung in die ausgehöhlten Brötchen geben, mit 30 g geriebenem Parmesan bestreuen und die gefüllten Brötchen in einer Auflaufform im heißen Ofen (Mitte) 10 Minuten überbacken.

Gratinierte Gemüsebrote mit gewürztem Frischkäse

75 g *Frischkäse*
1 EL *Ajvar (Paprikapaste)*
1/4 TL *getrockneter*
  Rosmarin
Salz · *Pfeffer aus der Mühle*
4 *Scheiben* Vollkornbrot
1 *große* Tomate
4 *schwarze Oliven*
30 g *Parmesan*

Für 2 Personen
Zubereitung: *10 Min.*
Pro Portion:
ca. 245 kcal; 14 g EW,
9 g F, 25 g KH; 2,5 KE

1. Den Frischkäse mit Ajvar und Rosmarin gründlich verrühren, mit Salz und Pfeffer kräftig würzen und auf die Brotscheiben streichen.

2. Die Tomate waschen und den Stielansatz keilförmig herausschneiden. Die Tomate und die Oliven in Scheiben schneiden und beides auf den Brotscheiben verteilen.

3. Die Brotscheiben in eine flache Auflaufform legen.

4. Den Parmesan reiben und auf die Tomatenbrote geben. Unter dem Grill bei höchster Hitze ca. 2 Min. gratinieren.

TIPP *Für die gratinierten Gemüsebrote lassen sich selbst kleine Gemüsereste optimal verwerten. Neben Tomate können auch in Scheiben geschnittene Zucchini oder Auberginen, Streifen von Paprika, Kürbis oder Gurke genauso wie Sprossen und fein gewürfelte Zwiebeln genommen werden. Bereits gegartes Gemüse wie Spinat, Zuckererbsen oder Gemüsemischungen können Sie abtropfen lassen, auf den Frischkäse geben und im Backofen gratinieren.*

Crostini
mit Geflügelcreme

6 Toastbrot- oder
  Baguettescheiben
100 g Hähnchenbrust
Salz
100 ml Geflügelbrühe
5–6 TL Zitronensaft
2 EL Olivenöl
1/2 Bund Rucola
Pfeffer aus der Mühle

Für 2 Personen
Zubereitung: *25 Min.*
Pro Portion:
ca. 295 kcal; 16 g EW,
12 g F, 30 g KH; 3,0 KE

1. Die Brotscheiben toasten. Das Fleisch in der leicht kochenden, gut gesalzenen Brühe etwa 10 Min. ziehen lassen. Aus der Brühe nehmen, in grobe Stücke schneiden und mit Zitronensaft, Olivenöl und 2 EL Brühe pürieren.

2. Den Rucola waschen, trocken schütteln, putzen und die Stiele entfernen. Einige Blätter für die Dekoration zurücklegen, übrige Blätter sehr fein hacken, unter die Creme rühren und mit Salz und Pfeffer pikant würzen. Bei Bedarf noch etwas Zitronensaft zugeben.

3. Toastbrote mit der Geflügelcreme bestreichen. Mit den zurückgelegten Rucolablättern belegen.

TIPP *Die Italiener reiben die Toastbrote mit Knoblauch ein. Dazu eine möglichst große Knoblauchzehe halbieren und mit der Schnittfläche über die getoastete Brotscheibe reiben, sodass der Knoblauchsaft ins Brot einzieht. Bei einer etwas aufwendigeren Variante erhitzen Sie den geschälten und grob geschnittenen Knoblauch in wenig Olivenöl und verteilen das Öl über die getoasteten Brotscheiben. Oder Sie bräunen das ungetoastete Brot in wenig heißem Knoblauchöl von beiden Seiten knusprig an.*

Rucola-Bruschetta mit
Forellencreme

4 Weißbrotscheiben
10 g Rucola
2 EL Olivenöl
100 g geräucherte Forelle
100 g fettarmer Frischkäse
Salz · Pfeffer aus der Mühle
rosa Pfefferkörner,
  grob geschrotet

Für 2 Personen
Zubereitung: *15 Min.*
Pro Portion:
ca. 275 kcal; 20 g EW,
13 g F, 21 g KH; 2,0 KE

1. Die Weißbrotscheiben toasten. Den Rucola waschen und trocken schütteln, einige Blätter für die Dekoration zurücklassen, übrige Blätter sehr fein hacken und mit dem Olivenöl verrühren. Auf die getoasteten Brotscheiben streichen.

2. Die geräucherte Forelle bei Bedarf entgräten und mit Frischkäse pürieren, mit Salz und Pfeffer würzen. Auf die Rucola-Bruschetta streichen, mit den zurückgelegten Rucolablättern belegen und mit dem rosa Pfeffer bestreuen.

TIPP *Wer mag, kann einen Teil der Forelle grob zerpflücken und zum Servieren auf die Brotscheiben legen.*

VARIANTE *Tricolore-Variante*
In den Farben Italiens, Grün, Weiß und Rot, lassen sich die Bruschetta-Scheiben bestreichen, wenn Sie 50 g Räucherforelle und 50 g Räucherlachs mit jeweils 50 g fettarmem Frischkäse getrennt pürieren und mit Salz und Pfeffer würzen. Den Rucola-Aufstrich bereiten Sie wie im Rezept beschrieben zu. Nun jeweils ein Drittel der Weißbrotscheibe mit dem grünen Rucola-Aufstrich, mit der hellen Forellencreme und der rötlichen Lachscreme bestreichen. Mit etwas rotem Pfeffer oder einem grünen Basilikumblatt dekorieren.

links Crostini mit Geflügelcreme | *rechts* Rucola-Bruschetta mit Forellencreme

Bruschetta mit Pilzen und Pinienkernen

200 g gemischte frische Pilze
   (z. B. Champignons, Kräuter-
   seitlinge, Austernpilze)
1 Knoblauchzehe
1/4 **Bund** Petersilie
1 **Stück** Bio-Zitronenschale (ca. 2 cm)
1 **EL** Pinienkerne
2 **TL** Olivenöl
3 **Scheiben** Vollkorntoast
Salz · Pfeffer aus der Mühle
Cayennepfeffer

Für 2 Personen
Zubereitung: *20 Min.*
Pro Portion:
ca. 180 kcal; 7 g EW,
9 g F, 17 g KH; 1,5 KE

1. Die Pilze sorgfältig mit einem Pinsel putzen und, nur falls nötig, mit einem feuchten Tuch behutsam abreiben. Pilze in Streifen schneiden. Den Knoblauch schälen und möglichst klein würfeln. Die Petersilie waschen, trocken schütteln, die Blätter von den Stielen zupfen und grob hacken. Die Zitronenschale in möglichst feine kurze Streifen schneiden.

2. Die Pinienkerne in einer großen beschichteten Pfanne ohne Fett unter Rühren goldgelb rösten. Herausnehmen und beiseitestellen. Den Pfannenboden mit 1 TL Olivenöl auspinseln. Das Öl erhitzen und die Pilze darin unter gelegentlichem Rühren braten. Den Knoblauch und die Hälfte der Petersilie einrühren, alles zusammen noch 2–3 Min. unter Rühren braten.

3. Die Brotscheiben toasten, danach diagonal halbieren. Restliches Öl und die gerösteten Pinienkerne unter die Pilze mischen. Mit Salz, Pfeffer und einem Hauch Cayennepfeffer abschmecken.

4. Die Pilze auf den Brotscheiben verteilen. Die restliche Petersilie mit der Zitronenschale mischen. Die Bruschetta damit bestreuen und sofort warm servieren.

TIPP *Im Herbst die Edel-Variante dieser Bruschetta zubereiten: mit Waldpilzen wie Pfifferlingen, Steinpilzen und Maronenpilzen.*

Warme
HAUPTGERICHTE

Und was koche ich heute? Diese Entscheidung fällt jetzt leicht.
Pasta, Pizza, Gerichte mit Geflügel, Fisch, mit und ohne
Fleisch und auch Suppen wollen entdeckt werden und finden
bestimmt schnell einen festen Platz in Ihrem Speiseplan.
Ausgewogen in der Zusammenstellung und schnell zubereitet sind
alle Rezepte ein Gewinn für den täglichen Genuss.

Kürbissuppe
mit Petersilienschaum

1 *kleine* Zwiebel
400 g Muskat-Kürbis (Rohgewicht)
200 g Kartoffeln
1 EL Rapsöl
500 ml Gemüsebrühe
1/4 Bund Blattpetersilie
1/4 TL körnige Gemüsebrühe
   (Instant)
50 ml Milch (1,5 % Fett)
Salz · Pfeffer aus der Mühle
rosa Pfefferkörner, grob geschrotet

Für 2 Personen
Zubereitung: *30 Min.*
Pro Portion:
ca. 160 kcal; 5 g EW,
6 g F, 22 g KH; 2,0 KE

1. Die Zwiebel schälen und in Würfel schneiden. Den Kürbis in Spalten schneiden, schälen, entkernen und würfeln. Die Kartoffeln schälen und ebenfalls würfeln.

2. Die Zwiebel in heißem Öl in einem großen Topf dünsten. Den Kürbis, die Kartoffeln und die Brühe zufügen und im geschlossenen Topf etwa 20 Min. garen.

3. Inzwischen die Blattpetersilie waschen und trocken schütteln, die Blättchen abzupfen und mit der Brühe in der kalten Milch pürieren. Durch ein Sieb geben, kurz erhitzen, aber nicht kochen lassen und wie eine Cappuccino-Milch aufschäumen. Den Petersilienrückstand aus dem Sieb zur Suppe geben.

4. Die Suppe mit dem Stabmixer fein pürieren und mit Salz und Pfeffer würzen. Die Suppe mit dem Petersilienschaum servieren. Darauf den rosa Pfeffer streuen.

Tomaten-Mango-Suppe

250 g *Tomaten*
1 *kleine* weiße *Zwiebel*
1 *TL* Rapsöl
1 *TL* mildes *Currypulver*
250 ml *Gemüsebrühe*
10 g *frischer* Ingwer
1 *TL* Kurkuma
Salz · Pfeffer aus der Mühle
1 *kleine* reife *Mango*
2 *kleine Zweige* Basilikum
1 *TL* brauner *Zucker*
4 *Scheiben* Baguette

Für 2 Personen
Zubereitung: *20 Min.*
Pro Portion:
ca. 180 kcal; 4 g EW,
4 g F, 31 g KH; 3 KE

1. Die Tomaten kreuzweise einschneiden, kurz in kochendes Wasser geben, bis sich die Haut leicht löst. Die Tomaten unter kaltem Wasser abschrecken. Den Stielansatz herausschneiden und die Haut abziehen.

2. Die Zwiebel schälen, fein würfeln und in heißem Öl dünsten. Currypulver und Tomaten zugeben und mit der Brühe ablöschen. Ingwer schälen, hacken und mit Kurkuma zur Suppe geben. Mit Salz und Pfeffer würzen. 5 Min. garen.

3. Die Mango mit einem großen, schmalen Messer längs etwa dritteln, sodass sich im Mittelteil der flache Kern befindet. An diesem knapp entlangschneiden, damit möglichst wenig Fruchtfleisch verloren geht. Das Fruchtfleisch der beiden »Backen« mit einem Gemüsemesser gitterartig einschneiden, jedoch nur so tief, dass die Schale der Mango nicht verletzt wird.

4. Die Mango-»Backen« umstülpen, sodass das eingeschnittene Fruchtfleisch sich nach außen wölbt. Die Mangostücke mit dem flach gehaltenen Messer von der Schale abschneiden. Die Hälfte der Mangowürfel zur Suppe geben und die Suppe pürieren.

5. Das Basilikum trocken abreiben und die Blätter abzupfen. Die Suppe mit Salz, Pfeffer und Zucker würzen, mit den restlichen Mangowürfeln und den Kräuterblättchen dekorieren. Dazu Baguette servieren.

Lauchsuppe

1 *Knoblauchzehe*
1 *dünne Stange* Lauch
1 *kleine* mehligkochende
  Kartoffel
1 *EL* Olivenöl
500 ml *Gemüsebrühe*
150 ml *Milch* (1,5 % Fett)
Salz · Pfeffer aus der Mühle
Muskatnuss

Für 2 Personen
Zubereitung: *25 Min.*
Pro Portion:
ca. 120 kcal; 4 g EW,
7 g F, 12 g KH; 1,0 KE

1. Den Knoblauch schälen und fein hacken. Den Lauch putzen, längs einschneiden, gründlich unter fließendem Wasser waschen und in feine Streifen schneiden. Ein paar Streifen zum Garnieren beiseitelegen.

2. Die Kartoffel schälen, fein schneiden und in einem hohen Topf im heißen Öl dünsten. Knoblauch und Lauch zugeben, mit der heißen Brühe und der Milch ablöschen und 10 Min. bei geringer Hitze garen.

3. Die Suppe pürieren und mit Salz, Pfeffer und etwas Muskat würzen. Mit Lauchstreifen garniert servieren.

VARIANTE *Edel aufgepeppt*
Mixen Sie 4 Scheiben Räucherlachs mit 100 ml warmer Milch mit dem Pürierstab oder im Mixer auf, sodass eine schaumige Creme entsteht. Geben Sie die rosafarbene Lachscreme auf die in Suppentassen gefüllte Lauchsuppe und dekorieren Sie mit etwas Forellenkaviar.

Wirsing-Möhren-Topf mit Schweinefilet

250 g *Wirsing*
150 g *Möhren*
1 dünne Stange *Lauch (ca. 150 g)*
1 EL *Öl*
600 ml *kräftige Fleischbrühe*
  (selbst gekocht oder Instant)
1 EL *scharfer Senf (z. B. Dijon-Senf)*
Salz · Pfeffer aus der Mühle
2 Stück *Sternanis*
200 g *Schweinefilet (vorzugsweise in Bio-Qualität)*
1 kleine *schnittfeste Birne (ca. 100 g)*
1 EL *Zitronensaft*
2 Stiele *Petersilie*

Für 2 Personen
Zubereitung: *50 Min.*
Pro Portion:
ca. 380 kcal; 41 g EW,
14 g F, 11 g KH; 1,0 KE

1. Den Wirsing putzen, waschen und die Blätter in kurze Streifen schneiden. Möhren und Lauch waschen und putzen. Möhren längs halbieren und schräg in 1/2 cm breite Stücke schneiden, die Lauchstange schräg in dünne Ringe schneiden.

2. Das Öl in einem Suppentopf erhitzen. Möhren und Lauch darin unter gelegentlichem Rühren 3 Min. andünsten. Den Wirsing untermischen und 1 Min. mitdünsten. Die Brühe zum Gemüse gießen und mit 3/4 EL Senf, Salz, Pfeffer und Sternanis würzen. Alles aufkochen und zugedeckt 20 Min. köcheln lassen.

3. Inzwischen das Schweinefilet kurz mit kaltem Wasser waschen und trocken tupfen. Die Birne waschen, vierteln, Stiel und Kerngehäuse entfernen. Birnenviertel quer in etwa 1/2 cm dicke Scheiben schneiden und im Zitronensaft wenden.

4. Den Eintopf vom Herd nehmen. Das Filet hineinlegen, den Topf wieder auf den Herd stellen und zugedeckt bei kleinster Hitze zunächst 5 Min. ziehen, aber nicht kochen lassen. Währenddessen die Birnenscheiben kurz abtropfen lassen. Petersilie waschen, trocken schütteln und die Blättchen abzupfen. Birne und Petersilie in den Topf geben. Alles zusammen noch etwa 5 Min. ziehen lassen, bis das Filet gerade gar ist.

5. Das Schweinefilet herausheben und in etwa 1 cm breite Scheiben schneiden. Den Wirsing-Möhren-Topf mit Salz, Pfeffer und restlichem Senf kräftig abschmecken. Zum Servieren den Eintopf in vorgewärmte Teller füllen und die Filetscheiben obenauf anrichten.

KOHLENHYDRATBEILAGE *Dazu schmeckt kräftiges Bauernbrot (Menge nach KE-Bedarf).*

Frühlingssuppe mit Reis

1 Möhre
1 kleiner Kohlrabi (200 g)
1 EL Rapsöl
800 ml Gemüsebrühe
100 g TK-Erbsen
50 g Parboiled Reis
1 Kästchen Gartenkresse
  (alternativ Brunnenkresse)

Für 2 Personen
Zubereitung: *10 Min.*
+ 15 Min. Garen
Pro Portion:
ca. 210 kcal; 8 g EW,
6 g F, 32 g KH; 3,0 KE

1. Die Möhre und den Kohlrabi schälen und in kleine Stifte schneiden. Im heißem Rapsöl dünsten und mit Brühe ablöschen. Die Erbsen und den Reis zugeben und bei mittlerer Hitze etwa 15 Min. garen.

2. Die Gartenkresse waschen, vom Beet schneiden und fein hacken. Die Suppe auf zwei Teller verteilen und die Kresse über die Suppe geben.

VARIANTE *mit Grießklößchen*
Wer sich etwas mehr Mühe machen möchte, kann diese Frühlingssuppe mit leckeren Grießklößchen noch aufwerten. Dafür 75 g Grieß unter ständigem Rühren langsam in 200 ml kochende Milch geben, die Masse vom Herd nehmen und 1 Eigelb unterrühren. Die Grießmasse mit Salz und Pfeffer würzen, abkühlen lassen. Die Kresse wie im Rezept beschrieben waschen und hacken. Die Hälfte zum Grießteig geben und untermischen. Aus dem Teig zwischen den Handflächen möglichst kleine Klößchen formen. Die Klößchen anstelle vom Reis in der Gemüsesuppe bei geringer Hitze ziehen lassen, bis die Klößchen aufsteigen. Die restlichen Kresseblättchen zur Suppe geben.

Kohlrabicremesuppe mit Räucherlachs

250 g Kohlrabi
1 kleine Zwiebel
1 TL Rapsöl
150 ml Gemüsebrühe
1 Zweig Estragon (ersatz-
  weise 1/4 TL getrockneter
  Estragon)
100 g Räucherlachs
75 g fettarmer Frischkäse
50 ml trockener Weißwein oder Brühe

Für 2 Personen
Zubereitung: *20 Min.*
Pro Portion:
ca. 235 kcal; 20 g EW,
12 g F, 6 g KH; 0,5 KE

1. Den Kohlrabi schälen und in kleine Stücke schneiden, ein paar zarte Kohlrabiblätter zum Garnieren beiseitelegen. Die Zwiebel schälen und fein würfeln. Das Öl erhitzen, Zwiebel und Kohlrabi darin bei mittlerer Hitze 2 Min. dünsten, mit der Gemüsebrühe und 150 ml Wasser ablöschen und 10 Min. garen.

2. In der Zwischenzeit den Estragon waschen und trocken schütteln, die Blättchen abzupfen und grob hacken. Den Lachs in Streifen schneiden.

3. Frischkäse und Weißwein zum Kohlrabi geben und pürieren. Den Lachs und die Hälfte der Estragonblättchen in die Suppe geben und mit restlichem Estragon und den Kohlrabiblättern servieren.

TIPP *Gemüsebrühe aus der Packung*
Eine Gemüsebrühe selbst zu kochen, kostet etwas Zeit. Und eine fertige Brühe aus dem Glas hat ihren Preis. Eine gute Alternative sind gekörnte Brühen aus der Packung. Sie sollten allerdings keine Geschmacksverstärker wie Glutamat enthalten. Glutamat gilt als Auslöser von Allergien und findet sich leider auch in herkömmlichen Lebensmitteln, insbesondere in Hefe. Daher sollten allergiegefährdete Menschen auch darauf achten, dass ihre Fertigbrühen keinen Hefeextrakt enthalten.

links Frühlingssuppe mit Reis | *rechts* Kohlrabicremesuppe mit Räucherlachs

Kartoffeltopf mit Tomaten und Kapern

1 Zwiebel · 1 Knoblauchzehe
1 **Bund** Suppengemüse
(ca. 150 g)
2 zarte Stangen
Staudensellerie
500 g vorwiegend
festkochende Kartoffeln
1 **Zweig** Thymian
2 Sardellenfilets (in Salz eingelegt)
1 EL Olivenöl · 1 Lorbeerblatt
Salz · Pfeffer aus der Mühle
600 ml kräftige Fleisch- oder Gemüsebrühe
2 kleine Tomaten
1 EL kleine eingelegte Kapern mit **etwas** Flüssigkeit
3 Stiele glatte Petersilie
20 g Parmesan am Stück

Für 2 Personen
Zubereitung: *50 Min.*
Pro Portion:
ca. 420 kcal; 26 g EW,
14 g F, 36 g KH; 3,5 KE

1. Die Zwiebel und die Knoblauchzehe schälen und klein würfeln. Das Suppengemüse waschen, putzen und in kleine Stücke schneiden. Den Staudensellerie waschen, putzen und in Scheiben schneiden. Die Kartoffeln waschen, schälen und grob würfeln. Den Thymian waschen, trocken schütteln und die Blättchen abstreifen. Die Sardellenfilets kurz kalt waschen, trocken tupfen und fein hacken.

2. In einem Suppentopf das Öl erhitzen. Zwiebel und Knoblauch darin glasig dünsten. Suppengemüse und Sellerie zufügen und 2 Min. mitdünsten. Kartoffeln, Sardellen, Lorbeerblatt und Thymian untermischen. Salzen und pfeffern. Die Brühe zugeben, alles aufkochen und zugedeckt etwa 20 Min. köcheln lassen, bis die Kartoffeln gar sind.

3. Inzwischen die Tomaten kreuzweise einritzen, für 1/2 Min. in kochendes Wasser legen, herausheben und kalt abschrecken. Anschließend häuten, vierteln und Stielansatz und Kerne entfernen. Die Tomaten in Stücke schneiden.

4. Tomaten und Kapern in den Eintopf geben, 5 Min. ziehen lassen. Inzwischen die Petersilie waschen und trocken schütteln, die Blättchen abzupfen und grob hacken. Den Eintopf mit Salz, Pfeffer und etwas Kapernflüssigkeit abschmecken. In vorgewärmte Teller oder Schalen füllen und mit Petersilie bestreuen. Den Parmesan mit einem Sparschäler in dünnen Spänen über den Eintopf hobeln.

Minestrone mit Fenchel und Kichererbsen

100 g getrocknete
Kichererbsen
1 Fenchelknolle (ca. 300 g)
1 Knoblauchzehe
1/2 **Bund** glatte Petersilie
1 EL Olivenöl
600 ml kräftige Gemüsebrühe
(am besten selbst gekocht)
1 Handvoll Spinatblätter
Salz · Pfeffer aus der Mühle
2 Scheiben Vollkorntoast vom Vortag
10 g Pecorino, frisch gerieben (oder Parmesan)

Für 2 Personen
Zubereitung: *50 Min.*
+ 12 Std. Einweichen
Pro Portion:
ca. 830 kcal; 14 g EW,
11 g F, 38 g KH; 4,0 KE

1. Die getrockneten Kichererbsen in einem Topf mit 750 ml kaltem Wasser bedecken und 12 Std. (oder über Nacht) einweichen. Im Einweichwasser aufkochen und 30–40 Min. kochen, bis sie weich sind. In ein Sieb abgießen, abbrausen und abtropfen lassen.

2. Während die Kichererbsen kochen, die Fenchelknolle waschen und putzen, das zarte Grün beiseitelegen. Die Knolle vierteln und in Streifen schneiden.

3. Knoblauch schälen und klein würfeln. Petersilie waschen, trocken schütteln, die Blätter abzupfen und hacken. In einem Suppentopf das Öl erhitzen. Fenchel, Knoblauch und Petersilie darin unter Rühren 2 Min. dünsten. Die Brühe zugießen und die Suppe zunächst 10 Min. köcheln lassen.

4. Den Spinat waschen, abtropfen lassen, putzen und in Streifen schneiden. Spinat und gegarte Kichererbsen in die Suppe geben, mit Salz und Pfeffer würzen. Alles 10 Min. sanft kochen. Inzwischen das Brot nach Belieben entrinden und in Dreiecke schneiden, dann toasten oder in einer großen Pfanne von beiden Seiten goldgelb rösten. Das Fenchelgrün hacken. Die Suppe abschmecken.

5. Brotecken in vorgewärmte tiefe Teller verteilen. Minestrone daraufgeben und mit Fenchelgrün und Käse bestreuen.

TIPP *Getrocknete Kichererbsen brauchen reichlich Zeit zum Einweichen und Garen, sind daher nichts für spontane Kochideen. Wenn man sich aber Zeit nimmt, verwöhnen sie uns mit ihrem nussartigen Aroma – das bei schon gegarten Kichererbsen aus der Dose nicht so ausgeprägt ist.*

vorne Kartoffeltopf mit Tomaten und Kapern | *hinten* Minestrone mit Fenchel und Kichererbsen

Hirse-Zwiebel-Suppe

250 g Zwiebeln
1 TL Rapsöl
500 ml Gemüsebrühe
100 g Hirse
1 kleine Möhre
Salz
Pfeffer aus der Mühle
40 g Parmesan

Für 2 Personen
Zubereitung: 10 Min.
+ 15 Min. Garen
Pro Portion:
ca. 315 kcal; 14 g EW,
10 g F, 42 g KH; 4,0 KE

1. Die Zwiebeln schälen und fein würfeln. Im heißen Öl dünsten, dann mit der Gemüsebrühe ablöschen. Die Hirse zugeben und 5 Min. garen.

2. Inzwischen die Möhre schälen und in kleine Würfel schneiden. Zur Suppe geben und alles 15 Min. garen. Mit Salz und Pfeffer würzen.

3. Den Parmesan reiben. Die Suppe auf Teller verteilen und mit Parmesan bestreuen.

VARIANTE *Hirse enthält viel Eisen. Und damit der Körper es in dieser Suppe optimal ausnutzen kann, hilft Vitamin C – zum Beispiel aus Paprikaschoten. Wählen Sie dazu eine rote Paprikaschote. Im Vergleich zu einer grünen enthält sie mehr als doppelt so viel Vitamin C. Die Paprika waschen, putzen, von Stielansatz, Kernen und Trennwänden befreien und in kleine Würfel schneiden. Die Garzeit der Hirse in der Brühe auf 15 Min. verlängern, dann statt der Möhre die Paprikawürfel zur Suppe geben und das Ganze nur noch 5 Min. garen lassen. Mit Salz, Pfeffer und etwas Paprikapulver würzen. Die kürzere Garzeit für das Gemüse verhindert, dass allzu viel Vitamin C beim Kochen zerstört wird.*

Fenchelsuppe mit Linsen und Lachs

75 g getrocknete rote Linsen
2 kleine Fenchelknollen
1 Zwiebel
2 EL Olivenöl
500 ml Gemüsebrühe
1 EL Tomatenmark
100 g Räucherlachs
1 Bund Dill
Pfeffer aus der Mühle · Salz

Für 2 Personen
Zubereitung: 10 Min.
+ 12 Std. Einweichen
+ 30 Min. Garen
Pro Portion:
ca. 410 kcal; 27 g EW,
21 g F, 30 g KH; 3,0 KE

1. Die getrockneten Linsen über Nacht einweichen. Den Fenchel putzen, waschen und in dünne Streifen schneiden. Das Fenchelgrün zur Dekoration beiseitelegen.

2. Die Zwiebel schälen, grob würfeln und im heißen Öl dünsten. Den Fenchel zugeben und mit der Gemüsebrühe ablöschen. Das Tomatenmark unterrühren und 15 Min. bei geringer Hitze dünsten.

3. Inzwischen den Lachs in breite Streifen schneiden. Den Dill waschen, trocken schütteln, dicke Stängel entfernen und den Dill grob hacken. Linsen abtropfen lassen, zur Suppe geben und weitere 15 Min. garen. Lachsstreifen zugeben und mit Dill, Pfeffer und wenig Salz würzen.

TIPP *Auch wenn Linsen nicht ungedingt eingeweicht werden müssen, verbessert es ihre Bekömmlichkeit, wenn sie über Nacht aufquellen können. Danach das Wasser immer abgießen, weil es blähende Stoffe enthält. Die Linsen bei geringer Hitze garen, damit sie nicht verkochen.*

Maultaschen mit Gemüse und Orangen-Chili-Sauce

200 ml klare Fleisch- oder
  Gemüsebrühe
300 ml Orangensaft
2 TL Joghurt-Butter
2–3 Msp. Chilipulver · Salz
500 g dünne Möhren
2 Frühlingszwiebeln
400 g frische Maultaschen
  mit beliebiger Füllung
  (Fertigprodukt aus dem Kühlregal)
1 Mini-Romanasalat (ca. 120 g)
Pfeffer aus der Mühle

Für 2 Personen
Zubereitung: 20 Min.
+ 30 Min. Backen
Pro Portion:
ca. 705 kcal; 25 g EW,
27 g F, 90 g KH; 9,0 KE

1. In einem kleinen Topf die Brühe mit dem Orangensaft ohne Deckel bei starker Hitze auf zwei Drittel einkochen lassen. Die Butter unterrühren und die Sauce kräftig mit Chilipulver und Salz abschmecken.

2. Den Backofen auf 200° vorheizen. Die Möhren schälen und putzen. Dicke Exemplare der Länge nach halbieren, Möhren schräg in etwa 1 cm dicke Scheiben schneiden. Die Frühlingszwiebeln waschen, putzen und in etwa 2 cm lange Stücke schneiden.

3. Möhren und Frühlingszwiebeln in eine flache große Auflaufform (ca. 20 × 30 cm) geben, mit der Orangen-Chili-Sauce begießen und darin wenden. Im Ofen (Mitte, Umluft 180°) zunächst 15 Min. garen.

4. In der Zwischenzeit die Maultaschen halbieren und zum Gemüse geben. Alles behutsam mischen und zusammen weitere 12–15 Min. backen.

5. Währenddessen den Romanasalat waschen und putzen. Die Blätter trocken schütteln, zuerst längs halbieren und dann quer in Streifen schneiden. Zum Servieren die Salatstreifen unter die Maultaschen-Gemüse-Mischung heben, mit Salz und Pfeffer abschmecken.

Tomaten-Linsen-Sugo mit Bandnudeln

80 g Pardina-Linsen
  oder Puy-Linsen
1 Bund Suppengemüse
  (ca. 150 g)
1 Zwiebel · 1 Knoblauchzehe
1 EL Olivenöl
250 g stückige Tomaten
  (Tetrapack)
50 ml kräftiger Rotwein oder Gemüsebrühe
1 Lorbeerblatt · 1 Zweig Thymian · Zucker
Pfeffer aus der Mühle
150 g Vollkorn-Bandnudeln
Salz · 2 Stiele glatte Petersilie
1–2 TL Aceto balsamico

Für 2 Personen
Zubereitung: 40 Min.
Pro Portion:
ca. 480 kcal; 24 g EW,
8 g F, 73 g KH; 7,5 KE

1. Die Linsen verlesen, in einem Sieb abbrausen und abtropfen lassen. Das Suppengemüse waschen, putzen und in kleine Stücke schneiden. Die Zwiebel und die Knoblauchzehe schälen und fein würfeln.

2. Das Öl in einem Topf erhitzen. Zwiebel, Knoblauch und Suppengemüse darin unter Rühren anbraten. Die Linsen hinzufügen und 1 Min. mitdünsten.

3. Tomaten, Wein oder Brühe, Lorbeerblatt und den Thymianzweig zugeben. Mit 1 Prise Zucker und Pfeffer würzen. Die Sauce aufkochen und zugedeckt 25–30 Min. köcheln lassen, bis die Linsen gerade weich sind, aber nicht zerfallen.

4. Inzwischen die Bandnudeln in reichlich kochendem Salzwasser nach Packungsangabe bissfest garen. Die Petersilie waschen, trocken schütteln, die Blätter von den Stielen zupfen und bis auf 4–6 kleine Blätter fein hacken. Das Lorbeerblatt und den Thymianzweig aus dem Linsen-Tomaten-Sugo entfernen. Gehackte Petersilie einrühren. Den Sugo mit Salz, Pfeffer und Essig abschmecken.

5. Die Bandnudeln abgießen, kurz abtropfen lassen und mit dem Tomaten-Linsen-Sugo anrichten. Mit der restlichen Petersilie garniert servieren.

VARIANTE *Der Sugo schmeckt noch kräftiger, wenn Sie 50 g mageren geräucherten Speck in kleinen Würfeln zusammen mit dem Wurzelgemüse anbraten.*

links Maultaschen mit Gemüse und Orangen-Chili-Sauce | *rechts* Tomaten-Linsen-Sugo mit Bandnudeln

Gemüse-Kräuter-Bolognese mit Spaghetti

1 kleiner Kohlrabi (ca. 200 g)
2 kleine Möhren (ca. 140 g)
100 g Knollensellerie
150 g Staudensellerie
1 Zwiebel · 1 Knoblauchzehe
1 EL Olivenöl · 2 EL Tomatenmark
1 kleine Dose geschälte Tomaten
  (400 g Inhalt)
1/2 TL getrockneter Thymian · Zucker
Salz · Pfeffer aus der Mühle · je 2 Stiele Basilikum und Petersilie
150 g Vollkorn-Spaghetti · Chilipulver (nach Belieben)

Für 2 Personen
Zubereitung: *40 Min.*
Pro Portion:
ca. 395 kcal; 17 g EW,
8 g F, 63 g KH; 6,5 KE

1. Kohlrabi, Möhren und Knollensellerie schälen und putzen. Zartes Kohlrabigrün beiseitelegen. Kohlrabi, Möhren und Sellerie mit dem Messer in kleine Würfel schneiden oder erst in grobe Stücke schneiden und dann mit dem Blitzhacker mittelfein hacken.

2. Den Staudensellerie putzen, waschen und in dünne Streifen schneiden. Zwiebel und Knoblauch schälen und fein würfeln.

3. Das Öl in einer großen beschichteten Pfanne mit hohem Rand erhitzen. Zwiebel und Knoblauch darin unter Rühren glasig dünsten. Das zerkleinerte Gemüse dazugeben und unter Rühren 3 Min. anbraten. Tomatenmark einrühren und kurz mitbraten. Tomaten noch in der Dose kleiner schneiden, samt Saft zum Gemüse geben. Mit Thymian, 1 Prise Zucker, Salz und Pfeffer würzen. Alles aufkochen und mit halb aufgelegtem Deckel und unter gelegentlichem Rühren in 15–20 Min. dicklich einköcheln lassen.

4. Während die Sauce kocht, Basilikum trocken abreiben, Petersilie waschen und trocken schütteln. Die Blättchen von den Stielen zupfen und bis auf einige kleine Blättchen zum Garnieren fein schneiden. Das Kohlrabigrün ebenfalls fein schneiden.

5. Spaghetti in reichlich kochendem Salzwasser nach Packungsangabe bissfest garen. In ein Sieb abgießen und kurz abtropfen lassen.

6. Die zerkleinerten Kräuter und das Kohlrabigrün in die Sauce rühren, mit Salz, Pfeffer und etwas Chilipulver abschmecken. Die Gemüse-Kräuter-Bolognese mit den Spaghetti mischen, in zwei vorgewärmten tiefen Tellern anrichten und mit den Kräuterblättchen garniert sofort servieren.

TIPP *In einem gut verschlossenen Gefäß hält sich die Sauce im Kühlschrank 2–3 Tage. Sie eignet sich auch zum Einfrieren.*

Gefüllte Spaghettini-Tomaten mit süßsaurer Tomatensauce

750 g Tomaten
2 Zwiebeln
2 Knoblauchzehen
4 EL Olivenöl
125 ml Gemüsebrühe
3 EL heller Aceto balsamico
2 EL Zucker
Salz · Pfeffer aus der Mühle
4 große Tomaten
1 **Bund** gemischte Kräuter
  (Rosmarin, Thymian, Basilikum)
150 g Spaghettini
75 g Parmesan

Für 2 Personen
Zubereitung: *40 Min.*
Pro Portion:
*ca. 790 kcal; 30 g EW,
34 g F, 90 g KH; 9,0 KE*

1. Die Tomaten kreuzweise einschneiden, in kochendes Wasser geben, bis die Haut sich löst. Tomaten mit kaltem Wasser abschrecken, abtropfen lassen und schälen. Tomaten in kleine Würfel schneiden, dabei den Stielansatz entfernen.

2. Zwiebeln und Knoblauch schälen, fein würfeln und mit den Tomatenwürfeln in heißem Öl dünsten. Brühe, Essig, Zucker, Salz und Pfeffer zugeben. 20 Min. köcheln lassen.

3. Den Backofen auf 100° vorheizen. Große Tomaten waschen, längs halbieren und aushöhlen. Das Innere mit in die Sauce geben. Ausgehöhlte Tomaten im heißen Backofen kurz erhitzen. Kräuter waschen und trocken schütteln, die Blätter abzupfen, fein hacken und unter die Sauce rühren.

4. Spaghettini in Salzwasser nach Packungsaufschrift garen. Parmesan fein reiben. Tomatenhälften auf Teller geben. Spaghettini abgießen, auf die Tomatenhälften verteilen und mit der Sauce servieren. Parmesan darüberreiben.

Knoblauch-Garnelen mit Spaghetti

1 Knoblauchzehe
150 g Tomaten
12 **mittelgroße** Garnelen
  (TK, küchenfertig
  entdarmt)
2 EL Olivenöl
Salz · Cayennepfeffer
200 g **dünne** Spaghetti
1/2 **Bund** Basilikum
50 g Walnusskerne
50 g Parmesan

Für 2 Personen
Zubereitung: *25 Min.*
Pro Portion:
*ca. 805 kcal; 42 g EW,
35 g F, 81 g KH; 8,0 KE*

Außerdem
4 Holzstäbchen

1. Den Knoblauch schälen und durch eine Presse drücken. Die Tomaten waschen, halbieren, den Stielansatz herausschneiden und die Tomaten in kleine Würfel schneiden. Mit dem Knoblauch verrühren.

2. Je 3 Garnelen auf einen Spieß stecken und im heißen Öl kurz unter Wenden braten. Knoblauch und Tomaten zugeben und und bei geringer Hitze langsam einkochen lassen. Mit Salz und Cayennepfeffer würzen.

3. Während die Tomaten mit den Garnelen einkochen, die Spaghetti in reichlich kochendem Salzwasser nach Packungsaufschrift bissfest garen. Das Basilikum trocken abreiben und die Blätter abzupfen. Basilikum und Walnüsse fein hacken. Den Parmesan fein reiben.

4. Die Nudeln abgießen. Basilikum, Walnüsse und Parmesan unter die Spaghetti mischen und das Gericht mit den Knoblauchgarnelenspießen und den Tomaten servieren.

Cannelloni mit Spinat-Ricotta-Füllung

Für die Füllung
250 g junger TK-Spinat, fein gehackt
1 kleine Zwiebel · 1 Knoblauchzehe
100 g Ricotta (italienischer Frischkäse)
abgeriebene Schale von 1/4 Bio-Zitrone
1 Ei · 1 EL frisch geriebener Parmesan
1–2 EL Vollkorn-Semmelbrösel
Salz · Pfeffer aus der Mühle
frisch geriebene Muskatnuss

Für 2 Personen
Zubereitung: *30 Min.*
+ ca. 35 Min. Backen
Pro Portion:
ca. 360 kcal; 20 g EW,
16 g F, 26 g KH; 2,5 KE

Für die Tomatensauce
1 kleiner Zweig Rosmarin · 1 kleine Zwiebel · 1 TL Olivenöl
1 EL Tomatenmark · 250 g stückige Tomaten (Tetrapack)
Salz · Pfeffer aus der Mühle · Zucker

Außerdem
6 ungekochte Cannellonirollen (ca. 60 g; möglichst aus Vollkorn)
1 EL frisch geriebener Parmesan

1. Für die Füllung den Spinat nach Packungsangabe erhitzen und zum Abtropfen in ein Sieb geben.

2. Inzwischen für die Tomatensauce den Rosmarin waschen und trocken schütteln. Die Zwiebel schälen und klein würfeln. In einer beschichteten Pfanne mit hohem Rand die Zwiebelwürfel im heißen Öl unter Rühren andünsten. Das Tomatenmark einrühren und kurz mitdünsten. Tomaten, Rosmarinzweig und 4 EL Wasser zufügen. Mit Salz, Pfeffer und 1 Prise Zucker würzen. Unter Rühren aufkochen und die Sauce bei kleiner Hitze 10 Min. köcheln lassen.

3. Inzwischen für die Füllung Zwiebel und Knoblauch schälen und sehr klein würfeln. Den Spinat gut ausdrücken und mit Zwiebel, Knoblauch, Ricotta, Zitronenschale, Ei und Parmesan gründlich vermischen. Ist die Füllung zu weich, noch 1–2 EL Semmelbrösel unterrühren. Mit Salz, Pfeffer und Muskat kräftig abschmecken.

4. Backofen auf 200° vorheizen. Den Rosmarin aus den Tomatensauce entfernen und die Sauce abschmecken. Den Boden einer rechteckigen Auflaufform mit einem Drittel der Tomatensauce bedecken. Die Nudelröhren mithilfe eines Spritzbeutels mit großer Lochtülle mit der Spinatmasse füllen und nebeneinander in die Form legen. Übrige Sauce darüber verteilen und mit Parmesan bestreuen.

5. Die Cannelloni im Ofen (Mitte, Umluft 180°) in 30–35 Min. goldbraun backen. 5 Min. ruhen lassen, dann servieren.

Asiatische Bratnudeln mit Rindfleisch und Brokkoli

150 g breite Reisnudeln
150 g Rinderlende
2 Schalotten
1–2 Knoblauchzehen
1 Stück frischer Ingwer (ca. 1 cm)
300 g Brokkoli
1 Möhre
1 EL geröstete ungesalzene Erdnüsse
2–3 Stiele Thai-Basilikum
5 EL klare Gemüsebrühe
2 EL helle Sojasauce
1 EL Fischsauce (Fertigprodukt)
1 TL Limetten- oder Zitronensaft
1 TL brauner Zucker
1 TL Chiliflocken
2 TL Raps- oder Sonnenblumenöl
Salz · Pfeffer aus der Mühle

Für 2 Personen
Zubereitung: *30 Min.*
Pro Portion:
ca. 525 kcal; 29 g EW,
11 g F, 76 g KH; 7,5 KE

1. Die Nudeln in reichlich kochendem Wasser in etwa 3 Min. bissfest garen. Abgießen, abschrecken und abtropfen lassen.

2. Das Rindfleisch in feine Streifen schneiden. Schalotten, Knoblauch und Ingwer schälen. Schalotten in dünne Scheiben schneiden, Knoblauch und Ingwer klein würfeln. Brokkoli waschen, putzen und in kleine Röschen teilen. Dicke Stiele schälen und klein würfeln. Die Möhre schälen, putzen und in dünne Scheiben schneiden.

3. Die Erdnüsse hacken. Basilikum trocken abreiben und die Blätter von den Stielen zupfen. Die Brühe mit Sojasauce, Fischsauce, Limettensaft, Zucker und 1/2–1 TL Chiliflocken verrühren.

4. In einem Wok oder in einer großen beschichteten Pfanne mit hohem Rand das Öl stark erhitzen. Die Fleischstreifen darin unter Rühren 2 Min. braten. Salzen, pfeffern und herausnehmen. Danach Brokkoli und Möhren in Wok oder Pfanne unter Rühren zunächst 2 Min. braten. Schalotten, Knoblauch und Ingwer zugeben und alles weitere 3 Min. braten.

5. Das Fleisch und die Nudeln zum Gemüse geben. Die Würzflüssigkeit darübergießen. Das Ganze unter Rühren noch 4–5 Min. braten, bis alles heiß ist. Basilikum und die gehackten Erdnüsse unterheben. Die Bratnudeln mit Salz abschmecken.

Artischocken-Krabben-Pizza mit Spinat

200 g TK-Spinat
150 g Mehl
1/2 Würfel Hefe (21 g)
Salz
2 EL Olivenöl
1 rote Paprikaschote
1 Zwiebel
150 g Krabben, küchenfertig
1 Dose geschälte Tomaten
   (400 g)
1 EL Oregano
Pfeffer aus der Mühle
1 Glas Artischockenherzen (ca. 250 g Abtropfgewicht)
250 g Mozzarella · Mehl zum Arbeiten

Für 2 Personen
Zubereitung: 25 Min.
+ 1 Std. 15 Min. Gehen
+ 10 Min. Backen
Pro Portion:
ca. 835 kcal; 55 g EW,
38 g F, 68 g KH; 7,0 KE

Außerdem
Backpapier

1. Den Spinat auftauen und dabei abtropfen lassen. Das Mehl sieben, in die Mitte eine Mulde drücken. Hefe in 50 ml lauwarmem Wasser zerbröseln, in die Mulde gießen, mit Mehl bestäuben und zugedeckt 15 Min. gehen lassen. 75 ml lauwarmes Wasser mit Salz und Öl dazugeben und alles zu einem geschmeidigen Teig verarbeiten. Zugedeckt an einem warmen Ort 1 Stunde gehen lassen.

2. Die Paprika waschen, putzen, von Stielansatz, Kernen und Trennwänden befreien und klein würfeln. Die Zwiebel schälen und ebenfalls fein würfeln. Paprika, Zwiebel und Krabben in wenig Wasser andünsten, die Dosentomaten und die Gewürze zufügen und ca. 10 Min. köcheln lassen.

3. Inzwischen die Artischockenherzen abtropfen lassen, halbieren. Den Mozzarella in Scheiben schneiden. Den aufgetauten Spinat ausdrücken.

4. Den Teig nochmals durchkneten und vierteln. Jede Portion auf etwas Mehl ausrollen, mit dem Handballen zu dünnen Pizzen formen und dabei den Rand etwas dicker formen. Auf ein mit Backpapier ausgelegtes Blech setzen.

5. Den Backofen auf 220° (Umluft 200°) vorheizen. Die Tomatensauce auf dem Teig verteilen. Die Pizzen mit Mozzarella, Spinat und Artischockenherzen belegen. Ca. 10 Min. im vorgeheizten Ofen (Mitte) backen.

Schneller Sardellen-Pizzatoast

6 Scheiben Vollkorntoast
30 g Sardellen, abgetropft
30 g Oliven, ohne Stein
1 Knoblauchzehe
1 Zweig Rosmarin
1/4 Bund Basilikum
2 Tomaten
100 g Champignons
Salz · Pfeffer aus der Mühle
40 g Parmesan

Für 2 Personen
Zubereitung: 15 Min.
+ 15 Min. Backen
Pro Portion:
ca. 280 kcal; 17 g EW,
10 g F, 29 g KH; 3,0 KE

1. Die Brotscheiben toasten. Die Sardellen gut waschen, abtropfen lassen und mit den Oliven grob hacken. Knoblauch schälen und hacken. Rosmarin waschen, trocken schütteln und die Nadeln abstreifen. Basilikum trocken abreiben, die Blätter abzupfen und zusammen mit dem Rosmarin grob hacken. Mit Sardellen und Oliven vermengen und auf die Toastbrotscheiben streichen.

2. Backofen auf 200° vorheizen. Tomaten waschen, abtrocknen, Stielansätze keilförmig herausschneiden und die Tomaten in nicht zu dünne Scheiben schneiden. Champignons mit einem Küchentuch abreiben, den Stiel herausdrehen und die Kappen in dünne Scheiben schneiden.

3. Die Pilzscheiben mit den Tomatenscheiben auf die Toastbrote geben. Mit Salz und Pfeffer würzen. Parmesan reiben, auf die Brote streuen und im vorgeheizten Ofen (Mitte, Umluft 180°) 15 Min. backen.

VARIANTE *Gefüllte Champignons*
Die gut gewaschenen, abgetropften Sardellen, die Oliven und 1 Tomate wie beschrieben putzen und in sehr kleine Stücke schneiden. Mit der gehackten Knoblauchzehe und den gehackten Kräutern vermengen, mit Salz und Pfeffer würzen. Die Stiele aus 150 g möglichst großen Champignons herausdrehen und die Mischung in die Pilze füllen. Mit dem geriebenen Parmesan bestreuen und die gefüllten Champignons im Backofen bei 200° (Mitte, Umluft 180°) garen.

Kohlrabi-Tomaten-Pfannkuchen

100 g *Vollkornmehl*
1 *Ei*
200 ml *Milch (1,5 % Fett)*
Salz · Pfeffer aus der Mühle
1 1/2–2 TL *getrockneter*
  Thymian
200 g *Magerquark*
2 EL *Tomatenmark*
200 g *Kohlrabi*
1 EL *Rapsöl*
4 *Tomaten*

Für 2 Personen
Zubereitung: *25 Min.*
Pro Portion:
ca. 415 kcal; 28 g EW,
11 g F, 50 g KH; 5,0 KE

1. Mehl mit Ei und Milch zu einem Pfannkuchenteig verrühren, mit Salz, Pfeffer und 1 TL getrocknetem Thymian
würzen und kurz stehen lassen. Quark mit Tomatenmark
verrühren und mit 1/2 TL Thymian, Salz und Pfeffer würzen.

2. Den Kohlrabi schälen und in schmale Stifte schneiden.
In einer beschichteten Pfanne 1 TL Öl erhitzen, Kohlrabi
darin kräftig dünsten, aus der Pfanne nehmen. In der gleichen Pfanne aus dem Pfannkuchenteig in jeweils wenig Öl
vier Pfannkuchen ausbacken. Die Pfannkuchen mit einem
Drittel des Tomaten-Thymian-Quarks bestreichen.

3. Die Tomaten waschen, halbieren, den grünen Stielansatz
herausschneiden und Tomaten in dicke Stifte schneiden.
Mit den gebratenen Kohlrabistiften auf je eine Hälfte der
vier Pfannkuchen verteilen, mit Salz, Pfeffer und Thymian
würzen. Die Pfannkuchen umklappen und mit dem restlichen Tomaten-Thymian-Quark servieren.

TIPP *Viele mediterrane Kräuter wie Thymian, Rosmarin,*
Salbei, Majoran oder Oregano behalten auch getrocknet
ihr Aroma. Sie schmecken in aller Regel sogar noch inten-
siver, weil sich der Geschmack in den Trockenkräutern
konzentriert. Wer bei diesem Rezept statt des angege-
nenen getrockneten Thymians frische Kräuter verwendet,
sollte daher die Menge mindestens verdoppeln.

Zucchini-Muffins mit Paprikacreme

Für die Muffins
150 g *Vollkornmehl*
2 TL *Backpulver*
1 TL *getrockneter Thymian*
Muskatnuss · Salz
1 *Eiweiß*
50 ml *Milch (1,5 % Fett)*
2 EL *helles Rapsöl*
200 g *Zucchini*
Fett für die Form

Für 2 Personen
(6 Stück)
Zubereitung: *20 Min.*
+ ca. 20. Min. Backen
Pro Portion:
ca. 465 kcal; 17 g EW,
21 g F, 54 g KH; 5,5 KE

Für die Paprikacreme
1 *kleine Zwiebel*
1 *kleine rote Paprikaschote*
1/2 TL *Olivenöl*
30 g *fettarmer Frischkäse*
50 ml *Milch (1,5 % Fett)*
1 TL *Walnussöl*
Salz · Pfeffer aus der Mühle

Außerdem
Muffinsblech

1. Backofen auf 180° Umluft vorheizen. Mehl mit Backpulver
mischen, mit Thymian, Muskat und Salz würzen. Das Eiweiß
steif schlagen, mit Milch und Öl unter den Teig heben.

2. Zucchini waschen, putzen, fein raspeln und unterheben.
Den Teig auf die Mulden eines ausgefettete Muffinsbleches
verteilen. Im vorgeheizten Ofen 15–20 Min. goldgelb backen.

3. Inzwischen für den Paprikacreme die Zwiebel schälen
und fein würfeln. Die Paprika halbieren, waschen und von
Stielansatz, Kernen und weißen Trennwänden befreien. Das
Fruchtfleisch in Würfel schneiden.

4. Paprika und Zwiebel im Olivenöl kurz andünsten, mit
dem Frischkäse und bei Bedarf etwas Milch verrühren und
pürieren, mit Walnussöl, Salz und Pfeffer würzen. Die Zuc-
chini-Muffins mit der Paprikacreme servieren.

links Kohlrabi-Tomaten-Pfannkuchen | *rechts* Zucchini-Muffins mit Paprikacreme

Kartoffel-Quark-Tarte

Für den Mürbeteig
80 ml helles Rapsöl
1 Eigelb · 1/4 TL Salz
120 g Mehl
Fett und Mehl für die Form

Für den Belag
250 g mittelgroße festkochende
  Kartoffeln
Salz · 100 g Champignons
1 kleine Zwiebel
50 g getrocknete Tomaten
1 TL Rapsöl · Pfeffer aus der Mühle
100 g Magerquark
100 ml Milch (1,5 % Fett)
2 Eier · 1 TL Majoran

Außerdem
getrocknete Hülsenfrüchte (zum Blindbacken)
Tarteform (Ø 18 cm)

Für 4 Personen
Zubereitung: *35 Min.*
+ 1 Std. Kühlen
+ 55 Min Backen
Pro Portion:
ca. 460 kcal; 13 g EW,
30 g F, 34 g KH; 3,5 KE

1. Das Rapsöl mit Eigelb und Salz verrühren und mit dem Mehl rasch zu einem glatten Teig kneten, bei Bedarf wenig Wasser zugeben. In Klarsichtfolie eingewickelt 1 Stunde kalt stellen.

2. Inzwischen die Kartoffeln waschen und in Salzwasser 20 Min. garen, abgießen, schälen und auskühlen lassen. Währenddessen die Champignons trocken abreiben, Stiele entfernen und Pilze in feine Scheiben schneiden. Die Zwiebel schälen und mit den getrockneten Tomaten fein hacken. Mit den Pilzen in heißem Öl andünsten. Mit Salz und Pfeffer abschmecken.

3. Quark, Milch und Eier verrühren, mit Majoran, Salz und Pfeffer würzen. Tomaten-Pilz-Mischung unterrühren und kalt stellen.

4. Den Backofen auf 180° vorheizen. Eine Tarteform fetten und mehlen. Den Teig in die Form legen, flach drücken, dabei einen Rand formen. Den Boden des Teiges mit einem Backpapierkreis auslegen, mit getrockneten Hülsenfrüchten belegen und im vorgeheizten Ofen (Mitte, Umluft 160°) 25 Min. vorbacken.

5. Die vorgebackene Tarte aus dem Backofen nehmen. Die Hülsenfrüchte und das Papier entfernen.

6. Quarkmischung in die Tarte gießen. Die Kartoffeln in Scheiben schneiden und dachziegelartig auf die Tarte legen. Im vorgeheizten Ofen weitere 30 Min. backen.

Asia-Omelett mit Sprossen und Frühlingszwiebeln

3 Eier
5 EL Kokosmilch
  (ungesüßt; 9 % Fett)
50 g Weizenmehl, Type 1050
2 EL helle Sojasauce · Salz
100 g frische beliebige Sprossen (z. B. Bohnensprossen)
2 Frühlingszwiebeln
1 Stängel Zitronengras (nach Belieben)
1 Stück frischer Ingwer (ca. 1 cm)
1 kleine rote Chilischote · 2–3 Stiele Koriandergrün
1 TL Sesamöl · 1/2 Limette

Für 2 Personen
Zubereitung: 25 Min.
Pro Portion:
ca. 305 kcal; 17 g EW,
17 g F, 22 g KH; 2,0 KE

1. Für den Teig die Eier mit Kokosmilch, 50 ml Wasser und dem Mehl glatt rühren. Mit Sojasauce und Salz würzen. Den Teig kurz quellen lassen.

2. Inzwischen die Sprossen in einem Sieb waschen, verlesen und abtropfen lassen. Nach Belieben einige Sprossen für die Dekoration beiseitelegen. Die Frühlingszwiebeln putzen, waschen und in dünne Scheiben schneiden. Vom Zitronengras lose und harte Außenblätter sowie den Wurzelansatz entfernen. Das Zitronengras waschen und nur den unteren hellen und weichen Teil sehr klein würfeln.

3. Den Ingwer schälen und sehr fein hacken. Die Chilischote längs halbieren, putzen, nach Belieben entkernen, waschen und die Hälften quer in sehr dünne Streifen schneiden. Den Koriander waschen, trocken schütteln und die Blätter von den Stielen zupfen.

4. Den Boden einer beschichteten Pfanne mit Sesamöl bepinseln. Das Öl bei mittlerer Hitze heiß werden lassen. Die Teig durchrühren und in die Pfanne gießen. Frühlingszwiebeln, Zitronengras, 1 knappen TL Ingwer, Chilischote und Sprossen darauf verteilen. Das Omelett bei kleiner Hitze in 6–8 Min. stocken lassen.

5. Zum Servieren die Limette heiß waschen, trocken tupfen und in 4 Stücke schneiden. Das Omelett halbieren, die Hälften auf vorgewärmte Teller gleiten lassen und mit Korianderblättchen bestreuen, ggf. mit den zurückgelegten Sprossen garnieren. Die Limettenstücke dazulegen.

TIPP *Dazu passt ein grüner Blattsalat.*

Brokkolikuchen mit Tomatendip

Für den Brokkolikuchen
400 g Brokkoli
Salz
300 g Magerquark
2 Eier
3 EL Vollkornmehl
1 EL mittelscharfer Senf
50 g Parmesan
1/2 Bund Schnittlauch
Pfeffer · Muskatnuss
Fett für die Form

Für 2 Personen
Zubereitung: 20 Min.
+ 45 Min. Backen
Pro Portion:
ca. 535 kcal; 49 g EW,
27 g F, 22 g KH; 2,0 KE

Für den Tomatendip
1/2 Bund Schnittlauch
100 g fettarmer Frischkäse
1 EL Rapsöl
3 EL Salatcreme
1 EL Tomatenmark
2 EL Zitronensaft
Salz · Pfeffer

Außerdem
Springform (Ø 18 cm)

1. Den Brokkoli waschen, putzen und in Röschen teilen, dicke Stiele schälen und würfeln. In Salzwasser ca. 5 Min. garen und abtropfen lassen. Den Quark mit Eiern, Mehl und Senf verrühren. Den Parmesan reiben. Den Schnittlauch waschen, trocken schütteln und fein hacken. Mit dem Parmesan unter die Quarkmasse rühren und mit Salz, Pfeffer und Muskat würzen.

2. Den Backofen auf 200° vorheizen. Die Quarkmasse mit dem Brokkoli in eine gefettete kleine Springform (Ø 18 cm) füllen. Im Backofen (Mitte, Umluft 180°) 45 Min. backen.

3. Für den Tomatendip den Schnittlauch waschen, trocken schütteln und fein hacken. Mit Frischkäse, Rapsöl, Salatcreme, Tomatenmark und Zitronensaft verrühren und mit Salz und Pfeffer würzen. Den Brokkolikuchen aufschneiden und mit dem Dip servieren.

Kräuterpolenta in der Paprika

75 g Polenta (Maisgrieß)
200 ml Gemüsebrühe
1 große rote Paprika
1 Bund Petersilie
1 TL getrockneter Thymian
1 Ei
1 EL Ajvar (Paprikapaste)
1 EL Magerquark
Salz · Pfeffer

Für 2 Personen
Zubereitung: 15 Min.
+ 30 Min. Garen
Pro Portion:
ca. 205 kcal; 9 g EW,
4 g F, 33 g KH; 3,5 KE

1. Den Backofen auf 200° vorheizen. Den Maisgrieß mit der Brühe unter Rühren kurz bei geringer Hitze quellen lassen. Die Paprika samt Stiel halbieren, waschen und Kerne sowie weiße Trennwände entfernen.

2. Die Petersilie waschen und trocken schütteln, die Blättchen abzupfen und sehr fein hacken. Mit Thymian, Ei, Ajvar und Quark unter den gegarten Maisgrieß geben. Mit Salz und Pfeffer würzen, in die Paprikahälften füllen und im vorgeheizten Backofen (Mitte, Umluft 180°) 30 Min. garen.

VARIANTE *Mit Tex-Mex-Füllung*
30 g Maisgrieß mit 100 ml Gemüsebrühe kurz bei geringer Hitze quellen lassen. 1 Bund Koriandergrün waschen, trocken schütteln, die Blättchen abzupfen und hacken. 50 g Kidneybohnen aus der Dose mit 1 Ei pürieren. Das Püree mit 50 g Maiskörnern aus der Dose und dem gehackten Koriandergrün vermengen, salzen und pfeffern. Die Paprikahälften damit füllen und wie beschrieben im Backofen 30 Minuten backen.

Blitz-Ragout mit Couscous

200 ml Gemüsebrühe
100 g Instant-Couscous
1 große Gemüsezwiebel
500 g Tomaten
1 TL Rapsöl
1/2 TL Zucker
200 g fettarmer Frischkäse
100 ml Tomatensaft
1 TL getrockneter Thymian
Salz · Pfeffer
Paprikapulver

Für 2 Personen
Zubereitung: 25 Min.
Pro Portion:
ca. 345 kcal; 22 g EW,
4 g F, 56 g KH; 5,5 KE

1. Die Gemüsebrühe aufkochen, den Couscous damit übergießen und quellen lassen, dabei gelegentlichen umrühren. Die Zwiebel schälen und sehr fein würfeln. Die Tomaten waschen, halbieren, den Stielansatz herausschneiden und die Tomaten in grobe Würfel schneiden

2. Die Zwiebeln in heißem Öl kräftig dünsten. Die Tomatenwürfeln mit dem Zucker zu den Zwiebeln geben und bei geringer Hitze 2 Min. garen.

3. Den Frischkäse mit Tomatensaft und Thymian verrühren, zugeben und weitere 3 Min. offen einkochen lassen. Mit Salz, Pfeffer und Paprikapulver würzen. Couscous auflockern und unter das Ragout geben.

TIPP *Wenn Sie, beispielsweise im Winter, keine aromatischen Tomaten bekommen, können Sie beruhigt zu Dosentomaten greifen. Dafür werden die Tomaten in aller Regel sehr reif geerntet und verarbeitet. Das in der roten Farbe der Tomaten enthaltene Lycopin, wichtig für den Zellschutz, für Herz und Gefäße, hält den hohen Temperaturen beim Sterilisieren der Dosen gut stand. Deshalb besser reife Dosenware wählen als eine geschmacklose, fade und blasse Wintertomate.*

Gemüseauflauf mit Polenta

600 gemischtes Gemüse (z. B. rote
   Paprikaschoten, Zucchini und
   Hokkaido-Kürbis)
50 g Champignons
2 Tomaten (ca. 160 g)
1 EL Olivenöl
Salz · schwarzer Pfeffer aus der Mühle
30 g würziger Hartkäse (z. B. Cheddar)
1 Zweig Thymian
200 ml klare Gemüsebrühe
200 ml Milch (1,5 % Fett)
40 g Polenta (Maisgrieß) · 1 Ei
Thymian zum Garnieren (nach Belieben)
Öl für die Form

Für 2 Personen
Zubereitung: *40 Min.*
+ 40 Min. Backen
Pro Portion:
ca. 385 kcal; 18 g EW,
20 g F, 31 g KH; 3,0 KE

1. Paprikaschoten und Zucchini waschen. Paprika vierteln und Stielansatz, Trennwände und Kerne entfernen. Die Paprikaviertel quer in Streifen schneiden. Von den Zucchini beide Enden abschneiden, Zucchini in dünne Scheiben schneiden.

2. Den Kürbis waschen und Kerne und faseriges Fleisch mit einem Löffel entfernen. Kürbis samt Schale (beim Hokkaido kann die Schale mitgegessen werden) in kleine dünne Scheiben oder Streifen schneiden. Die Champignons behutsam mit einem feuchten Küchenpapier abreiben und die Stielenden abschneiden. Pilze in dicke Scheiben schneiden. Tomaten waschen und den Stielansatz keilförmig herausschneiden. Tomaten quer in Scheiben schneiden.

3. In einer großen beschichteten Pfanne Kürbis, Paprika, Zucchini und Pilze im heißen Öl portionsweise anbraten. Salzen und pfeffern.

4. Für die Polenta den Käse fein reiben. Den Thymian waschen, trocken schütteln und die Blättchen abstreifen.

5. In einem Topf die Brühe mit Milch und Thymian aufkochen. Maisgrieß mit einem Schneebesen langsam in die kochende Mischung rühren und bei kleinster Hitze unter häufigem Rühren etwa 7 Min. köcheln lassen. Polenta vom Herd nehmen und etwas abkühlen lassen. Danach den Käse und das Ei einrühren. Mit Salz und Pfeffer kräftig würzen.

6. Den Backofen auf 180° vorheizen. Eine Auflaufform dünn mit Öl auspinseln. Abwechselnd die Gemüse-Pilz-Mischung, die Tomatenscheiben und die Polenta in die Form schichten. Dabei darauf achten, dass sich die Polenta gut verteilt, dazu die Form ab und zu rütteln. Den Auflauf im Ofen (Mitte, Umluft 160°) 40 Min. backen. Herausnehmen und 5 Min. ruhen lassen. Mit Thymianzweigen garnieren.

Ofenkartoffeln mit Radieschen-Sprossen-Dip

1 EL Olivenöl
1 TL grobes Salz
1 TL Kümmel
500 g gleich große
  festkochende Kartoffeln
250 g Magerquark
2 EL saure Sahne
1 TL mittelscharfer Senf
50 g Sprossen (z. B. Alfalfa)
1/2 Bund Radieschen
Salz · Pfeffer aus der Mühle
Zucker
2 EL Obstessig
einige Schnittlauchhalme zum Garnieren (nach Belieben)

Für 2 Personen
Zubereitung: 15 Min.
+ ca. 30 Min. Backen
Pro Portion:
ca. 305 kcal; 23 g EW,
7 g F, 37 g KH; 3,5 KE

1. Den Backofen auf 200° vorheizen. Ein Backblech oder den Boden eines Bräters dünn mit Öl einpinseln. Salz und Kümmel daraufstreuen.

2. Die Kartoffeln unter fließendem Wasser gründlich abbürsten, dann der Länge nach halbieren. Mit der Schnittfläche nach unten auf die Gewürze setzen. Mit dem restlichen Öl bepinseln. Kartoffeln im Ofen (Mitte, Umluft 180°) je nach Größe 30–40 Min. backen, bis sie gar sind.

3. Während die Kartoffeln garen, für den Dip Quark, saure Sahne und Senf in einer Schüssel glatt rühren. Die Sprossen in einem Sieb waschen und gut abtropfen lassen. Die Radieschen waschen, putzen und ungeschält auf der Küchenreibe grob raspeln. Sprossen nach Belieben kleiner schneiden.

4. Radieschen und Sprossen unter die Quarkmischung rühren. Eventuell noch so viel Wasser zufügen, dass der Quark eine cremige Konsistenz bekommt. Den Dip kräftig mit Salz, Pfeffer, 1 Prise Zucker und 1–2 EL Obstessig abschmecken.

5. Die Schnittlauchhalme waschen, trocken schütteln und in lange Stücke schneiden. Den Dip damit garnieren. Die Ofenkartoffeln auf Tellern anrichten und mit dem Radieschen-Sprossen-Dip servieren.

Backofen-Gemüse mit Kräutersauce

600 g gemischtes Gemüse
  (z. B. Möhren, Stauden-
  sellerie, Fenchel, Brokkoli)
1 rote Zwiebel
400 g möglichst kleine
  festkochende Kartoffeln
  (z. B. Drillinge)
1 kleine Knoblauchzehe
2 kleine Zweige Rosmarin
1 EL Olivenöl · Salz · Pfeffer aus der Mühle
150 g Cremequark natur (0,2 % Fett) · 150 g Magerquark
1/2 Bund gemischte Kräuter (z. B. Basilikum, Dill, Petersilie, Zitronenmelisse)
etwas Mineralwasser mit Kohlensäure
Zucker · 1–2 TL Zitronensaft

Für 2 Personen
Zubereitung: 30 Min.
+ ca. 30 Min. Backen
Pro Portion:
ca. 310 kcal; 23 g EW,
6 g F, 40 g KH; 4,0 KE

Außerdem
Backpapier

1. Backofen auf 200° vorheizen. Das Gemüse je nach Sorte waschen, putzen oder schälen. Möhren und Sellerie in Stifte schneiden, den Fenchel in dünne Spalten. Brokkoli in kleine Röschen teilen, dicke Stiele schälen und würfeln. Zwiebel schälen, vierteln und in einzelnen Schichten teilen. Die Kartoffeln unter fließendem Wasser gründlich abbürsten. Knoblauch schälen. Rosmarin waschen und trocken schütteln.

2. Das Öl in eine große Schüssel geben und den Knoblauch dazupressen. Vorbereitetes Gemüse und Kartoffeln dazugeben und mit Knoblauchöl vermischen. Salzen und pfeffern. Ein tiefes Backblech mit Backpapier auslegen. Gemüsemischung und Rosmarin darauf verteilen. Im Ofen (Mitte, Umluft 180°) 15 Min. backen. Dann alles einmal vorsichtig durchmischen und in weiteren 10–15 Min. fertig garen.

3. Inzwischen beide Quarksorten verrühren. Kräuter waschen, trocken schütteln, Blättchen abzupfen und bis auf einige Blättchen zum Garnieren hacken. Kräuter unter den Quark mischen. So viel Mineralwasser unterschlagen, dass eine sämig-dickflüssige Konsistenz entsteht. Creme mit Salz, Pfeffer, 1 Prise Zucker und Zitronensaft abschmecken.

4. Zum Servieren das heiße Backofen-Gemüse auf vorgewärmten Tellern anrichten. Die Kräutercreme mit den restlichen Kräuterblättchen garnieren und dazu reichen.

Schneller Hirse-Möhren-Auflauf

1 große Möhre
1 TL Rapsöl
100 g Hirse
200 g TK-Erbsen
100 ml Gemüsebrühe
1 TL getrockneter Thymian
1 TL getrockneter Rosmarin
2 Eier
Salz · Pfeffer aus der Mühle
30 g Parmesan
Fett für die Form

Für 2 Personen
Zubereitung: *20 Min.*
+ 15 Min. Backen
Pro Portion:
ca. 475 kcal; 25 g EW,
19 g F, 50 g KH; 5,0 KE

1. Den Backofen auf 200° (Umluft 180°) vorheizen. Die Möhre putzen und schälen, längs halbieren und in kleine Würfel schneiden. Die Möhrenwürfel in einem größeren Topf in heißem Öl dünsten.

2. Die Hirse in kaltem Wasser spülen und in einem Sieb abtropfen lassen. Die Hirse mit den Erbsen, der Gemüsebrühe und den Kräutern zu den gedünsteten Möhrenwürfeln geben, aufkochen und zugedeckt 10 Min. köcheln lassen.

3. Die Gemüsemischung vom Herd nehmen, die Eier verquirlen und unterziehen. Die Mischung mit Salz und Pfeffer kräftig würzen, in eine gefettete Auflaufform füllen und etwa 15 Min. im vorgeheizten Ofen (Mitte) backen.

4. Den Parmesan grob reiben und 5 Min. vor Ende der Backzeit auf den Auflauf streuen und verlaufen lassen.

Blumenkohl-Kartoffel-Curry

1 Zwiebel
1 Knoblauchzehe
1 Stück frischer Ingwer
  (ca. 2 cm)
1 kleine rote Chilischote
1 Tomate
450 g festkochende Kartoffeln
500 g Blumenkohl
1 EL Raps- oder Sonnenblumenöl
1 EL mildes Currypulver
Salz
350 ml klare Gemüsebrühe
100 ml Kokosmilch (ungesüßt; 9 % Fett)
Zucker
1 EL Limetten- oder Zitronensaft
3 Stängel Koriandergrün

Für 2 Personen
Zubereitung: *35 Min.*
Pro Portion:
ca. 310 kcal; 10 g EW,
15 g F, 35 g KH; 3,5 KE

1. Die Zwiebel und den Knoblauch schälen und klein würfeln. Den Ingwer schälen und fein reiben. Die Chilischote längs halbieren, putzen, entkernen und waschen. Tomate waschen, abtrocknen und den Stielansatz keilförmig herausschneiden. Tomate halbieren, entkernen und würfeln.

2. Die Kartoffeln schälen, waschen und in 2–3 cm große Würfel schneiden. Den Blumenkohl waschen, putzen und in kleine Röschen teilen, die Stiele schälen und klein würfeln.

3. Das Öl in einem breiten Topf erhitzen. Zwiebel und Knoblauch darin unter Rühren glasig dünsten. Ingwer, Chili und Currypulver unterrühren und 2 Min. mitdünsten.

4. Kartoffeln, Blumenkohl und Tomate in den Topf geben, leicht salzen. Brühe und Kokosmilch zugießen. Alles aufkochen und zugedeckt bei kleiner Hitze 15–20 Min. garen. Dabei ab und zu umrühren und darauf achten, dass nichts am Topfboden ansetzt.

5. Blumenkohl-Kartoffel-Curry mit Salz, 1 Prise Zucker und Limetten- oder Zitronensaft abschmecken. Den Koriander waschen, trocken schütteln und die Blättchen abzupfen. Das Curry mit Korianderblättchen bestreut servieren.

Quark-Pflanzerl mit Gemüsesalat

Für die Pflanzerl

250 g Magerquark (oder Schichtkäse)
1 kleine rote Zwiebel
3 Stängel glatte Petersilie
1 kleiner Zweig Thymian
1/2 TL abgeriebene Bio-Zitronenschale
1 Ei · 80 g (Vollkorn-)Hartweizengrieß
Salz · Pfeffer aus der Mühle
1 EL Olivenöl · Mehl zum Arbeiten

Für 2 Personen
Zubereitung: *50 Min.*
Pro Portion:
ca. 330 kcal; 25 g EW,
9 g F, 36 g KH; 3,5 KE

Für den Salat

150 g Zuckerschoten · 150 g junge Möhren · 1 kleiner Kohlrabi
4 EL klare Gemüsebrühe · 1 Msp. scharfer Senf · 1 EL Zitronensaft
1 Msp. Honig · Salz · Pfeffer aus der Mühle · 1 TL Olivenöl

1. Quark in ein feines Sieb geben und gut abtropfen lassen. Zwiebel schälen und möglichst klein würfeln. Für 1 Min. in kochendes Wasser geben. In ein Sieb abgießen und abtropfen lassen. Petersilie und Thymian waschen und trocken schütteln. Petersilienblättchen abzupfen und fein hacken, Thymianblätter abstreifen.

2. Quark, Zwiebel, Petersilie, Thymian, Zitronenschale und Ei glatt rühren. Grieß langsam unterrühren, bis ein weicher Teig entstanden ist. Salzen und pfeffern. Den Teig zugedeckt 30 Min. quellen lassen.

3. Inzwischen für den Salat Zuckerschoten waschen, Enden abschneiden und die Schoten quer halbieren. Möhren schälen, putzen und je nach Größe der Länge nach halbieren oder vierteln und quer in ca. 3 cm lange Stücke schneiden. Vom Kohlrabi die zarten Blätter abzupfen, waschen und beiseitelegen. Den Kohlrabi schälen und dabei alle holzigen Teile wegschneiden. Kohlrabi zuerst in etwa 1 cm dicke Scheiben, dann in ebenso breite Stifte schneiden.

4. Für das Dressing Brühe, Senf, Zitronensaft, Honig, Salz und Pfeffer verrühren, das Öl unterschlagen. Kohlrabiblättchen fein hacken. Die Zuckerschoten im kochenden Salzwasser knapp 1 Min. blanchieren, herausheben, kalt abschrecken und abtropfen lassen. Möhren und Kohlrabi 3–4 Min. blanchieren, bis sie bissfest sind. Abgießen und abtropfen lassen. Vorbereitetes Gemüse und Kohlrabiblättchen mit dem Dressing vermischen und kräftig abschmecken.

5. Aus der Quarkmasse mit bemehlten Händen kleine Frikadellen formen. Diese in einer beschichteten Pfanne im heißen Öl bei mittlerer Hitze auf jeder Seite in etwa 5 Minuten goldbraun braten. Mit dem Gemüsesalat servieren.

Süßsaurer Tofu mit Gemüse

150 g schnittfester Tofu
400 g gemischtes Gemüse
  (z. B. Möhren, grüner Spargel,
  Chinakohl)
2 Frühlingszwiebeln
50 g Mungobohnensprossen
50 g Shiitakepilze
1 Stück Ingwer (ca. 1–2 cm)
120 g Langkorn-Naturreis
60 ml klare Gemüsebrühe
1 gestrichener TL Speisestärke
2 EL Reisessig oder milder Weinessig
2 EL Tomatenketchup
2 EL Fisch- oder helle Sojasauce (Fertigprodukt)
1 TL Palm- oder brauner Zucker
1 EL Raps- oder Sonnenblumenöl
Salz · Pfeffer aus der Mühle

Für 2 Personen
Zubereitung: *35 Min.*
Pro Portion:
*ca. 420 kcal; 16 g EW,
10 g F, 67 g KH; 6,5 KE*

1. Den Tofu in etwa 3 cm große Würfel schneiden. Das Gemüse waschen und putzen oder schälen. Möhren schräg in dünne Scheiben schneiden. Den Spargel in mundgerechte Stücke teilen, den Chinakohl in Streifen schneiden.

2. Die Frühlingszwiebeln waschen, putzen, längs halbieren und in etwa 3 cm lange Stücke schneiden. Bohnensprossen waschen und in einem Sieb abtropfen lassen. Shiitakepilze mit dem Pinsel putzen oder behutsam mit einem feuchten Küchenpapier abwischen. Die harten Pilzstiele abschneiden. Große Pilzhüte halbieren. Den Ingwer schälen und fein würfeln.

3. Den Reis nach Packungsangabe garen. Währenddessen die Brühe mit Speisestärke, Essig, Ketchup, Fisch- oder Sojasauce und Zucker zu einer Würzsauce verquirlen.

4. Öl im heißen Wok stark erhitzen. Die Tofuwürfel darin 2 Min. braten. Herausheben und beiseitestellen. Ingwer und Frühlingszwiebeln im verbliebenen Bratfett anbraten. Möhren und Spargel zugeben, unter ständigem Rühren 3 Min. braten. Danach die Pilze 3 Min. mitbraten. Zum Schluss Chinakohl und Sprossen untermischen, noch 2 Min. pfannenrühren.

5. Die Würzsauce zugießen, einmal aufkochen lassen. Den Tofu unterheben. Alles salzen und pfeffern und bei starker Hitze noch etwa 1 Min. unter Rühren garen. Reis abgießen und zum Tofu servieren.

KOHLENHYDRATZUTAT *Je nach erlaubten KE sind bis zu 150 g Reis möglich.*

Weißer Spargel mit Limetten-Hollandaise

750 g weißer Spargel
1 EL Joghurt-Butter
100 ml klare Gemüsebrühe
Salz
weißer Pfeffer aus der Mühle
400 g Kartoffeln
2 Eigelb (Eier: Größe M)
1 Msp. abgeriebene
  Bio-Limettenschale
2 TL Limettensaft
100 g zimmerwarmer Naturjoghurt (1,5 % Fett)
Cayennepfeffer · 1/2 TL flüssiger Honig
einige Kräuterblättchen zum Garnieren

Für 2 Personen
Zubereitung: 50 Min.
Pro Portion:
ca. 290 kcal; 13 g EW,
11 g F, 34 g KH; 3,5 KE

1. Spargel waschen und schälen. Holzige Enden großzügig abschneiden. Spargelstangen in zwei gleich große Portionen teilen. Die Butter bei schwacher Hitze flüssig werden lassen. Die Hälfte der Butter mit 3 EL Gemüsebrühe verrühren.

2. 2 Bögen Alufolie (ca. 40 × 50 cm) mit der glänzenden Seite nach oben legen, die Mitte jeweils mit etwas Butter-Brühe-Mix bestreichen. Je 1 Portion Spargel darauflegen. Übrigen Butter-Brühe-Mix über dem Spargel verteilen. Salzen und pfeffern. Folie über dem Spargel zusammennehmen und mehrmals umknicken, Seiten einschlagen.

3. Backofen auf 200° (Umluft 180°) vorheizen. Kartoffeln waschen und in einem Topf mit Salzwasser bedeckt aufkochen. Bei mittlerer Hitze zugedeckt 20–25 Min. kochen. Inzwischen die Spargelpäckchen in eine ofenfeste Form legen. Im Ofen (Mitte) etwa 15–19 Min. garen.

4. Inzwischen für die Hollandaise Wasser in einem Topf bis kurz vor dem Siedepunkt erhitzen. Eine Metallschüssel so auf den Topf setzen, dass ihr Boden das Wasser nicht berührt. Eigelbe mit Limettenschale und 1 TL Limettensaft in der Schüssel mit einem Schneebesen 4–5 Min. aufschlagen, bis eine cremige Masse entsteht. Joghurt esslöffelweise unterschlagen. Übrige flüssige Butter in dünnem Strahl unterrühren. Mit Salz, Pfeffer, 1 Prise Cayennepfeffer, Honig und übrigem Limettensaft würzen.

5. Kartoffeln abgießen und schälen. Spargelpäckchen öffnen und den Spargel samt Flüssigkeit auf Teller geben. Mit Kartoffeln und Sauce, garniert mit Kräuterblättchen, servieren.

Geschmorter Radicchio mit wachsweichen Eiern

8 kleine längliche
  Radicchio-Köpfe
1 EL Olivenöl · Salz · Zucker
2 EL gereifter Aceto balsamico
  (mind. 12 Jahre gelagert)
5 EL klare Gemüsebrühe
2 Eier
30 g Parmesan oder
  Grana Padano
schwarzer Pfeffer aus der Mühle

Für 2 Personen
Zubereitung: 20 Min.
Pro Portion:
ca. 220 kcal; 14 g EW,
15 g F, 5 g KH; 0,5 KE

1. Den Ofen auf 180° (Umluft 160°) vorheizen. Radicchio waschen, putzen, trocken schütteln und die Köpfe jeweils der Länge nach halbieren.

2. In einem Bräter oder in einer großen ofenfesten Pfanne das Öl erhitzen. Die Radicchiohälften jeweils mit der Schnittfläche nach unten nebeneinander hineinlegen, damit ihre Schnittfächen komplett den Boden von Bräter oder Pfanne berühren. Die Radicchiohälften mit einem Bratenwender leicht andrücken.

3. Radicchio mit je 1 Prise Salz und Zucker bestreuen und mit Essig und Brühe ablöschen. Den Radicchio im Ofen (Mitte) etwa 8 Min. schmoren.

4. Inzwischen die Eier jeweils an der stumpfen Seite anstechen, in kochendes Wasser legen und in 6–7 Min. wachsweich kochen. Eier kalt abschrecken und pellen.

5. Die Eier behutsam halbieren und mit dem geschmorten Radicchio auf vorgewärmten Tellern anrichten, den Radicchio mit der entstandenen Schmorflüssigkeit beträufeln. Den Käse in dünnen Spänen darüberhobeln. Alles mit grob gemahlenem Pfeffer bestreuen. Sofort servieren.

KOHLENHYDRATBEILAGE *Dazu Vollkorn-Grissini oder -Baguette servieren (Menge je nach KE-Bedarf).*

TIPP *Gereifter Aceto balsamico trägt den Zusatz tradizionale. Dabei unterscheidet man eine 12-jährige und eine 25-jährige Reifung in Holzfässern. Hochwertiger Aceto balsamico besteht nur aus Traubenmost, industriell erzeugter Balsamico-Essig dagegen hauptsächlich aus Weinessig, dem Farbstoff beigegeben wurde.*

Seelachs mit Lauch unterm Kartoffeldach

1 dünne Lauchstange
  (ca. 100 g)
1 TL Olivenöl
300 g Kartoffeln
300 g Seelachsfilet
1 EL Zitronensaft
Salz · Pfeffer aus der Mühle
1/2 Bund Petersilie
50 g Walnusskerne
1 EL Paniermehl
1 EL getrockneter Thymian
5 Cocktailtomaten
Öl für die Form

Für 2 Personen
Zubereitung: 20 Min.
+ 30 Min. Garen
Pro Portion:
ca. 475 kcal; 35 g EW,
25 g F, 27 g KH; 2,5 KE

1. Von der Lauchstange Wurzelansatz und dunkelgrüne Enden abschneiden, die Lauchstange einschneiden, gründlich waschen, putzen und in dünne Scheiben schneiden. Die Kartoffeln schälen und in möglichst hauchdünne Scheiben schneiden oder hobeln, mit dem Lauch kurz in heißem Öl dünsten. Beiseitestellen.

2. Den Backofen auf 180° (Umluft nicht möglich) vorheizen. Das Fischfilet kalt abspülen und trocken tupfen, bei Bedarf entgräten. Mit Zitronensaft beträufeln, mit Salz und Pfeffer würzen und in eine gefettete Auflaufform geben.

3. Die Petersilie waschen und trocken schütteln, Blätter abzupfen und mit den Walnüssen fein hacken. Mit Paniermehl und Thymian mischen und mit Salz und Pfeffer würzen.

4. Die Tomaten von den grünen Stielansätzen befreien und vierteln. Auf den Fisch geben, Lauch und Kartoffelscheiben darauflegen und mit der Kräutermasse bestreuen. Im vorgeheizten Ofen (Mitte) 30 Min. backen.

Lachsfilet mit Oliven und Tomate

2 Knoblauchzehen
1 TL Zitronensaft
4 EL Olivenöl
2 Zweige Rosmarin
1/2 TL Pfefferkörner
2 Lachsfilets (je 150 g)
Salz · Pfeffer aus der Mühle
2 Tomaten
50 g schwarze Oliven
  ohne Stein
Olivenöl für das Pergamentpapier

Für 4 Personen
Zubereitung: 20 Min.
+ 4 Std. Marinieren
Pro Portion:
ca. 315 kcal; 15 g EW,
28 g F, 2 g KH; 0,0 KE

Außerdem
2 große Bögen Pergamentpapier

1. Den Knoblauch schälen, durch eine Presse drücken und mit Zitronensaft und Olivenöl verrühren. Den Rosmarin waschen, die Nadeln abzupfen und sehr fein hacken. Die Pfefferkörner zerdrücken und mit dem Rosmarin unter die Marinade rühren. Die Lachsfilets salzen und pfeffern, mit der Marinade beträufeln und 4 Std. marinieren.

2. Die Tomaten waschen, abtrocknen und die Stielansätze keilförmig herausschneiden. Tomaten und Oliven in Scheiben schneiden. Zwei große Bögen Pergamentpapier einölen.

3. Backofen auf 200° Umluft vorheizen. Je ein Filet auf einen Pergamentpapierbogen legen und mit den Tomaten- und Olivenscheiben belegen. Salzen und pfeffern. Pergamentpapierbogen einknicken und fest verschließen. Im vorgeheizten Ofen etwa 10 Min. garen. Mit der Papierhülle servieren.

KOHLENHYDRATZUTAT *Je nach erlaubten KE sind bis zu 150 g Reis möglich.*

Bunter Gurken-Reis mit gedämpfter Forelle

1 *dicke* Lauchstange
2 *küchenfertige* **kleine**
  Forellen
Salz · Pfeffer aus der Mühle
300 ml *Gemüsebrühe*
100 g *Parboiled Reis*
1 *kleine* Salatgurke
1 *rote und* 1 *gelbe*
  Paprikaschote
1 **Bund** Dill

Außerdem
Topf mit Dämpfeinsatz

> **Für 2 Personen**
> **Zubereitung:** *35 Min.*
> **Pro Portion:**
> *ca. 405 kcal; 38 g EW,*
> *6 g F, 50 g KH; 5,0 KE*

1. Den Lauch putzen, längs einschneiden und sorgfältig waschen. Die Lauchstange in dünne Scheiben schneiden.

2. Die Forellen innen und außen mit Salz und Pfeffer würzen. Mit der Hälfte des Lauchs füllen. Den restlichen Lauch mit den gefüllten Forellen in einen Dampfeinsatz geben. Die Gemüsebrühe in einem Topf, in den der Dampfeinsatz passt, aufkochen. Den Reis zugeben, den Dampfeinsatz mit den Forellen daraufstellen und Forellen und Reis 20 Min. im geschlossenen Topf dämpfen.

3. Inzwischen die Gurke waschen und in Würfel schneiden. Die Paprika halbieren, waschen und Stielansatz, Kerne und weiße Innenhäute entfernen. Paprika in Würfel schneiden und in wenig Wasser 5 Min. dünsten, in der letzten Minute die Gurkenwürfel zugeben.

4. Den Dill waschen und trocken schütteln, dicke Stängel entfernen und den Dill grob hacken. Den Dampfeinsatz herausnehmen. Die Paprika-Gurken-Mischung im Reis kurz aufkochen. Mit Dill, Salz und Pfeffer würzen und mit den Forellen servieren.

Graved Lachs mit Senf-Dill-Sauce und Pellkartoffeln

400 g *kleine* festkochende
  Kartoffeln
Salz
100 g *Graved Lachs*
  (in dünnen Scheiben)
125 g *Magerquark*
100 g *Joghurt (1,5 % Fett)*
1 **TL** *Raps- oder*
  Sonnenblumenöl
2 **TL** *körniger Senf*
3/4 **TL** *flüssiger Honig*
Pfeffer aus der Mühle
1 *kleine* Bio-Zitrone
1/2 **Bund** *Dill*

> **Für 2 Personen**
> **Zubereitung:** *35 Min.*
> **Pro Portion:**
> *ca. 330 kcal; 24 g EW,*
> *10 g F, 34 g KH; 3,5 KE*

1. Die Kartoffeln unter fließendem Wasser waschen. Mit Schale in kochendem Salzwasser in 20–25 Min. weich garen.

2. Inzwischen den Lachs aus der Verpackung nehmen und Zimmertemperatur annehmen lassen.

3. Für die Sauce den Quark mit Joghurt, Öl, Senf, 1/2 TL Honig sowie etwas Salz und Pfeffer glatt rühren. Die Zitrone heiß waschen und trocken reiben. Eine Hälfte in Spalten schneiden, von der anderen Hälfte 1 EL Saft auspressen.

4. Dill waschen und trocken schütteln. Dillspitzen von den Stängeln zupfen und bis auf einige zum Garnieren fein hacken. Dill unter die Quarkmasse mischen. Falls die Konsistenz zu fest ist, etwas Wasser unterrühren, bis eine sämige Sauce entsteht. Mit Salz, Pfeffer und etwas Zitronensaft leicht süßlich abschmecken.

5. Die Kartoffeln abgießen, kurz kalt abschrecken und pellen. Mit den Lachsscheiben und Zitronenspalten auf Tellern anrichten. Die Senf-Dill-Sauce mit den restlichen Dillspitzen garnieren und getrennt dazu reichen.

VARIANTE *Für eine Apfelsauce den Quark mit Joghurt und Öl glatt rühren. Einen kleinen säuerlichen Apfel waschen, trocken reiben, vierteln, entkernen und grob reiben. Unter den Quark mischen und so viel Wasser hinzufügen, dass eine sämige Sauce entsteht. Mit Salz, Cayennepfeffer und etwas Zitronensaft abschmecken.*

Zucchini-Plätzchen mit Lachsfilet und Reis

250 ml Gemüsebrühe
100 g Parboiled Reis
200 g Zucchini
2 Eier
5 EL Paniermehl
2 TL getrockneter Thymian
Salz · Pfeffer aus der Mühle
2 EL Rapsöl
300 g Lachsfilet

Für 2 Personen
Zubereitung: *25 Min.*
Pro Portion:
*ca. 750 kcal; 43 g EW,
38 g F, 59 g KH; 6,0 KE*

1. Die Brühe aufkochen, den Reis zugeben und bei geringster Hitze im geschlossenen Topf 20 Min. quellen lassen. Den Backofen auf 100° vorheizen.

2. Inzwischen die Zucchini waschen, putzen und fein reiben. Mit Eiern, Paniermehl und Thymian vermengen. Mit Salz und Pfeffer würzen. Die Masse zu Plätzchen formen und in 1 EL Öl in einer beschichteten Pfanne bei mittlerer Hitze von beiden Seiten ca. 2 Min. braten und im vorgeheizten Backofen warm stellen.

3. Das Lachsfilet halbieren, in der noch heißen Pfanne in 1 EL Öl von beiden Seiten kurz braten. Reis und Fisch mit Salz und Pfeffer würzen, mit den Plätzchen servieren.

TIPP *Gesunde Reis-Alternative*
Der dunkle Vollkornreis besitzt bis zu siebenmal mehr Mineralstoffe und Vitamine als der weiße Reis. Wer dennoch vor der langen Garzeit und der dunkleren Farbe von Naturreis zurückschreckt, findet im Parboiled Reis eine gute Alternative. Bei ihm werden durch ein Druckverfahren die in den äußeren Schichten befindlichen Mineralstoffe und wasserlöslichen Vitamine ins Innere gedrängt. Danach werden die Körner geschält und kommen als heller und trotzdem nährstoffreicher »Parboiled Reis« auf den Markt.

Fischpfanne mit Lauch und Orangenfilets

1 kleine Bio-Orange
120 g Parboiled Reis
600 g dünne Stangen Lauch
1 kleiner Zweig Thymian
1 EL Raps- oder
  Sonnenblumenöl
Salz · Pfeffer aus der Mühle
100 ml klare Gemüsebrühe
250 g weißes festes Fischfilet
80 ml Sojacreme (zum Kochen und Verfeinern)

Für 2 Personen
Zubereitung: *30 Min.*
Pro Portion:
*ca. 485 kcal; 24 g EW,
15 g F, 62 g KH; 6,0 KE*

1. Die Orange heiß waschen, trocken reiben und 1 TL Schale fein abreiben. Orange so schälen, dass auch die weiße Haut völlig entfernt wird. Über einer Schüssel die Orangenfilets zwischen den Trennhäutchen herausschneiden, den austretenden Saft dabei auffangen.

2. Den Reis nach Packungsangabe garen. Inzwischen die Lauchstangen putzen und gründlich waschen. Den weißen Teil in dünne Scheiben, den grünen Teil schräg in etwa 3 cm lange Stücke schneiden. Den Thymian waschen, trocken schütteln und die Blättchen abstreifen.

3. Öl einer großen beschichteten Pfanne mit hohem Rand erhitzen. Zuerst die grünen Lauchstücke darin bei mittlerer Hitze 3 Min. andünsten. Danach den weißen Lauch und den Thymian zufügen und 1 Min. mitdünsten. Leicht salzen und pfeffern. Die Brühe und den Orangensaft zugießen und das Gemüse 5 Min. köcheln lassen.

4. In der Zwischenzeit das Fischfilet kurz kalt waschen, trocken tupfen und in große Stücke schneiden. Mit Salz und Pfeffer abschmecken.

5. Orangenschale und Sojacreme unter den Lauch mischen. Die Fischstücke obenauf legen. Alles zugedeckt bei mittlerer Hitze 5–7 Min. dünsten, bis der Fisch gar ist.

6. Die Orangenfilets zur Fischpfanne geben und darin heiß werden lassen. Mit Salz und Pfeffer abschmecken. Fischpfanne mit dem Reis anrichten.

KOHLENHYDRATZUTAT *Je nach erlaubten KE sind bis zu 150 g Reis möglich.*

links Zucchini-Plätzchen mit Lachsfilet und Reis | *rechts* Fischpfanne mit Lauch und Orangenfilets

Thailändisches Fischcurry mit grünen Bohnen

150 g Parboiled Reis oder
 thailändischer Duftreis
200 g feine grüne Bohnen
 (Prinzessbohnen)
Salz
300 g festes Fischfilet
200 ml Kokosmilch
 (ungesüßt, 9 % Fett)
2 TL gelbe Currypaste (Fertigprodukt)
125 ml Fischfond oder Gemüsebrühe
1 EL asiatische Fischsauce (Fertigprodukt)
1/2 TL Palm- oder brauner Zucker
4 Zweige frischer Koriander oder Thai-Basilikum
1 EL Limetten- oder Zitronensaft
Cayennepfeffer (nach Belieben)

Für 2 Personen
Zubereitung: 30 Min.
Pro Portion:
ca. 600 kcal; 38 g EW,
19 g F, 68 g KH; 7,0 KE

1. Den Reis nach Packungsangabe garen. Währenddessen die Bohnen waschen, putzen und in 4 cm lange Stücke schneiden. In sprudelnd kochendem Salzwasser 4 Min. blanchieren. Bohnen kalt abschrecken und abtropfen lassen.

2. Während die Bohnen garen, das Fischfilet kalt waschen, trocken tupfen und in 2–3 cm breite Streifen schneiden.

3. Von der Kokosmilch 1 EL vom dicken Rahm abnehmen. Vom Rest eine halbe Tasse in einem Wok oder in einer beschichteten Pfanne mit hohem Rand erhitzen. Die Currypaste zufügen und unter ständigem Rühren 2 Min. sanft kochen lassen. Übrige Kokosmilch, Fond oder Brühe, Bohnen, Fischsauce und Zucker untermischen und weitere 2 Min. köcheln lassen.

4. Die Fischstreifen in die Sauce legen und darin zugedeckt in 3–4 Min. gar ziehen lassen. Inzwischen Koriander oder Thai-Basilikum waschen, trocken schütteln und die Blätter abzupfen. Fischcurry mit Salz und etwas Limetten- oder Zitronensaft abschmecken. Wer es schärfer mag, gibt etwas Cayennepfeffer dazu. Die Kräuterblättchen unterheben.

5. Das Fischcurry anrichten, den Kokosrahm glatt rühren und obenauf geben. Dazu den Reis servieren.

Fischfilet in Tomaten-Joghurt-Sauce mit Zwiebeln

2 kleine Zwiebeln
1 Knoblauchzehe
1 Stück frischer Ingwer
 (2 cm)
1 EL Öl (z. B. Rapsöl)
1 Lorbeerblatt
2 Msp. Currypulver
200 g stückige Tomaten
 (aus Dose oder Tetrapack)
Salz
300 g Fischfilet aus dem Rücken
 (z. B. vom Rotbarsch, Kabeljau, Zander)
Pfeffer aus der Mühle
150 g Parboiled Reis oder Langkorn-Naturreis
100 g Natur-Joghurt (3,5 % Fett)
Chilipulver
Petersilienblättchen zum Garnieren (nach Belieben)
Öl oder Butter für die Form

Für 2 Personen
Zubereitung: 15 Min.
+ ca. 40 Min. Garen
Pro Portion:
ca. 615 kcal; 36 g EW,
22 g F, 66 g KH; 6,5 KE

1. Für die Sauce die Zwiebeln und die Knoblauchzehe schälen und klein würfeln. Den Ingwer schälen und fein reiben.

2. Das Öl in einem breiten Topf erhitzen, Zwiebeln und Lorbeer darin bei mittlerer Hitze anbraten, bis die Zwiebeln hellgelb sind. Knoblauch, Ingwer und Curry zufügen und unter Rühren kurz mitbraten. Tomaten untermischen. Alles salzen und zugedeckt 15 Min. leicht köcheln lassen.

3. Den Backofen auf 200° vorheizen. Die Fischfilets kurz kalt waschen und trocken tupfen. Von beiden Seiten salzen und pfeffern. Den Reis nach Packungsangabe garen.

4. Inzwischen eine Auflaufform einfetten. Die Fischfilets nebeneinander in die Form heben. Das Lorbeerblatt aus der Tomatensauce entfernen. Den Joghurt in die Sauce rühren und mit Salz und Chilipulver abschmecken.

5. Die Sauce über den Fischfilets verteilen. Im Ofen (Mitte, Umluft 180°) 20–25 Min. garen. Zum Servieren den Fisch nach Belieben mit Petersilienblättchen garnieren. Den Reis dazu reichen. Wer mag, serviert zur Abrundung noch einen gemischten Blattsalat.

Kräutermakrelen vom Grill mit Topinamburpüree

2 küchenfertige Makrelen (frisch
   oder tiefgekühlt und aufgetaut)
je 6 Zweige Rosmarin, Thymian
   und Salbei
2 TL Rapsöl · *2 TL* Zitronensaft
Salz · Pfeffer aus der Mühle
400 g Topinambur (alternativ
   Petersilienwurzel)
200 g mehligkochende Kartoffeln
300 ml Milch (1,5 % Fett) · *2 TL* Joghurt-Butter
frisch geriebene Muskatnuss · Öl zum Einfetten

Für 2 Personen
Zubereitung: *25 Min.*
+ 20 Min. Garen
Pro Portion:
ca. 770 kcal; 59 g EW,
47 g F, 26 g KH; 2,5 KE

Außerdem
Küchengarn · Alu-Grillschale

1. Die Fische innen und außen waschen und gründlich trocken tupfen. Die Fische auf beiden Hautseiten drei- oder viermal schräg einschneiden. Die Kräuterzweige waschen und trocken schütteln.

2. Das Öl mit Zitronensaft verrühren und die Makrelen damit innen und außen einpinseln. Rundum salzen und pfeffern. Jeweils die Hälfte der Kräuterzweige um einen Fisch legen und mit Küchengarn festbinden. Makrelen auf eine Platte legen, mit Frischhaltefolie bedecken und 30 Min. im Kühlschrank durchziehen lassen.

3. Inzwischen Topinambur und Kartoffeln schälen, in kleine Stücke schneiden. Beides mit Milch und 1 Prise Salz aufkochen und zugedeckt bei kleiner bis mittlerer Hitze in etwa 20 Min. weich kochen.

4. Den Elektrogrill oder den Backofengrill einschalten. Den Boden der Alu-Grillschale einölen. Makrelen nebeneinander hineinlegen und mit etwa 20 cm Abstand zur Hitzequelle von jeder Seite 5–6 Min. grillen, bis sie gar sind.

5. Inzwischen für das Püree die Milch abgießen und auffangen. Topinambur und Kartoffeln durch die Kartoffelpresse drücken oder fein stampfen. Die Butter und so viel von der Milch unterrühren, dass ein cremiges Püree entsteht. Mit Salz, Pfeffer und Muskat abschmecken.

6. Die gegrillten Makrelen mitsamt den Kräutern servieren. Dazu das Topinamburpüree servieren.

TIPP *Als Dekoration eine der Topinamburknollen fein hobeln und die Chips auf einem mit Backpapier ausgelegten Blech bei 150° ein paar Minuten im Backofen trocknen lassen, bis sie wellig werden.*

Seelachs-Saltimbocca mit Safran-Risotto

1 Knoblauchzehe
9 Salbeiblätter
1 EL Olivenöl
Pfeffer
300 g Seelachsfilet
3 Scheiben Schwarzwälder
   Schinken

Für 2 Personen
Zubereitung: 40 Min.
+ 1 Std. Marinieren
Pro Portion:
ca. 530 kcal; 42 g EW,
18 g F, 45 g KH; 4,5 KE

Für das Risotto
1 kleine Zwiebel
1 EL Olivenöl
100 g Risottoreis (Arborio, Vialone)
75 ml Weißwein
Salz
1/2 Döschen Safran (0,05 g)
300 ml heiße Geflügelbrühe
30 g Parmesan

Außerdem
Holzstäbchen

1. Den Knoblauch schälen und durch eine Presse drücken. Den Salbei waschen und trocken schütteln. 3 Blätter fein hacken, die übrigen längs halbieren. Den gehackten Salbei mit dem Knoblauch und dem Olivenöl verrühren und mit Pfeffer würzen. Das Seelachsfilet in 12 Würfel schneiden und mit der Marinade vermengen. Im Kühlschrank 1 Stunde einlegen. Den Schinken quer vierteln.

2. Für den Risotto die Zwiebel schälen, sehr fein würfeln und im heißen Olivenöl glasig dünsten. Den Reis dazugeben und kurz glasig schwitzen. Mit dem Weißwein ablöschen, salzen, pfeffern und den Safran zugeben. Nach und nach mit jeweils einer Kelle heißer Brühe aufgießen, bis sich der Reis nach ca. 25 Min. vollgesogen hat. Die Zugabe der Brühe stoppen, wenn die Reiskörner außen ganz weich sind und innen noch Biss haben.

3. Inzwischen Parmesan reiben. Gegen Ende der Garzeit die Fischstücke abtropfen lassen. Mit Salz und Pfeffer würzen und je ein halbes Salbeiblatt und ein Schinkenstück darauf feststecken. In wenig Öl je 30 Sek. auf jeder Seite braten.

4. Den Parmesan unter den Risotto geben und mit dem Fisch-Saltimbocca servieren.

Garnelen-Ratatouille mit Zitronen-Couscous

1 kleine Avocado
1 EL Zitronensaft
1 kleine Aubergine
1 Fleischtomate
1 EL Olivenöl
1 Knoblauchzehe
Salz · Pfeffer aus der Mühle
125 g Schafkäse (Feta)
150 g Garnelen
   (TK, küchenfertig ohne Darm)
150 ml Gemüsebrühe
100 g Instant-Couscous
1 EL Zitronensaft

Für 2 Personen
Zubereitung: 30 Min.
Pro Portion:
ca. 720 kcal; 37 g EW,
44 g F, 43 g KH; 4,5 KE

1. Die Avocado halbieren und den Kern entfernen, das Fruchtfleisch mit einem Esslöffel von der Schale trennen, in große Würfel schneiden und mit Zitronensaft vermengen.

2. Die Aubergine und die Tomate waschen, abtrocknen und die Stielansätze abschneiden. Aubergine und Tomate klein würfeln. In heißem Olivenöl dünsten. Den Knoblauch schälen, durch eine Presse drücken und mit den Avocadowürfeln zum Gemüse geben. Mit Salz und Pfeffer würzen.

3. Den Schafkäse in kleine Würfel schneiden, mit den gefrorenen Garnelen auf das Gemüse legen und bei geringer Hitze zugedeckt 15 Min. dünsten.

4. Inzwischen die Brühe zum Kochen bringen und den Couscous mit Zitronensaft zugeben. Auf der ausgeschalteten Herdplatte im geschlossenen Topf 10 Min. ausquellen lassen. Mit dem Garnelen-Ratatouille servieren.

vorne Seelachs-Saltimbocca mit Safran-Risotto | *hinten* Garnelen-Ratatouille mit Zitronen-Couscous

Pilz-Risotto mit gekochtem Schinken und Parmesan

200 g gemischte Pilze
  (z. B. Champignons, Austernpilze,
  Pfifferlinge)
Salz · Pfeffer aus der Mühle
1 TL Zitronensaft
1 Schalotte
500 ml Hühner- oder Gemüsebrühe
  (am besten selbst gemacht)
2 TL Joghurt-Butter
150 g Risottoreis (z. B. Carnaroli, Vialone nano, Arborio)
80 g gekochter Schinken am Stück (ohne Fettrand)
1/2 Bund Schnittlauch
2 EL frisch geriebener Parmesan (ca. 10 g)
1 EL fettreduzierter Frischkäse (5 % Fett absolut)

Für 2 Personen
Zubereitung: *35 Min.*
Pro Portion:
ca. 385 kcal; 20 g EW,
7 g F, 61 g KH; 6,0 KE

1. Die Pilze mit feuchtem Küchenpapier behutsam abreiben, die Stielenden abschneiden und die Pilze in Scheiben schneiden. In einer großen beschichteten Pfanne ohne Fett bei mittlerer bis starker Hitze unter Rühren 2–3 Min. braten, bis die ausgetretene Flüssigkeit völlig verdampft ist und die Pilzscheiben kross sind. Pilze salzen, pfeffern und mit Zitronensaft würzen.

2. Die Schalotte schälen und klein würfeln. Die Brühe aufkochen lassen. In einem breiten Topf die Butter erhitzen, aber nicht bräunen. Schalotten darin glasig dünsten. Den Reis unterrühren und mitdünsten, bis die Körner rundum glänzen und leicht glasig aussehen.

3. So viel Brühe mit 1 kräftigen Prise Salz zum Reis gießen, dass er gerade davon bedeckt ist. Unter gelegentlichem Rühren leicht brodelnd kochen lassen, bis die Brühe so gut wie aufgesogen ist. Schöpflöffelweise weitere Brühe dazugeben und rühren, bis der Reis gar ist. Das dauert zwischen 18 und 20 Min. Die Körner sollen weich sein, aber im Inneren noch etwas Biss haben.

4. Inzwischen den Schinken in kleine Würfel oder kurze Streifen schneiden. Den Schnittlauch waschen, trocken schütteln und in feine Röllchen schneiden.

5. Topf mit dem Risotto vom Herd nehmen, Pilze, Schinken und Schnittlauch unter den Reis heben und heiß werden lassen. Parmesan und Frischkäse untermischen. Den Risotto mit Salz und Pfeffer würzen. Vor dem Servieren zugedeckt noch 3–4 Min. ruhen lassen.

Steckrüben-Kartoffel-Gratin mit geräuchertem Schinken

200 g Steckrüben
200 g Kartoffeln
1 Zwiebel
100 g Lachsschinken
50 g Magerquark
100 ml Gemüsebrühe
100 ml Milch
Salz · Pfeffer aus der Mühle
50 g Bergkäse
50 g Walnusskerne

Für 2 Personen
Zubereitung: *15 Min.*
+ 1 Std. 15 Min. Backen
Pro Portion:
ca. 470 kcal; 27 g EW,
29 g F, 24 g KH; 2,5 KE

1. Den Backofen auf 200° vorheizen. Steckrüben und Kartoffeln schälen und in sehr feine Scheiben raspeln. Zwiebel schälen und fein würfeln. Schinken in feine Streifen schneiden und mit Steckrüben, Kartoffeln und Zwiebeln in eine Auflaufform geben.

2. Quark, Brühe und Milch verrühren, mit Salz und Pfeffer würzen und über das Gemüse geben. Im Ofen (Mitte, Umluft 180°) 1 Std. backen. Den Käse reiben, die Walnusskerne hacken und mit dem Käse über den Auflauf geben. Weitere 15 Min. gratinieren.

VARIANTE *Himmel-und-Erde-Gratin*
Anstelle von Steckrüben feste, leicht säuerliche Kochäpfel (beispielsweise Boskoop) nehmen, schälen und wie beschrieben mit den Kartoffeln und einer großen Gemüsezwiebel verarbeiten. 100 g Lachsschinken durch 100 g in kleine Stücke geschnittene Blutwurst ersetzen und mit den genannten Zutaten in eine gut ausgefettete Auflaufform geben; wie beschrieben im Ofen backen. Statt mit Bergkäse und Walnüssen den Auflauf mit einer Mischung aus 40 g geriebenem Parmesan und 1 TL getrocknetem Thymian in den letzten 10 Min. der Backzeit gratinieren.

Kartoffel-Grünkohl-Gratin mit Kohlwurst

150 g frischer Grünkohl
50 g Vollkornbrot, in dünne
   Scheiben geschnitten
Salz
1/2 TL getrockneter Majoran
1/4 TL gemahlener Piment
1/4 TL gemahlener
   Koriander
2 kleine Kohlwürste
   (Mettenden)
300 g Kartoffeln
1 Zwiebel
200 g Magerquark
1 EL Senf
Pfeffer
frisch geriebene Muskatnuss
1 TL gekörnte Gemüsebrühe
30 g Bergkäse

Für 2 Personen
Zubereitung: *20 Min.*
+ 40 Min. Backen
Pro Portion:
ca. 580 kcal; 40 g EW,
29 g F, 34 g KH; 3,5 KE

1. Den Grünkohl waschen, putzen, vom Strunk befreien und in mundgerechte Stücke brechen. Das Vollkornbrot in kleine Stücke brechen und mit dem Grünkohl in eine Auflaufform geben. Mit Salz, Majoran sowie jeweils etwas Piment und Koriander würzen.

2. Den Backofen auf 200° vorheizen. Die Würste in dünne Scheiben schneiden und darauf verteilen. Die Kartoffeln schälen, waschen, grob reiben und auf der Wurst verteilen. Die Zwiebel schälen, klein würfeln und ebenfalls auf die Kartoffeln geben.

3. Den Quark mit Senf, Salz, Pfeffer, Muskat, dem restlichem Piment und Koriander sowie mit gekörnter Brühe würzen. Auf dem Auflauf verteilen. Den Käse reiben und darüberstreuen. Den Auflauf im Ofen (Mitte, Umluft 180°) etwa 40 Min. backen.

Kartoffel-Paprika-Pfanne mit Schweinefleisch

200 g *Schweineschnitzel*
100 g *Ajvar (Paprikapaste)*
100 ml *Grapefruitsaft*
200 g *vorwiegend*
   festkochende Kartoffeln
je 1 *rote und grüne*
   Paprikaschote
1 Bund *Petersilie*
1 EL *Rapsöl*
1 TL *Honig*
Paprikapulver

Für 2 Personen
Zubereitung: *25 Min.*
Pro Portion:
ca. 315 kcal; 27 g EW,
10 g F, 29 g KH; 3,0 KE

1. Die Schnitzel in kleine Streifen schneiden und in einer Mischung aus Ajvar und Grapefruitsaft einlegen.

2. Die Kartoffeln schälen, waschen und in mundgerechte Würfel schneiden.

3. Die Paprikaschoten halbieren, waschen und Stielansatz, Kerne und weiße Innenhäute entfernen. Die Paprika in kleine Würfel schneiden. Die Petersilie waschen und trocken schütteln, die Blättchen abzupfen und sehr fein hacken.

4. Das Fleisch aus der Marinade nehmen, mit einem Küchentuch abtupfen und in einer großen Pfanne mit den Kartoffelwürfeln in heißem Öl anbraten, die Paprika zugeben und unter Rühren kurz dünsten. Den Honig zugeben, mit der Marinade ablöschen und 10 Min. bei geringer Hitze einkochen lassen. Mit Salz, Pfeffer und wenig Paprikapulver würzen. Mit der Petersilie bestreuen.

Pikant-süßes Weißkohlgemüse mit Schweinefilet

250 ml *Gemüsebrühe*
100 g *Parboiled Reis*
300 g *Weißkohl*
150 ml *Apfelsaft*
Salz · Pfeffer aus der Mühle
Muskatnuss
süßer Senf
1 *süßer Apfel*
1/2 kleine *rote Chilischote*
200 g *Schweinefilet*
1 TL *Rapsöl*
Zitronensaft

Für 2 Personen
Zubereitung: *25 Min.*
Pro Portion:
ca. 405 kcal; 27 g EW,
6 g F, 60 g KH; 6,0 KE

1. Die Brühe aufkochen, den Reis zugeben und zugedeckt bei geringster Hitze 20 Min. quellen lassen.

2. Den Weißkohl von den äußeren harten Blättern befreien, den harten Strunk herausschneiden und den Kohl in sehr dünne Streifen schneiden. Apfelsaft aufkochen, Weißkohl dazugeben und bei geringer Hitze 15 Min. zugedeckt köcheln lassen. Mit Salz, Pfeffer, Muskat und Senf würzen.

3. Währenddessen den Apfel schälen, vom Kerngehäuse befreien und in Würfel schneiden. Die Chilischote waschen, längs halbieren und von den Kernen befreien. Die Hälften in hauchdünne Streifen schneiden.

4. Das Schweinefilet in kleine Streifen schneiden und in heißem Öl kurz braten. Die Chilistreifen und die Apfelwürfeln zum Fleisch geben, kurz mit dünsten und alles zum Weißkohl geben. Mit Pfeffer und Zitronensaft abschmecken. Dazu den Reis servieren.

links Kartoffel-Paprika-Pfanne mit Schweinefleisch | *rechts* Pikant-süßes Weißkohlgemüse mit Schweinefilet

Wirsing-Hack-Auflauf mit Äpfeln

200 g *Wirsing*
200 g *vorwiegend*
  festkochende Kartoffeln
2 *kleine Äpfel*
1 *Zwiebel*
150 g *gemischtes Hackfleisch*
2 TL *Rapsöl*
Salz · Pfeffer aus der Mühle
Muskatnuss
200 ml *Gemüsebrühe*
30 g *Parmesan*

Für 2 Personen
Zubereitung: *20 Min.*
+ 1 Std. Backen
Pro Portion:
ca. 455 kcal; 25 g EW,
25 g F, 31 g KH; 3,0 KE

1. Den Wirsing waschen, den inneren Strunk aus der Mitte herausschneiden und den Kohl in feine Streifen schneiden. Die Kartoffeln schälen und in möglichst feine Scheiben schneiden. Die Äpfel schälen, das Kerngehäuse entfernen und die Äpfel in dicke Spalten schneiden. Die Zwiebel schälen und fein hacken. Den Backofen auf 180° vorheizen.

2. Die Zwiebel mit dem Hackfleisch in heißem Öl dünsten. Die Hälfte des Wirsings und darauf die Hälfte der Kartoffelscheiben in eine mittelgroße Auflaufform geben, die Hackmischung und die Äpfel zugeben, mit dem restlichen Wirsing und zum Schluss mit den restlichen Kartoffeln abschließen. Mit etwas Salz, Pfeffer und Muskat würzen. Die Brühe über den Auflauf gießen. Zudecken und im vorgeheizten Ofen (Mitte, Umluft 160°) 50 Min. garen.

3. Den Parmesan fein reiben, zum Schluss über den Auflauf streuen. Ohne Deckel weitere 10 Min. im Ofen überbacken.

TIPP *Auf der Suche nach kleinen Kohlköpfen für den 2-Personen-Haushalt werden Sie häufig im Bio-Regal des Supermarktes oder beim Biohändler fündig. Da Biogemüse ohne Kunstdünger gezogen wird, entwickeln sich viele Gemüsesorten nicht so rasant und bleiben kleiner, haben dafür aber mehr Aroma zu bieten und enthalten teils mehr gesunde Inhaltsstoffe als die großen Exemplare aus dem konventionellen Anbau.*

Paprikagulasch mit Rindfleisch, Tomaten und Spätzle

300 g *Rindfleisch zum Schmo-*
  ren (Keule, Hüfte, Wade)
2 *Zwiebeln*
1 *Zweig Majoran (alternativ*
  1 TL getrockneter Majoran)
1 EL *Olivenöl*
je 1 EL Paprikapulver mild
  und scharf
150–200 ml *klare Fleisch-*
  oder Gemüsebrühe
je 1 gelbe und rote Paprikaschote
250 g *Tomaten · Salz*
250–300 g *frische Spätzle (Kühltheke)*
2 TL *Speisestärke · Pfeffer aus der Mühle*

Für 2 Personen
Zubereitung: *25 Min.*
+ 1 Std. 30 Min.
schmoren
Pro Portion:
ca. 575 kcal; 44 g EW,
21 g F, 51 g KH; 5,0 KE

1. Das Fleisch kurz kalt waschen, trocken tupfen und in etwa 3 cm große Würfel schneiden. Die Zwiebeln schälen und klein würfeln. Den Majoran waschen, trocken schütteln und die Blättchen abstreifen.

2. Das Olivenöl in einer großen beschichteten Pfanne mit hohem Rand erhitzen. Die Zwiebelwürfel darin goldgelb dünsten. Beide Paprikapulversorten unterrühren und kurz mitdünsten. 100 ml Brühe zugießen und die Fleischwürfel und Majoranblättchen untermischen. Zugedeckt bei kleiner Hitze zunächst 1 Std. schmoren lassen. Nur bei Bedarf etwas Brühe nachgießen.

3. Inzwischen die Paprika waschen oder nach Belieben schälen. Schoten vierteln, Stielansatz, Kerne und weiße Trennwände entfernen und die Viertel in 2 cm große Würfel schneiden. Tomaten waschen und abtrocknen oder häuten und die Stielansätze keilförmig herausschneiden. Tomaten waschen oder häuten, vierteln und entkernen.

4. Paprika, Tomaten und 50 ml Brühe unter das Fleisch mischen, salzen und alles zugedeckt noch 30 Min. schmoren.

5. Die Spätzle in kochendem Salzwasser nach Packungsangabe garen. Speisestärke mit etwas kaltem Wasser glatt rühren, unter das Gulasch mischen und einmal aufkochen lassen. Gulasch mit Salz und, wenn nötig, mit Pfeffer abschmecken. Spätzle in ein Sieb abgießen, abtropfen lassen und mit dem Paprikagulasch servieren.

Puten-Souvlaki auf Bohnen-Kartoffel-Gemüse

2 dicke Putenschnitzel
(à 125 g)
3 TL Olivenöl
1 TL Zitronensaft
150 ml klare Gemüsebrühe
1/4 TL getrockneter Oregano
Salz · Chilipulver
1/2 kleine Knoblauchzehe
(nach Belieben)
300 g festkochende Kartoffeln
1 kleine Zwiebel · 100 g stückige Tomaten (Tetrapack)
Pfeffer aus der Mühle · 300 g grüne TK-Bohnen

Für 2 Personen
Zubereitung: 40 Min.
Pro Portion:
ca. 415 kcal; 45 g EW,
11 g F, 37 g KH; 3,5 KE

Außerdem
2 Metall- oder Holzspieße

1. Das Fleisch kurz kalt waschen, trocken tupfen und in gleich große Würfel schneiden. 1 TL Olivenöl mit Zitronensaft, 2 EL Brühe, Oregano, Salz und etwas Chilipulver zu einer Marinade verrühren. Nach Belieben die Knoblauchzehe schälen und dazupressen.

2. Das Fleisch rundum mit Marinade bepinseln und dicht aneinander auf die Spieße stecken. Zugedeckt kalt stellen.

3. Inzwischen für das Gemüse die Kartoffeln schälen und in etwa 3 cm große Würfel schneiden. Die Zwiebel schälen, vierteln und in die einzelnen Schichten lösen.

4. In einem breiten Topf das restliche Öl erhitzen. Die Zwiebel darin unter Rühren glasig werden lassen. Kartoffelwürfel, Tomaten und 100 ml Brühe zugeben. Salzen und pfeffern. Aufkochen und die Kartoffeln zunächst zugedeckt 10 Min. kochen lassen. Die Bohnen dazugeben, erneut aufkochen und zusammen 5–7 Min. leicht kochen lassen, bis die Bohnen bissfest und die Kartoffeln gar sind.

5. Eine beschichtete Pfanne ohne Fett erhitzen. Die Fleischspieße darin bei mittlerer Hitze unter gelegentlichem Wenden 8–10 Min. braten. Spieße aus der Pfanne nehmen, warm halten. Den Bratsatz mit der restlichen Brühe loskochen und durch ein Sieb zum Gemüse gießen. Salzen und pfeffern.

6. Zum Servieren das Puten-Souvlaki mit dem Bohnen-Kartoffel-Gemüse auf vorgewärmten Tellern anrichten.

Rindfleisch-Curry mit Süßkartoffel und Sellerie

200 g Rindfleisch
(aus der Hüfte)
3 Schalotten
1 Knoblauchzehe
1 kleine Süßkartoffel
(ca. 150 g)
1 EL Rapsöl
2–3 TL rote Currypaste
100 ml Kokosmilch (ungesüßt, 9 % Fett)
200 ml Natur-Kokoswasser
(Bio-Qualität, alternativ Gemüsebrühe)
1 EL Thai-Fischsauce (Fertigprodukt)
1 Msp. Palm- oder brauner Zucker
120 g Basmatireis · 3 zarte Stangen Staudensellerie
2 Zweige Thai-Basilikum
Salz · getrocknete Chilifäden zum Garnieren (nach Belieben)

Für 2 Personen
Zubereitung: 35 Min.
Pro Portion:
ca. 630 kcal; 27 g EW,
27 g F, 70 g KH; 7,0 KE

1. Rindfleisch kurz kalt waschen, trocken tupfen und in kurze Streifen schneiden. Schalotten und Knoblauch schälen, die Schalotten vierteln, den Knoblauch klein würfeln. Die Kartoffel schälen, waschen und in Würfel schneiden.

2. In einem Wok oder in einer großen beschichteten Pfanne mit hohem Rand das Öl stark erhitzen. Die Schalottenviertel darin unter Rühren anbraten. Nach Belieben 2–3 TL Currypaste und den Knoblauch einrühren und kurz mitbraten.

3. Von der Kokosmilch 1 EL von der oberen rahmigen Schicht abnehmen, glatt rühren und beiseitestellen. Restliche Kokosmilch und Kokoswasser unter Rühren zugießen. Fleisch, Süßkartoffel, Fischsauce und Zucker untermischen. Alles aufkochen und zugedeckt 20 Min. sanft kochen lassen.

4. Inzwischen den Reis nach Packungsangabe garen. Die Selleriestangen waschen, trocken schütteln und schräg in 2–3 cm lange Stücke schneiden. Zum Curry geben und weitere 5 Min. mitgaren.

5. Das Basilikum waschen, trocken schütteln, die Blätter abzupfen, nach Belieben grob zerzupfen und unter das Rindfleisch-Curry heben, mit Salz würzen. Zum Servieren den Kokosrahm darüberlöffeln und mit Chilifäden garnieren.

KOHLENHYDRATZUTAT *Je nach erlaubten KE sind bis zu 150 g Reis möglich.*

links Puten-Souvlaki auf Bohnen-Kartoffel-Gemüse | *rechts* Rindfleisch-Curry mit Süßkartoffel und Sellerie

Gedämpfte Hähnchenbrust im Spinatmantel

200 g TK-Spinat
3 Hähnchenbrustfilets
   (je ca. 150 g)
3 EL Rapsöl
Salz · Pfeffer aus der Mühle
150 ml Geflügelbrühe
1 Knoblauchzehe
1 Ei
2 EL Paniermehl
2 EL Zitronensaft
Tabasco
150 g Bandnudeln

Für 2 Personen
Zubereitung: 35 Min.
Pro Portion:
ca. 755 kcal; 65 g EW,
24 g F, 65 g KH; 5,5 KE

Außerdem
hitzebeständige Haushaltsfolie (bis 160°)
Topf mit Dämpfeinsatz

1. Den Spinat antauen lassen. Inzwischen die Hähnchen-brüste in heißem Öl von beiden Seiten anbraten, mit Salz und Pfeffer würzen und mit Brühe ablöschen. Bei mittlerer Hitze 5 Min. zugedeckt ziehen lassen.

2. Den Knoblauch schälen. Eine Hähnchenbrust aus der Pfanne nehmen, in kleine Stücke schneiden und mit dem angetauten Spinat, Knoblauch, Ei und Paniermehl pürieren. Mit Zitronensaft, Salz, Pfeffer und wenig Tabasco würzen.

3. Die beiden übrigen Hähnchenbrüste trocken tupfen, mit der Spinatmasse dick umhüllen und in je ein Stück der hit-zebeständigen Haushaltsfolie einwickeln.

4. Den Geflügelsud mit etwa 300 ml Wasser aufkochen. Die zwei umwickelten Hähnchenbrüste in einen Dampfeinsatz geben und über dem kochenden Sud ca. 10 Min. dämpfen.

5. Inzwischen die Nudeln in reichlich kochendem Salzwas-ser nach Packungsangabe garen. Die Hähnchenbrüste aus der Folie nehmen und mit den Nudeln servieren.

Hähnchenschnitzel mit Champignons

250 g Champignons
1 Schalotte
3 eingelegte, getrocknete
   Tomaten
2 Zweige Basilikum
250 g dünne
   Hähnchenbrustschnitzel
1 EL Olivenöl
Salz · Pfeffer aus der Mühle
120 g Spiralnudeln
100 ml kräftige klare Fleischbrühe
100 ml Sojacreme (zum Kochen und Verfeinern)
1 TL Zitronensaft

Für 2 Personen
Zubereitung: 30 Min.
Pro Portion:
ca. 545 kcal; 40 g EW,
19 g F, 47 g KH; 4,5 KE

1. Die Champignons mit feuchtem Küchenpapier behut-sam abreiben, die Stielenden abschneiden und die Pilze in Scheiben schneiden. Die Schalotte schälen und in kleine Würfel schneiden. Die Tomaten quer in Streifen schneiden. Das Basilikum trocken abreiben. Die Blättchen abzupfen, große Blätter nach Belieben kleiner zupfen.

2. Die Hähnchenschnitzel kurz kalt waschen und trocken tupfen. Öl in einer großen beschichteten Pfanne erhitzen. Schnitzel darin bei starker Hitze von jeder Seite 1/2 Min. an-braten. Aus der Pfanne heben, mit Salz und Pfeffer würzen und zugedeckt warm halten.

3. Die Champignons in die Pfanne geben und unter Rühren 2 Min. kräftig anbraten. Schalottenwürfel zufügen und mit-braten, bis sie glasig ist.

4. Die Nudeln nach Packungsangabe garen. Währenddessen Brühe, Sojacreme und Tomaten zu den Pilzen geben. Alles aufkochen und einige Minuten köcheln lassen, bis die Sauce schön sämig ist. Die Hälfte des Basilikums untermischen. Sauce mit Salz, Pfeffer und etwas Zitronensaft abschmecken.

5. Die Schnitzel in die Sauce legen und kurz warm werden lassen. Auf vorgewärmten Tellern anrichten und mit den restlichen Basilikumblättern bestreut servieren. Dazu die Nudeln reichen.

KOHLENHYDRATZUTAT *Je nach erlaubten KE sind bis zu 150 g Nudeln möglich.*

Kalbsleber mit pikant gefülltem Bratapfel

125 g Zwiebeln · *2 Zweige* Majoran
2 säuerliche Äpfel (ca. 200 g)
1 TL Zitronensaft
2 TL weiche Joghurt-Butter
1 EL getrocknete Cranberrys
Pfeffer aus der Mühle · 250 g Kalbsleber
Mehl zum Wenden · *2 TL Olivenöl*
Salz · *2 EL gereifter Aceto balsamico*

Für 2 Personen
Zubereitung: *25 Min.*
+ 20 Min. Garen
Pro Portion:
ca. 330 kcal; 25 g EW,
14 g F, 24 g KH; 2,5 KE

Außerdem
Apfelausstecher

1. Für die Brataäpfel den Backofen auf 180° vorheizen. Die Zwiebeln schälen und fein würfeln. Den Majoran waschen, trocken schütteln und von 1 Zweig die Blättchen abstreifen.

2. Die Äpfel waschen und trocken reiben, die Blüte kegelförmig herausschneiden. Jeweils an der Stielseite einen Deckel abschneiden. Mit einem Apfelausstecher das Kerngehäuse entfernen, dabei die Äpfel nicht ganz durchstechen, damit die Füllung später nicht unten herausfallen kann. Die Öffnung jeweils etwas vergrößern und mit Zitronensaft bepinseln. Herausgelöstes Fruchtfleisch klein hacken.

3. In einer beschichteten Pfanne 1 TL Butter bei mittlerer Hitze zerlassen. Zwiebel und Majoranblätter darin dünsten, bis die Zwiebeln glasig sind. Das gehackte Apfelfruchtfleisch und die Cranberrys untermischen, kurz mitdünsten. Die Füllung mit Pfeffer würzen und in die Äpfel füllen. Die Apfel-Deckel daraufsetzen. Den Boden einer kleinen ofenfesten Form mit Alufolie auslegen. Die Äpfel in die Form setzen und mit der restlichen Butter rundum bepinseln. Im Ofen (Mitte, Umluft 160°) 30 Min. backen.

4. Etwa 10 Min. vor Ende der Garzeit die Kalbsleber kurz kalt abwaschen, trocken tupfen und in dünne Scheiben schneiden. Scheiben einzeln in Mehl wenden, das überschüssige Mehl abschütteln.

5. Öl in einer beschichteten Pfanne erhitzen, die Leber darin bei mittlerer Hitze von jeder Seite 2–3 Min. braten. Salzen und pfeffern. Essig und 3 EL Wasser zugießen und einmal kräftig aufkochen lassen.

6. Zum Servieren die Brataäpfel und die Leber samt Sauce auf vorgewärmten Tellern anrichten. Mit dem übrigen Majoran garnieren.

KOHLENHYDRATBEILAGE *Dazu passt Vollkornbaguette (Menge nach KE-Bedarf).*

Rinderroulade mit Brotfüllung und Paprika-Kohlrabi-Gemüse

2 Scheiben Vollkornbrot
   (100 g)
1 kleine Zwiebel
4 TL Rapsöl
2 EL mildes Ajvar
   (Paprikapaste)
Salz · Pfeffer aus der Mühle
Muskatnuss
1 EL süßer Senf
1 kleiner Kohlrabi (300 g)
1 kleine rote oder gelbe Paprikaschote
2 dünne Scheiben Rinderroulade (je ca. 150 g)
300 ml Gemüsebrühe

Für 2 Personen
Zubereitung: 30 Min.
Pro Portion:
ca. 500 kcal; 40 g EW,
24 g F, 31 g KH; 3,0 KE

Außerdem
kleine Holzspieße

1. Die Brotscheiben entrinden und in kleine Würfel schneiden. Zwiebel schälen, ebenfalls fein würfeln und mit den Brotwürfeln bei mittlerer Hitze kurz in 1 TL heißem Öl dünsten. Vom Herd ziehen, Ajvar zugeben und mit Salz, Pfeffer, Muskat und Senf würzen.

2. Den Kohlrabi schälen und in Würfel schneiden. Die Paprika halbieren, waschen, dabei Stielansatz, Kerne und weiße Trennwände entfernen. Die Paprikahälften ebenfalls in Würfel schneiden.

3. Rinderrouladen mit einem Fleischklopfer sehr flach klopfen. Brotmischung auf die Rouladen verteilen, dabei einen Rand frei lassen. Die Seitenränder einschlagen und die Rouladen aufrollen. Mit kleinen Holzspießen feststecken. In 3 TL heißem Öl von allen Seiten kurz anbraten, mit 200 ml Brühe ablöschen und 10 Min. zugedeckt garen.

4. Inzwischen den Kohlrabi in der übrigen Brühe 7 Min. bei mittlerer Hitze dünsten. Paprikawürfel zugeben und weitere 5 Min. dünsten. Mit Salz, Pfeffer und wenig Muskat würzen. Zur Rinderroulade servieren.

Gedämpftes Kalbsfilet mit Frisée-Kartoffel-Stampf

300 g mehligkochende
   Kartoffeln
Salz
1/2 Bund glatte Petersilie
300 g Friséesalat
1 kleine Zwiebel
1 EL Weißweinessig
1/2 TL scharfer Senf
Pfeffer aus der Mühle
3 TL Rapsöl · 2 Kalbsfilets (je 130–150 g)
50–100 ml Milch (1,5 % Fett)

Für 2 Personen
Zubereitung:
ca. 35 Min.
Pro Portion:
ca. 325 kcal; 34 g EW,
11 g F, 23 g KH; 2,5 KE

Außerdem
Topf mit Dämpfeinsatz

1. Die Kartoffeln schälen, halbieren und in Salzwasser in 20–25 Min. weich kochen.

2. Inzwischen die Petersilie waschen und trocken schütteln. Den Salat putzen, waschen, trocken schleudern und in feine Streifen schneiden. Die Zwiebel schälen und möglichst klein würfeln. Aus Essig, Senf, Salz, Pfeffer und 2 TL Öl eine Marinade rühren. Salat, Zwiebel und Marinade vermischen.

3. Die Kalbsfilets trocken tupfen und beidseitig salzen und pfeffern. Eine Grillpfanne dünn mit übrigem Öl bestreichen. Filets darin bei starker Hitze von jeder Seite 1/2 Min. anbraten, dann sofort herausnehmen.

4. Petersilie und Kalbsfilets in den Dämpfeinsatz legen. Einen breiten Topf 3–5 cm hoch mit Wasser füllen. Den Dämpfeinsatz so in den Topf setzen, dass er das Wasser nicht berührt. Topf zudecken, das Wasser aufkochen lassen und die Filets bei mittlerer Hitze etwa 15 Min. gar dämpfen. Dann den Topf von der Kochstelle nehmen und das Fleisch kurz ruhen lassen.

5. Während das Fleisch gart, die Kartoffeln abgießen, ausdampfen lassen und grob zerstampfen. Salat zugeben und unterheben. Falls die Konsistenz zu fest ist, esslöffelweise Milch unterrühren. Kräftig salzen und pfeffern.

6. Die Kalbsfilets nach Belieben in dicke Scheiben schneiden und mit dem Frisée-Kartoffel-Stampf auf vorgewärmten Tellern anrichten und sofort servieren.

links Rinderroulade mit Brotfüllung und Paprika-Kohlrabi-Gemüse | *rechts* Gedämpftes Kalbsfilet mit Frisée-Kartoffel-Stampf

Lammgulasch mit Reiskorn-nudeln und Brokkoli

2 Schalotten · 1 Knoblauchzehe
1 *Zweig* Thymian
1 EL Ajvar (Paprikapaste)
1/2 TL gemahlener Kreuzkümmel
300 g Lammgulasch · 1 EL Olivenöl
200 ml Lammfond oder Fleischbrühe
100 ml trockener Rotwein
  (alternativ Fond oder Brühe)
Salz · Pfeffer aus der Mühle
400 g Brokkoli · 150 g Kritharaki- oder Risoni-Nudeln
2 EL klare Gemüsebrühe · 1 TL flüssiger Honig
1 EL Limetten- oder Zitronensaft

Für 2 Personen
Zubereitung: *50 Min.*
+ 20 Min. Schmoren
Pro Portion:
ca. 780 kcal; 39 g EW,
33 g F, 75 g KH; 7,5 KE

1. Schalotten und Knoblauch schälen und fein würfeln. Den Thymian waschen, trocken schütteln und die Blättchen abstreifen. 2 TL Avjar mit Kreuzkümmel und Thymian zu einer Paste verrühren.

2. Das Fleisch in einem Schmortopf im heißen Öl 10 Min. unter gelegentlichem Wenden rundum anbraten. Schalotten und Knoblauch zugeben, 3 Min. mitbraten. Gewürzpaste zufügen und kurz anrösten.

3. Fond oder Brühe und Wein zum Fleisch geben. Leicht salzen und pfeffern. Das Gulasch zugedeckt bei kleiner Hitze 45 Min. schmoren.

4. Inzwischen den Brokkoli waschen und in kleine Röschen teilen. Dicke Stiele schälen und in dünne Scheiben schneiden.

5. Die Nudeln in Salzwasser nach Packungsangabe unter gelegentlichem Rühren in 12–15 Min. bissfest kochen.

6. Inzwischen den Boden eines Dämpfeinsatzes mit den Brokolistielen auslegen, darauf die Röschen verteilen. Einen breiten Topf 3–5 cm hoch mit Wasser füllen. Den Dämpfeinsatz so in den Topf setzen, dass er das Wasser nicht berührt. Topf zudecken, das Wasser aufkochen lassen und das Gemüse bei mittlerer Hitze in 6–7 Min. dämpfen, bis es bissfest ist.

7. Die Gemüsebrühe mit Honig und Limetten- oder Zitronensaft verrühren. Mit Salz und Pfeffer abschmecken. Brokkoli aus dem Dämpfeinsatz nehmen und mit der Sauce vermischen.

8. Reiskornnudeln in ein feines Sieb abgießen, abtropfen lassen und unter das Fleisch mischen. Lammgulasch mit Salz, Pfeffer und restlichem Ajvar abschmecken. Gulasch und Brokkoli auf vorgewärmten Tellern anrichten.

Hähnchenfrikassee mit Erbsen und Champignons

1 doppelte Hähnchenbrust
  am Knochen (ca. 400 g)
400 ml Geflügelfond
  (aus dem Glas)
1 Lorbeerblatt
5 schwarze Pfefferkörner
Salz · 2 Schalotten
1/2 Bund Suppengemüse
150 ml Sojacreme (zum
  Kochen und Verfeinern)
120 g Parpoiled-Reis · 150 g kleine Champignons
300 g junge TK-Erbsen · Pfeffer aus der Mühle
frisch geriebene Muskatnuss · 2 TL Zitronensaft
1 EL kleine Petersilienblätter zum Garnieren

Für 2 Personen
Zubereitung: *50 Min.*
+ 35 Min. Kochen
Pro Portion:
ca. 650 kcal; 52 g EW,
17 g F, 68 g KH; 7,0 KE

1. Hähnchenbrust häuten und kurz kalt waschen. Mit Fond, 200 ml Wasser, Lorbeerblatt und Pfefferkörnern in einem Topf aufkochen. Leicht salzen und köcheln lassen.

2. Inzwischen die Schalotten schälen und längs halbieren. Das Suppengemüse waschen, schälen oder putzen und in grobe Stücke schneiden. Zum Fleisch geben und alles zugedeckt 35 Min. köcheln lassen.

3. Hähnchenbrust aus dem Fond nehmen und beiseitelegen. Fond durchsieben und auffangen. Vom Fond knapp 375 ml abmessen, in einen breiten Topf gießen. Sojacreme einrühren, aufkochen und bei starker Hitze ohne Deckel in etwa 15 Min. auf knapp 300 ml sämig einkochen lassen.

4. Inzwischen den Reis nach Packungsangabe garen. Währenddessen die Champignons mit feuchtem Küchenpapier behutsam abreiben, die Stielenden abschneiden und die Pilze eventuell halbieren. Hähnchenfleisch vom Knochen lösen und in mundgerechte Stücke schneiden.

5. Die Pilze zum eingekochten Fond geben und 5 Min. leicht kochen lassen. Die Erbsen und das Hähnchenfleisch unterrühren. Wieder aufkochen und noch 3–4 Min. kochen lassen. Das Frikassee mit Salz, Pfeffer, Muskat und etwas Zitronensaft abschmecken. Mit dem Reis auf vorgewärmten Tellern anrichten und mit Petersilie garniert servieren.

KOHLENHYDRATZUTAT *Je nach erlaubten KE sind bis zu 150 g Reis möglich.*

Tandoori-Spieße mit Sesam-Joghurt und Gemüse

300 g Putenbrustfilet
1 EL Tandoori-Paste
200 g Naturjoghurt
  (1,5 % Fett)
2 TL Raps- oder
  Sonnenblumenöl
1 EL geschälte Sesamsamen
1/4 TL mildes Currypulver
4 TL Limettensaft (ersatzweise Zitronensaft)
400 g gemischtes Gemüse (z. B. Zucchini, Paprikaschoten, Cocktailtomaten)
Salz · Pfeffer aus der Mühle · 50 ml klare Gemüsebrühe

Für 2 Personen
Zubereitung: *35 Min.*
Pro Portion:
ca. 320 kcal; 43 g EW,
11 g F, 10 g KH; 1,0 KE

Außerdem
Metallspieße

1. Fleisch waschen, trocken tupfen und in gleich große Würfel schneiden. Tandoori-Paste, 2 TL Joghurt und 1/2 TL Öl verrühren. Das Fleisch auf Spieße stecken und rundum mit Tandoori-Mix bestreichen. Zugedeckt marinieren.

2. Inzwischen Sesamsamen in einer beschichteten Pfanne ohne Fett goldbraun rösten. Sofort auf einen Teller umfüllen und abkühlen lassen. Übrigen Joghurt mit Currypulver und 2–3 TL Limettensaft glatt rühren. Den Sesam untermischen.

3. Gemüse waschen und putzen. Zucchini und Paprikaschoten in kurze dicke Streifen schneiden, Tomaten halbieren.

4. Eine Grillpfanne heiß werden lassen. Die Tandoori-Spieße darin bei mittlerer Hitze rundherum etwa 10 Min. braten, dabei ab und zu mit dem übrigen Gewürzmix bestreichen. Salzen und pfeffern.

5. Während die Spieße braten, das restliche Öl in der beschichteten Pfanne erhitzen, das Gemüse darin unter gelegentlichem Wenden anbraten. Leicht salzen und pfeffern. Brühe zugießen und das Gemüse in 4–5 Min. garen.

6. Das Gemüse mit übrigem Limettensaft, Salz und Pfeffer abschmecken. Gemüse und Tandoori-Spieße auf Tellern anrichten. Den Sesam-Joghurt dazu reichen.

KOHLENHYDRATBEILAGE *Dazu passt Fladenbrot oder Vollkornbaguette (Menge nach KE-Bedarf).*

Putenhacksteaks mit Kartoffel-Sellerie-Püree

1 Zwiebel
300 g Putenhackfleisch
Salz · Pfeffer aus der Mühle
300 g mehligkochende
  Kartoffeln
350 g Knollensellerie
4 Stängel glatte Petersilie
70 g fettreduzierter weicher
  Feta (Schafkäse, 9 % Fett absolut)
1 Msp. getrockneter Oregano
1–2 EL stichfester Naturjoghurt (1,5 % Fett)
2 TL Olivenöl
Chilipulver
125 ml Milch (1,5 % Fett)
1 TL Joghurt-Butter

Für 2 Personen
Zubereitung: 35 Min.
Pro Portion:
ca. 575 kcal; 44 g EW,
32 g F, 26 g KH; 2,5 KE

1. Die Zwiebel schälen und möglichst klein würfeln. Putenhackfleisch mit Zwiebel, Salz und Pfeffer gründlich verkneten. Den Hackfleischteig zuerst zu vier gleich großen Kugeln formen, diese dann etwas flach drücken. Zugedeckt kalt stellen.

2. Die Kartoffeln und den Sellerie schälen, waschen und würfeln. In Salzwasser zugedeckt in etwa 15 Min. weich kochen.

3. Inzwischen die Petersilie waschen und trocken schütteln, die Blättchen abzupfen und fein schneiden. Den Schafkäse fein zerbröckeln, mit Petersilie, Oregano und 1–2 EL Joghurt zu einer streichfähigen Masse vermischen. Die Käsemasse mit Salz und Pfeffer abschmecken.

4. Den Boden einer ofenfesten Pfanne mit Öl einpinseln und erhitzen. Die Hacksteaks auf jeder Seite 3 Min. braten. Den Backofengrill einschalten. Käsemasse auf den Hacksteaks verteilen, mit etwas Chilipulver bestreuen und unter dem Grill 3–4 Min. überbacken.

5. Inzwischen die Milch erhitzen. Vom Kartoffel-Sellerie-Mix das Kochwasser abgießen. Das Gemüse mit einem Kartoffelstampfer zerdrücken. Mit heißer Milch und Butter sämig verrühren. Das Püree mit Salz und Pfeffer abschmecken, zu den Putenhacksteaks servieren.

TIPP *Wenn Sie kein fertiges Putenhackfleisch bekommen: Putenschnitzel kaufen, in grobe Stücke schneiden und im Blitzhacker zerkleinern.*

Zitronenhähnchen mit Knoblauch und Kartoffeln

2 Hähnchenkeulen
  (à ca. 250 g)
1 kleine Bio-Zitrone
2 Zweige Thymian
2 TL kalt gepresstes Olivenöl
Salz · schwarzer Pfeffer aus
  der Mühle
350 g festkochende Kartoffeln
2–3 Knoblauchzehen
80–100 ml trockener Weißwein oder klare Gemüsebrühe

Außerdem
1 Stück Bratschlauch (ca. 50 cm Länge)

Für 2 Personen
Zubereitung: 25 Min.
+ 35 Min. Garen
Pro Portion:
ca. 510 kcal; 37 g EW,
26 g F, 24 g KH; 2,5 KE

1. Das Backblech aus dem Backofen nehmen, den Ofen auf 220° vorheizen. Hähnchenkeulen jeweils im Gelenk durchschneiden, häuten, kurz kalt waschen und trocken tupfen.

2. Die Zitrone heiß waschen, trocken reiben und die Schale fein abreiben. Zitrone so schälen, dass auch die weiße Haut völlig entfernt wird. Über einer Schüssel die Fruchtfilets zwischen den Trennhäutchen herausschneiden, den austretenden Saft dabei auffangen. Den Thymian waschen, trocken schütteln und die Blättchen abstreifen.

3. Abgeriebene Zitronenschale, Thymian, Öl und etwas Salz und Pfeffer vermischen. Hähnchenkeulen damit rundherum einreiben. Kartoffeln waschen, schälen und klein würfeln. Leicht salzen und pfeffern. Die Knoblauchzehen schälen.

4. Den Bratschlauch auf einer Seite nach Packungsangabe verschließen. Kartoffelwürfel, Hähnchenkeulen, Knoblauchzehen und Zitronenfilets hineinlegen. Den aufgefangenen Zitronensaft mit Wein oder Brühe auf 125 ml auffüllen und in den Bratschlauch gießen.

5. Bratschlauch verschließen, mittig auf das kalte Backblech legen und oben mit einer Nadel mehrfach einstechen. Hähnchen im Ofen (2. Schiene von unten, Umluft 200°) 35 Min. garen. Danach 5 Min. ruhen lassen.

6. Den Bratschlauch oben aufschneiden. Die Keulen herausheben und mit den anderen Zutaten auf vorgewärmten Tellern anrichten. Sauce durch ein Sieb abgießen, abschmecken und über den Hähnchenkeulen verteilen.

vorne Putenhacksteaks mit Kartoffel-Sellerie-Püree | *hinten* Zitronenhähnchen mit Knoblauch und Kartoffeln

Tomaten-Hähnchen-Ragout mit Spiralnudeln

300 g Tomaten
1 Lauchstange
1 Zwiebel
1 EL Olivenöl
400 g Hähnchenbrustfilet
200 ml Tomatensaft
150 g Spiralnudeln
8 Thymianzweige
Salz · Pfeffer aus der Mühle
edelsüßes Paprikapulver
1 Bund Petersilie

Für 2 Personen
Zubereitung: 20 Min.
Pro Portion:
ca. 600 kcal; 55 g EW,
11 g F, 66 g KH; 6,5 KE

1. Die Tomaten waschen, abtrocknen und die Stielansätze keilförmig herausschneiden. Die Tomaten in Würfel schneiden. Den Lauch putzen, die dunkelgrünen Enden abschneiden, Lauchstange längs einschneiden, gründlich waschen und in feine Scheiben schneiden.

2. Die Zwiebel schälen, fein würfeln und in einer beschichteten Pfanne im Olivenöl 2 Min. bei mittlerer Hitze dünsten. Das Hähnchenbrustfilet klein schneiden, zu der Zwiebel geben und unter Rühren 2 Min. braten. Mit Tomatensaft ablöschen und köcheln lassen.

3. Die Nudeln im kochenden Salzwasser bei niedriger Hitze nach Packungsangaben garen.

4. Inzwischen den Thymian waschen, die Blätter abzupfen und zusammen mit den Tomaten und dem Lauch zu dem Zwiebeln geben und etwa 5 Min. mitgaren. Mit Salz, Pfeffer und Paprikapulver würzen. Die Petersilie waschen und trocken schütteln, die Blätter abzupfen und fein hacken. Über die Tomatenhähnchen streuen.

5. Die Nudeln abgießen und mit dem Ragout servieren.

Kohlrabi mit Minutenschnitzel, Pellkartoffeln und Zitronen-Joghurtsauce

400 g Kartoffeln
Salz
300 g Kohlrabi
150 ml Gemüsebrühe
1/2 Bund Petersilie
200 g fettarmer Frischkäse
Pfeffer aus der Mühle
Muskatnuss
1/2 Biozitrone
1 TL getrockneter Thymian
200 g fettarmer Joghurt
1 TL Rapsöl
4 Minutenschnitzel (je 75 g)

Für 2 Personen
Zubereitung: 30 Min.
Pro Portion:
ca. 475 kcal; 53 g EW,
12 g F, 37 g KH; 3,5 KE

1. Die Kartoffeln waschen und in Salzwasser etwa 25 Min. bei mittlerer Hitze garen. Inzwischen den Kohlrabi schälen und in kleine Stifte schneiden. In der Brühe bei mittlerer Hitze 15 Min. dünsten.

2. Währenddessen die Petersilie waschen und trocken schütteln, die Blätter abzupfen und fein hacken. Unter den Frischkäse rühren und am Ende der Garzeit zu den Kohlrabistiften geben. Mit Salz, Pfeffer und Muskat würzen.

3. Die Zitrone heiß abwaschen, die Schale fein abreiben und den Saft auspressen. Den Zitronensaft mit dem Thymian unter den Joghurt rühren und mit Salz und Pfeffer würzen.

4. Das Öl mit dem Zitronenabrieb in einer beschichteten Pfanne erhitzen, die Schnitzel darin von beiden Seiten kurz anbraten, mit Salz und Pfeffer würzen und mit Kohlrabi, Pellkartoffeln und Zitronen-Joghurtsauce servieren.

links Tomaten-Hähnchen-Ragout mit Spiralnudeln | *rechts* Kohlrabi mit Minutenschnitzel, Pellkartoffeln und Zitronen-Joghurtsauce

Minutensteaks mit Kräuter-Nuss-Kruste

30 g *Walnuss- oder*
  Haselnusskerne
80–100 g *Vollkorntoast*
1 TL *weiche Joghurtbutter*
1 *Eigelb (Ei: Größe M)*
2 EL *fein gehackte gemischte*
  Kräuter
Salz · Pfeffer aus der Mühle
350–400 g *rote Paprikaschoten · 1 TL Weißweinessig*
3 TL *Olivenöl · 4 Medaillons (vom Schweinefilet, je 3 cm dick)*
125 ml *klare Fleisch- oder Gemüsebrühe*

Für 2 Personen
Zubereitung: *40 Min.*
Pro Portion:
ca. 505 kcal; 40 g EW,
27 g F, 24 g KH; 2,5 KE

1. Für die Kräuter-Nuss-Kruste die Nusskerne nicht zu fein hacken. In einer kleinen beschichteten Pfanne ohne Fett kurz anrösten und abkühlen lassen.

2. Das Toastbrot ohne Rinde fein zerbröseln. Die weiche Butter mit dem Eigelb schaumig rühren. Nüsse und die Kräuter untermischen und so viel Brot hinzufügen, dass eine streichfähige Masse entsteht. Salzen, pfeffern und 20 Min. zugedeckt in den Kühlschrank stellen.

3. Inzwischen für das Paprika-Carpaccio die Paprikaschoten waschen, putzen und vierteln. Stielansatz, Kerne und Trennwände entfernen. Die Viertel quer in hauchdünne Scheiben hobeln oder schneiden. Mit Essig und 2 TL Öl vermengen und leicht salzen und pfeffern.

4. Die Medaillons kurz waschen, trocken tupfen und eventuell einzeln mit dem Handballen etwas flach drücken. Beidseitig mit Salz und Pfeffer würzen. Den Backofengrill vorheizen. Den Boden einer Pfanne mit dem restlichen Öl bepinseln. Medaillons im heißen Öl pro Seite 1 Min. kräftig anbraten.

5. Das Fleisch aus der Pfanne nehmen und nebeneinander in eine ofenfeste Form setzen. Mit der Kräuter-Walnuss-Masse bestreichen und unter dem Grill 5 Min. garen.

6. Inzwischen den Bratsatz in der Pfanne mit der Brühe loskochen und etwas einkochen lassen. Die Sauce durch ein Sieb passieren. Mit den Minutensteaks und dem Paprika-Carpaccio servieren.

KOHLENHYDRATBEILAGE *Dazu passt Vollkornbaguette (Menge nach KE-Bedarf).*

Fruchtig gefüllter Rinderbraten auf Orangenreis

400 g *Rinderbraten*
  (aus dem Bug)
1 *dünne Lauchstange*
1/4 *Ananas (längs*
  geschnitten)
1 EL *süßer Senf*
1 TL *getrockneter Thymian*
Salz · Pfeffer aus der Mühle
1 EL *Olivenöl*
75 ml *Orangensaft*
125 ml *Gemüsebrühe*
75 g *Parboiled Reis*
1/4 TL *Kurkuma · 1 Orange*

Für 2 Personen
Zubereitung: *35 Min.*
+ 40 Min. Garen
Pro Portion:
ca. 660 kcal; 43 g EW,
31 g F, 50 g KH; 5,0 KE

Außerdem
Küchengarn

1. Den Backofen auf 180° (keine Umluft) vorheizen. In den Braten mit einem tiefen Längsschnitt eine möglichst große Tasche schneiden, an den beiden Enden des Schnittes durch jeweils einen Querschnitt die Tasche vergrößern.

2. Von der Lauchstange Wurzelende und die dunkelgrünen Blattenden abschneiden, Stange längs einschneiden und gründlich waschen. Die Lauchstange in hauchdünne Scheiben schneiden. Vom Ananasviertel den inneren Strunk abschneiden und das Fruchtfleisch von der Schale trennen. Fruchtfleisch sehr fein hacken, mit Lauchringen, Senf und Thymian vermengen, mit Salz und Pfeffer würzen und etwa ein Drittel in die Rindfleischtasche füllen. Restliche Füllung in eine Auflaufform geben.

3. Das Fleischstück mit einem Küchenfaden umwickeln, im heißen Öl von allen Seiten anbraten, mit in die Auflaufform geben und im vorgeheizten Ofen (Mitte) 40 Min. garen.

4. Nach 20 Min. den Orangensaft mit der Brühe aufkochen, den Reis zugeben, mit Kurkuma würzen und bei geringster Hitze nach Packungsaufschrift (ca. 20 Min.) quellen lassen. Orange so schälen, dass die gesamte weiße Schale entfernt ist. Die Orangenfilets entlang der feinen Fruchthäutchen herausschneiden, heraustropfenden Saft dabei auffangen. Aufgefangenen Orangensaft und die Orangenfilets kurz vor dem Servieren zum Reis geben. Den Rinderbraten aufschneiden und mit dem Orangenreis servieren.

vorne Minutensteaks mit Kräuter-Nuss-Kruste | *hinten* Fruchtig gefüllter Rinderbraten auf Orangenreis

Kalbstafelspitz mit Bouillonkartoffeln und Rucolasauce

Für den Tafelspitz
1 Zwiebel · 1/2 Bund Suppengemüse
1 Stück Kalbstafelspitz (ca. 800 g)
1 Lorbeerblatt
1 TL weiße Pfefferkörner · Salz

Für die Sauce
15 g geschälte Mandeln
25 g Hartkäse (z. B. Parmesan)
60 g Rucola · Salz · 100 g fettreduzierter Frischkäse (5 % Fett absolut)
2 TL Olivenöl · Pfeffer aus der Mühle · Zucker · 1 Spritzer Zitronensaft

Für die Bouillonkartoffeln
200 g festkochende Kartoffeln · 200 g Möhren

> **Für 2 Personen**
> **Zubereitung:** *55 Min.*
> *+ ca. 70 Min. Garen*
> **Pro Portion:**
> *ca. 750 kcal; 89 g EW,*
> *34 g F, 19 g KH; 2,0 KE*

1. Zwiebel halbieren. Etwas Alufolie in eine Pfanne legen, Zwiebelhälften mit den Schnittflächen darauflegen und hellbraun rösten. Suppengemüse waschen, putzen und klein schneiden. Tafelspitz kalt waschen, trocken tupfen. In einem hohen Topf 1 1/2 l Wasser mit Zwiebel, Gemüse, Lorbeer, Pfeffer und 1/2 TL Salz aufkochen lassen. Fleisch einlegen, zugedeckt bei kleiner Hitze knapp unter dem Siedepunkt in 70–90 Min. (je nach Dicke des Fleisches) gar ziehen lassen.

2. Inzwischen für die Sauce die Mandeln in einer Pfanne ohne Fett hellgelb rösten, abkühlen lassen. Hartkäse in kleine Stücke brechen. Rucola waschen, trocken schütteln und verlesen. In kochendem Salzwasser kurz blanchieren. Abgießen, kalt abschrecken, ausdrücken und grob hacken. Rucola, Mandeln, beide Käse und Öl fein pürieren. Wenn nötig, etwas Tafelspitzbrühe unterrühren. Mit Salz, Pfeffer, 1 Prise Zucker und Zitronensaft würzen. Zugedeckt kühl stellen.

3. Etwa 20 Min. vor Garzeitende des Fleisches von der Tafelspitzbrühe etwa 300 ml abnehmen, durch ein Sieb in einen zweiten Topf gießen und aufkochen lassen. Inzwischen Kartoffeln und Möhren getrennt schälen, waschen und würfeln. Kartoffeln in die Brühe geben und darin zugedeckt 10 Min. köcheln. Möhren zugeben und zusammen weitere 8–10 Min. kochen, bis das Gemüse gerade gar ist.

4. Tafelspitz herausheben und die Hälfte in dünne Scheiben schneiden, auf Tellern anrichten und mit etwas Brühe beschöpfen. Das Gemüse mit einem Schaumlöffel aus der Brühe heben, kurz abtropfen lassen und zum Fleisch geben. Dazu die Rucolasauce servieren.

TIPP *Die zweite Tafelspitzhälfte kalt in dünne Scheiben schneiden und mit einer Kräuter-Vinaigrette beträufeln.*

Entenbrust auf Linsen-Spinat-Gemüse

80 g *Pardina-Linsen oder*
  Puy-Linsen
1 *Möhre (ca. 80 g)*
1 *zarte Stange Sellerie*
1 *Schalotte*
2 TL *Joghurt-Butter*
200 ml *Gemüsebrühe*
1 *Entenbrustfilet (à 350 g)*
Salz · Pfeffer aus der Mühle
150 g *breite Bandnudeln*
1 *Handvoll Spinatblätter*
3 EL *Sojacreme (zum Kochen und Verfeinern)*
1 EL *stückige Tomaten (Fertigprodukt)*
2 TL *gereifter Aceto balsamico oder milder Weinessig*

Für 2 Personen
Zubereitung: *45 Min.*
Pro Portion:
ca. 1045 kcal; 84 g EW,
43 g F, 76 g KH; 7,5 KE

1. Die Linsen verlesen, in einem Sieb waschen und abtropfen lassen. Möhre, Sellerie und Schalotte putzen und möglichst klein würfeln.

2. Die Butter in einem breiten Topf erhitzen. Gewürfeltes Gemüse darin bei mittlerer Hitze andünsten. Linsen einrühren und 1 Minute mitdünsten. Mit 150 ml Brühe ablöschen. Alles zugedeckt bei kleiner Hitze 25–30 Min. köcheln lassen, bis die Linsen weich sind, aber nicht zerfallen. Dabei ab und zu nachsehen, ob genügend Flüssigkeit im Topf ist. Falls nicht, etwas Fond oder Brühe nachgießen.

3. Inzwischen das Entenbrustfilet kurz kalt waschen und gründlich trocken tupfen. Die Haut mit einem Messer rautenförmig einschneiden. Filet rundum mit Salz und Pfeffer würzen. Eine Pfanne stark erhitzen. Das Brustfilet mit der Hautseite nach unten hineinlegen und zunächst in etwa 8 Min. knusprig braten. Umdrehen und in weiteren 8–10 Min. fertig braten.

4. Während die Entenbrust brät, die Nudeln nach Packungsangabe kochen. Die Spinatblätter waschen, trocken tupfen und in Streifen schneiden. Spinat, Sojacreme und Tomaten unter die Linsen rühren. Mit Salz, Pfeffer und Essig würzen.

5. Das Entenbrustfilet in dünne Scheiben schneiden. Das Linsengemüse auf Tellern anrichten und die Entenbrustscheiben darauflegen. Mit den Bandnudeln servieren.

Lauchgemüse mit Geflügelbrust

250–300 ml *Geflügelbrühe*
70 g *Vollkornreis*
250 g *Lauch*
300 g *Geflügelbrust*
1 EL *Rapsöl*
75 ml *Apfelsaft*
150 g *fettarmer Frischkäse*
Salz · Pfeffer aus der Mühle

Für 2 Personen
Zubereitung: *40 Min.*
Pro Portion:
ca. 415 kcal; 44 g EW,
10 g F, 35 g KH; 3,5 KE

1. 175 ml Geflügelbrühe aufkochen und den Reis zugeben, bei ganz geringer Hitze im geschlossenen Topf ca. 35 Min. quellen lassen, dabei gelegentlich umrühren. Inzwischen vom Lauch die dunkelgrünen Enden und den Wurzelansatz abschneiden, den Lauch längs einschneiden, gründlich waschen und in feine Streifen schneiden.

2. Die Geflügelbrust halbieren und im heißen Öl von allen Seiten kräftig anbraten. Lauch zugeben, kurz mitdünsten und mit Apfelsaft und 75 ml Geflügelbrühe ablöschen.

3. Frischkäse einrühren und bei geringer Hitze im geschlossenen Topf 15 Min. garen. Bei Bedarf etwas Brühe zugeben. Mit Salz und Pfeffer würzen und mit dem Reis servieren.

VARIANTE *Es geht auch ohne Fleisch*
Dafür die Geflügelbrühe durch Gemüsebrühe ersetzen. 300 g Lauch wie beschrieben putzen und klein schneiden. Statt der Geflügelbrust 1 große Mango mit einem großen, schmalen Messer längs etwa dritteln, sodass sich im Mittelteil der flache Kern befindet. An diesem knapp entlangschneiden, damit möglichst wenig Fruchtfleisch verloren geht. Das Fruchtfleisch der beiden »Backen« mit einem Gemüsemesser gitterartig einschneiden, jedoch nur so tief, dass die Schale der Mango nicht verletzt wird. Die Mango-»Backen« umstülpen, sodass das eingeschnittene Fruchtfleisch sich nach außen wölbt. Die Mangostücke mit dem flach gehaltenen Messer von der Schale abschneiden und mit dem Lauch in Apfelsaft und 75 ml Gemüsebrühe erhitzen. Wie beschrieben den Frischkäse einrühren, den Mango-Lauch mit Salz und Pfeffer würzen und mit dem Reis servieren.

links Entenbrust auf Linsen-Spinat-Gemüse | *rechts* Lauchgemüse mit Geflügelbrust

Involtini
im Tomatenreis

300 g *Hähnchenbrustfilet*
Salz · Pfeffer aus der Mühle
3 EL *Ajvar (Paprikapaste)*
1 *gelbe Paprikaschote*
1/2 **Bund** *Basilikum*
1 EL *Olivenöl*
100 g *Parboiled Reis*
400 ml *Tomatensaft*
2 *Tomaten*

Außerdem
6 *kleine Holzspießchen*

Für 2 Personen
Zubereitung: *20 Min.*
+ Garzeit 15 Min.
Pro Portion:
ca. 460 kcal; 39 g EW,
10 g F, 51 g KH; 5,0 KE

1. Die Hähnchenbrust flach klopfen und in sechs Streifen teilen. Jeweils von einer Seite mit Salz und Pfeffer würzen und mit Ajvar bestreichen.

2. Paprika halbieren, waschen, dabei Stielansatz, Kerne und weiße Trennwände entfernen. Paprika in kleine Würfel schneiden. Die Hälfte der Würfel auf die Hähnchenbruststreifen geben. Das Basilikum trocken abreiben, die Blätter abzupfen, grob hacken und ebenfalls die Hälfte davon auf die Hähnchenbruststreifen verteilen. Die Streifen vorsichtig aufrollen, mit Holzspießchen feststecken und im heißen Öl in einer beschichteten Pfanne von allen Seiten kurz anbraten. Den Reis zu den Röllchen geben und kurz mitdünsten, mit Tomatensaft ablöschen und die restlichen Paprika zugeben. Alles bei mittlerer Hitze 20 Min. garen.

3. Inzwischen die Tomaten waschen, den Stielansatz herausschneiden und die Tomaten in kleine Würfel schneiden. 3 Min. vor Ende der Garzeit mit dem restlichen Basilikum unter den Reis geben. Mit Salz und Pfeffer würzen.

Lammfilet mit Peperonata
und grünem Pfeffer

2 *Schalotten*
je 1 rote und gelbe
  Paprikaschote
1 EL *Rosmarinnadeln*
300 g *küchenfertiges*
  Lammfilet
1 EL *Olivenöl*
Salz · Pfeffer aus der Mühle
10 *Cocktailtomaten*
1 TL *eingelegter grüner Pfeffer*
200 ml *klare Gemüsebrühe*
1 *Stiel Minze*
100 g *Naturjoghurt (1,5 % Fett)*
Zucker · 1 Spritzer Zitronensaft

Für 2 Personen
Zubereitung: *30 Min.*
Pro Portion:
ca. 280 kcal; 35 g EW,
11 g F, 9 g KH; 1,0 KE

1. Für die Peperonata die Schalotten schälen und längs in dünne Scheiben schneiden. Die Paprikaschoten waschen und vierteln, Stielansatz, Trennwände und Kerne entfernen. Die Viertel in mundgerechte Stücke schneiden. Die Rosmarinnadeln fein hacken.

2. Die Lammfilets mit einem Küchentuch trocken tupfen. Das Öl in einer beschichteten Pfanne erhitzen, die Filets darin in 5–6 Min. rundum anbraten. Aus der Pfanne heben, auf einen Teller geben, rundum salzen und pfeffern, mit Alufolie abdecken und beiseitestellen.

3. Schalotten, Paprika und Rosmarin im verbliebenen Bratfett unter Rühren 4 Min. braten. Tomaten waschen, trocken tupfen, in die Pfanne geben und 1 Min. mitbraten. Grünen Pfeffer und etwa Lake zum Gemüse geben und die Brühe zugießen. Alles bei starker Hitze noch 3–5 Min. kochen lassen.

4. Inzwischen für den Minzjoghurt die Minze waschen und trocken schütteln, die Blättchen abzupfen und grob hacken. Mit Joghurt, 1 Prise Zucker und Zitronensaft verrühren.

5. Die Lammfilets mit dem angesammelten Bratsaft zum Gemüse geben. Alles noch 1–2 Min. erhitzen. Die Peperonata mit Salz abschmecken. Die Filets schräg in dicke Scheiben oder Stücke schneiden und mit dem Gemüse anrichten. Dazu den Minzjoghurt servieren.

KOHLENHYDRATBEILAGE *Dazu passt Vollkornbaguette (Menge nach KE-Bedarf).*

links Involtini im Tomatenreis | *rechts* Lammfilet mit Peperonata und grünem Pfeffer

Kaninchenkeulen mit Zwiebeln, Tomaten und Zimt

2 Kaninchenkeulen (à 400 g)
Salz · Pfeffer aus der Mühle
100 g möglichst kleine Zwiebeln
2 Knoblauchzehen · 8 Cocktailtomaten
1 Lorbeerblatt · 1 Gewürznelke
1/4 Zimtstange · Zucker
100 ml trockener Rotwein
  (alternativ klare Fleischbrühe)
50 ml klare Fleischbrühe
150 g Parboiled Reis
1 Stängel Dill (alternativ Petersilie)

Außerdem
1 Stück Bratschlauch (ca. 60 cm Länge)

Für 2 Personen
Zubereitung: *25 Min.*
+ 45 Min. Garen
Pro Portion:
ca. 780 kcal; 70 g EW,
24 g F, 63 g KH; 6,5 KE

---

1. Das Backblech aus dem Backofen nehmen und den Ofen auf 200° vorheizen. Die Kaninchenkeulen kurz kalt waschen, trocken tupfen und rundum mit Salz und Pfeffer würzen.

2. Die Zwiebeln schälen und längs vierteln. Die Knoblauchzehen schälen. Die Tomaten waschen, abtrocknen und mit einer Nadel mehrmals einstechen.

3. Den Bratschlauch auf einer Seite nach Packungsangabe verschließen. Die Kaninchenkeulen nebeneinander in den Bratschlauch legen. Zwiebeln, Knoblauch, Tomaten, Lorbeerblatt, Gewürznelke, Zimtstange und 1 Prise Zucker dazugeben. Wein und Brühe in den Bratschlauch gießen.

4. Bratschlauch nach Packungsangabe verschließen, mittig auf das kalte Backblech legen und oben mit einer Nadel mehrfach einstechen. Die Keulen im Ofen (Umluft 180°; 2. Schiene von unten) 45 Min. garen. Danach 5 Min. ruhen lassen.

5. Etwa 20 Min. vor Garzeitende der Keulen den Reis nach Packungsangabe garen. Inzwischen den Dill waschen, trocken schütteln und vom Stängel zupfen. Dill fein schneiden.

6. Den Bratschlauch in eine flache Schale legen und oben aufschneiden. Die Keulen herausnehmen und mit den anderen Zutaten auf vorgewärmten Tellern anrichten.

7. Die Sauce durch ein Sieb in einen kleinen Topf abgießen, aufkochen lassen, mit Salz und Pfeffer würzen und über die Kaninchenkeulen löffeln. Den Dill unter den Reis mischen und dazu servieren.

DESSERTS

Sie sind kleine Verführer und der krönende Abschluss eines Essens.
Feine Cremes kombiniert mit Obst sind ideal zum Nachtisch
und jede zu berechnende Kohlenhydrateinheit wert.
Greifen Sie zu beim Angebot der Saison, dann ist ein volles Aroma
garantiert. Im Winter bringen tiefgekühlte Beeren den Sommer zurück,
und Äpfel und Zitrusfrüchte sind die Stars der kalten Jahreszeit.

Sauerrahm-Panna-cotta mit Minze-Ananas

Für die Panna cotta
1 Blatt weiße Gelatine
1/2 Vanilleschote
100 ml Milch (1,5 % Fett)
1/4 TL abgeriebene Bio-Zitronenschale
3 EL Ahornsirup · 200 g saure Sahne
2–3 TL Zitronensaft

Für 2 Personen
Zubereitung: *30 Min.*
+ 4 Std. Kühlen
Pro Portion:
ca. 330 kcal; 7 g EW,
14 g F, 43 g KH; 4,5 KE

Für die Minze-Ananas
1 Baby-Ananas · 1 Zweig Minze
1 EL ungesalzene Pistazienkerne · 1 EL Zucker

Außerdem
2 Trinkgläser à ca. 250 ml Inhalt · flache ofenfeste Form · Holzstäbchen

1. Für die Panna cotta die Gelatine in kaltem Wasser 5 Min. einweichen. Inzwischen die Vanilleschote der Länge nach aufschlitzen und das Mark mit einem spitzen Messer herauskratzen. Die Milch mit Vanilleschote, Vanillemark, Zitronenschale und 2 EL Ahornsirup in einem kleinen Topf 2 Min. köcheln lassen.

2. Den Topf vom Herd nehmen und die Vanilleschote herausfischen. Die eingeweichte Gelatine ausdrücken und unter Rühren in der heißen Gewürzmilch auflösen. Nach und nach die saure Sahne in die Gelatinemischung rühren. Mit dem restlichem Ahornsirup und Zitronensaft abschmecken.

3. Beide Gläser kalt ausspülen. Die Sahnemischung hineingießen. Zum Festwerden abgedeckt für mindestens 4 Std. (oder über Nacht) in den Kühlschrank stellen.

4. Zum Servieren die Baby-Ananas schälen, halbieren und falls nötig den Strunk herausschneiden. Das Fruchtfleisch in etwa 1/2 cm dicke Scheiben schneiden und möglichst nebeneinander in eine flache ofenfeste Form legen.

5. Minze waschen, trocken schütteln, die Blätter abzupfen und fein hacken. Die Pistazienkerne grob hacken. Den Backofengrill anheizen. Zucker und Minze in einem Mörser fein zerstoßen. Den Minzezucker über die Ananasscheiben streuen. Ananas unter dem Grill in 3–5 Min. goldbraun überbacken.

6. Die Ananas auf Holzspießchen stecken und die Spieße in die Gläser stellen. Mit dem entstandenen Saft beträufeln und mit den gehackten Pistazien bestreuen.

Gelbe Grütze mit Vanille-Reis

Für die Grütze
400 g gelbe Früchte
   (z. B. Aprikosen, Nektarine,
   Melone)
100 ml Aprikosen-
   oder Apfeldirektsaft
1 EL Zucker
1 TL Zitronensaft
1 EL Speisestärke

Für den Vanille-Reis
200 ml Milch (1,5 % Fett)
50 g Milchreis
1 TL abgeriebene Bio-Zitronenschale
2 Msp. gemahlene Vanille
Salz
2 EL Apfeldicksaft
1 Zweig Zitronenmelisse

Für 2 Personen
Zubereitung: *20 Min.*
+ 20 Min. Garen
Pro Portion:
ca. 305 kcal; 7 g EW,
2 g F, 65 g KH; 6,5 KE

1. Für die Grütze Aprikosen und Nektarine waschen, halbieren und entsteinen. Melone schälen und die Kerne entfernen. Das Obst in mundgerechte Stücke schneiden.

2. Den Saft mit Zucker und Zitronensaft aufkochen, die Fruchtstücke untermischen und offen 4 Min. köcheln lassen. Die Speisestärke mit 3 EL Wasser glatt rühren, unter die Früchte mischen und alles einmal kräftig aufkochen lassen. Die Grütze zum Abkühlen beiseitestellen.

3. Inzwischen für den Vanille-Reis die Milch mit Reis, Zitronenschale, Vanille und 1 Prise Salz aufkochen. Zugedeckt bei kleiner Hitze etwa 20 Min. quellen lassen, dabei ab und zu umrühren, damit nichts ansetzt. Vanille-Reis mit 1–2 EL Apfeldicksaft süßen. Etwas abkühlen lassen.

4. Die Zitronenmelisse waschen und trocken schütteln, die Blättchen abzupfen und in feine Streifen schneiden. Die Grütze mit dem Vanille-Reis anrichten und mit der Zitronenmelisse garniert servieren.

VARIANTE *Für einen Kokos-Reis 2 EL Kokosraspel in einer kleinen Pfanne ohne Fett hellgelb anrösten. Den Milchreis wie beschrieben zubereiten, dabei die Vanille durch die gerösteten Koksraspel ersetzen.*

Himbeerkaltschale mit Dickmilch und Vanille

250 g frische oder
   TK-Himbeeren
1/3 Vanilleschote
2 EL Puderzucker
150 g Dickmilch
   (3,5 % Fett; gut gekühlt)
100 g Naturjoghurt
   (3,5 % Fett; gut gekühlt)
1 EL Apfel- oder
   Birnendicksaft
1 EL Limetten- oder Zitronensaft
2 Minzeblättchen zum Garnieren

Für 2 Personen
Zubereitung: *20 Min.*
+ 1 Std. Kühlen
(nach Belieben)
Pro Portion:
ca. 180 kcal; 6 g EW,
5 g F, 26 g KH; 2,5 KE

1. Frische Beeren verlesen, eventuell entstielen und nur falls nötig behutsam waschen und abtropfen lassen. Einige schöne Früchte zum Garnieren beiseitelegen. Tiefgekühlte Himbeeren auftauen lassen.

2. Die Beeren fein pürieren. Danach durch ein mittelfeines Sieb streichen, sodass die kleinen Kerne im Sieb bleiben.

3. Vanilleschote längs aufschneiden. Das Mark herauskratzen, mit dem Puderzucker unter das Beerenpüree rühren.

4. Die Dickmilch mit Joghurt und Apfel- oder Birnendicksaft in eine große Schüssel füllen und mit einem Schneebesen kräftig aufschlagen. Das Beerenpüree unterheben und die Masse mit Limetten- oder Zitronensaft abschmecken. Nach Belieben die Suppe noch 1 Std. zugedeckt in den Kühlschrank stellen.

5. Zum Servieren die Himbeerkaltschale in tiefe Teller füllen. Minzeblätter waschen, trocken schütteln und quer in Streifen schneiden. Die Kaltschale mit den übrigen frischen Beeren und den Minzestreifen garnieren.

VARIANTE *Die Kaltschale schmeckt ebenso gut, wenn man sie mit anderen Beeren der Saison wie Erdbeeren, Brombeeren oder Heidelbeeren zubereitet.*

links Gelbe Grütze mit Vanille-Reis | *rechts* Himbeerkaltschale mit Dickmilch und Vanille

Beeren unter Zabaione-Creme

500 g *Beeren*
  (frisch oder TK)
2 EL *heller Aceto balsamico*
4 EL *Zucker*
1/2 kleine *Bio-Zitrone*
2 frische *Eigelb*
50 ml *trockener Weißwein*
10 g *dunkle Schokolade*

Für 2 Personen
Zubereitung: *20 Min.*
+ 2 Std. Ziehen
Pro Portion:
ca. 340 kcal; 6 g EW,
9 g F, 58 g KH; 6,0 KE

1. Frische Beeren waschen, abtropfen lassen und putzen, tiefgekühlte Beeren auftauen lassen. Beeren mit Aceto balsamico und 2 EL Zucker mischen und 2 Std. ziehen lassen.

2. Die Zitronenhälfte heiß waschen, abtrocknen und sehr fein abreiben. Dann die Zitrone auspressen. Eigelbe und übrigen Zucker in einer Metallschüssel kräftig schaumig schlagen, Wein und Zitronenschale einrühren und die Schüssel in einen Topf mit heißem, aber nicht kochendem Wasser stellen. Weiterschlagen, bis die Sauce dickflüssig wird. Bei Bedarf mit wenig Zitronensaft abschmecken.

3. Marinierte Beeren abtropfen lassen, in Dessertgläser geben und mit der Zabaione servieren. Schokolade fein raspeln und über das Dessert geben.

VARIANTE *Ohne Alkohol*
Wer zum Beispiel für Kinder kocht und keinen Alkohol verwenden möchte, tauscht für die Zabaione den Weißwein gegen hellen Trauben- oder Birnensaft. Weil die puren Fruchtsäfte allerdings mehr natürlichen Zucker enthalten als der Weißwein, können Sie bei der alkoholfreien Variante auf die 2 TL Zucker verzichten, die laut Rezept mit in die Zabaione-Creme kommen.

Erdbeer-Amaretti-Becher mit Quarkcreme

1/2 *Bio-Zitrone*
250 g *Erdbeeren*
150 g *Cremequark natur*
  (0,2 % Fett)
2 EL *Naturjoghurt*
  (3,5 % Fett)
1 Päckchen *Vanillezucker*
50 g *Amaretti (italienisches*
  Mandelgebäck)
4 kleine Blättchen *Pfefferminze zum Garnieren*

Für 2 Personen
Zubereitung: *15 Min.*
+ 15 Min. Durchziehen
Pro Portion:
ca. 225 kcal; 10 g EW,
7 g F, 29 g KH; 3,0 KE

1. Die Zitronenhälfte heiß waschen, trocken reiben und die Schale fein abreiben. Den Saft auspressen.

2. Die Erdbeeren in einer Schüssel mit kaltem Wasser kurz und behutsam waschen. Auf mehreren Lagen Küchenpapier abtropfen lassen. Erst danach die Kelchblätter samt Stiel herauszupfen oder mit einem kleinen spitzen Messer herausschneiden. Die Erdbeeren je nach Größe halbieren oder vierteln. Einige schöne Beerenstücke für die Garnitur beiseitelegen.

3. Den Quark mit Joghurt, Zitronenschale und Vanillezucker gründlich verrühren und mit etwas Zitronensaft abschmecken. Die Amaretti grob zerbröseln und unter die Quarkmasse heben.

4. Die Quarkmasse abwechselnd mit den Erdbeeren in Becher gläser schichten, 15 Min. durchziehen lassen. Zum Servieren die Pfefferminze waschen und trocken tupfen. Erdbeer-Amaretti-Becher mit den übrigen Beeren und den Minzeblättchen garnieren.

Gratinierte Aprikosen mit Walnuss-Ziegenfrischkäse-Füllung und Schokoladensauce

Für die gratinierten Aprikosen
10 Walnusskerne
einige Blätter Zitronenmelisse
  und Minze
8 Aprikosen
60 g Ziegenfrischkäse
50 ml Vanillesirup
Salz · Cayennepfeffer
Pfeffer
1 TL Zimtpulver
Lavendelhalme zum Garnieren (nach Belieben)

Für 2 Personen
Zubereitung: *20 Min.*
Pro Portion:
ca. 425 kcal; 14 g EW,
19 g F, 49 g KH; 5,0 KE

Für die Schokoladensauce
1 Ei
150 ml Milch (1,5 % Fett)
2 EL Zucker
1 EL geriebene Bitterschokolade

1. Die Walnusskerne in einer Pfanne 2–3 Min. ohne Fett rösten und in kleine Stücke hacken. Melisse- und Minzeblätter waschen, trocken tupfen und in feine Streifen schneiden. Die Aprikosen waschen, abtrocknen, aufschneiden und den Stein entfernen.

2. Den Backofen auf 180° (Umluft 160°) vorheizen. Den Ziegenfrischkäse mit dem Vanillesirup verrühren und Walnüsse, Melisse und Minze unterheben. Mit Salz, Cayennepfeffer, Pfeffer und Zimtpulver abschmecken. Die Aprikosen damit füllen und im Backofen (Mitte) 10 Min. gratinieren.

3. Inzwischen für die Schokoladensauce das Ei trennen, das Eigelb mit Milch, Zucker und geriebener Schokolade in einer Metallschüssel im heißen Wasserbad cremig aufschlagen und unter weiterem Schlagen erkalten lassen. Eiweiß steif schlagen und unter die Schokoladensauce heben. Die gratinierten Aprikosen nach Belieben mit Lavendelhalmen garnieren und mit der Schokoladensauce servieren.

Feigen mit Quark-Walnuss-Füllung

4 reife Feigen
2 EL Walnusskerne
100 g Speisequark (20 % Fett)
1 EL Ahornsirup
etwas Mineralwasser
  mit Kohlensäure
1 TL Zitronensaft

Für 2 Personen
Zubereitung: *15 Min.*
Pro Portion:
ca. 170 kcal; 8 g EW,
9 g F, 14 g KH; 1,5 KE

1. Die Feigen waschen und trocken tupfen. Von jeder Feige am Stielende einen Deckel abschneiden und das Fruchtfleisch vorsichtig mit einem Teelöffel herauslösen.

2. Für die Füllung die Walnusskerne fein hacken. Das ausgelöste Feigenfruchtfleisch mit einer Gabel zerdrücken. Den Quark mit Ahornsirup und 1–2 EL Mineralwasser glatt und cremig rühren. Die gehackten Walnüsse und das Fruchtfleisch untermischen und die Masse mit ein paar Tropfen Zitronensaft abschmecken.

3. Zum Servieren die Quark-Walnuss-Füllung in die Feigen verteilen und die Deckel schräg aufsetzen. Sofort genießen.

TIPP *Die Feigen müssen schön reif, aber gleichzeitig noch schnittfest sein. Nur wirklich reife Feigen haben das unvergleichliche Aroma, das dieses Dessert so einmalig macht.*

Birnen-Weintrauben-Becher mit Kokos

100 g blaue und/oder weiße
  Weintrauben
2 EL Crème de Cassis
  (Johannisbeerlikör;
  alternativ roter
  Traubensaft)
2 EL frische Kokosspäne oder
  getrocknete Kokosraspel
200 g Cremequark natur
  (0,2 % Fett)
1 Päckchen Vanillezucker
2 kleine rotschalige Birnen (à 100 g)
1 EL Zitronensaft

Für 2 Personen
Zubereitung: *20 Min.*
+ 1 Std. Marinieren
Pro Portion:
ca. 190 kcal; 9 g EW,
1 g F, 33 g KH; 3,5 KE

1. Die Weintrauben waschen, von den Stielen zupfen, trocken tupfen und längs halbieren. Nach Belieben die Kerne entfernen. Traubenhälften mit dem Likör vermengen und zugedeckt mindestens 1 Std. (oder über Nacht) ziehen lassen.

2. Inzwischen eventuell die getrockneten Kokosraspel in einer kleinen beschichteten Pfanne ohne Fett unter Rühren goldgelb rösten. Den Quark mit Vanillezucker und 1 1/2 EL Kokosspänen oder gerösteten Kokosraspel in einer Schüssel mit den Quirlen des Handrührgeräts oder mit dem Schneebesen glatt aufschlagen.

3. Die Birnen waschen, trocken reiben und vierteln. Kerngehäuse und Stiel entfernen. Fruchtviertel quer in dünne Scheiben schneiden, im Zitronensaft wenden und unter die Weintrauben mischen.

4. Zum Servieren zwei Drittel der Obstmischung in Bechergläser verteilen. Den Kokosquark locker darauf verteilen. Obenauf die restlichen Früchte geben und mit den übrigen Kokosspänen oder Kokosraspeln bestreuen.

VARIANTE *Anstelle von Birnen schmeckt das Dessert auch prima mit kleinen säuerlichen und, wegen der Optik, möglichst rotschaligen Äpfeln.*

Bunter Zitrusfruchtsalat mit Vanilleschaum

2 Orangen
1 rosa Grapefruit
1 Limette

Für den Vanilleschaum
1 Pck. Bourbon-Vanillezucker
1 frisches Eigelb
3 TL Vanillesirup
1 Zweig Zitronenmelisse

Für 2 Personen
Zubereitung: *15 Min.*
Pro Portion:
ca. 215 kcal; 5 g EW,
4 g F, 37 g KH; 3,5 KE

1. Die Zitrusfrüchte mit einem scharfen Messer so schälen, dass dabei die weiße Schale vollständig entfernt wird. Die Filets aus den Häuten herausschneiden. Den heraustropfenden Saft dabei auffangen. Die Filets mit dem Saft auf zwei Dessertschälchen verteilen.

2. Für den Vanilleschaum Vanillezucker mit Eigelb, Vanillesirup und 1 EL Wasser im heißen Wasserbad so lange mit einem Schneebesen aufschlagen, bis die Masse dickflüssig wird. Über den Zitrusfruchtsalat geben.

3. Die Zitronenmelisse waschen, trocken schütteln und die Blätter abzupfen. Das Dessert mit Zitronenmelisseblättchen servieren.

TIPP *Wenn Sie Orangen zum Filetieren kaufen, sind Orangen mit der Bezeichnung »Navel« nicht gut geeignet. Diese »Nabel«-Früchte haben eine kleine Ausstülpung an der Spitze. Diese ist eine nur sehr schwach entwickelte Tochterfrucht. Sie stört beim Filetieren.*

Schnelle Apfelcreme mit Baiserschaum

2 Äpfel
1/2 TL Zimtpulver
1 Prise gemahlene
  Gewürznelke
40 g Baiser
100 g Magerquark

Für 2 Personen
Zubereitung: *10 Min.*
Pro Portion:
ca. 185 kcal; 7 g EW,
1 g F, 34 g KH; 3,5 KE

1. Die Äpfel waschen, halbieren, das Kerngehäuse entfernen und die Äpfel fein raspeln. Die Raspel kurz in einem kleinen Topf in sehr wenig Wasser erhitzen, mit Zimt und 1 Prise Nelke würzen und mit einer Gabel zerdrücken.

2. Vom Baiser etwas zum Garnieren beiseitelegen. Das übrige Baiser in eine stabile Gefriertüte geben und diese fest verschließen. Das Baiser mit einem Nudelholz sehr fein zerbröseln und unter den Quark heben. Mit etwas Zimt nach Geschmack würzen. Mit dem warmen Apfelpüree verrühren und auf zwei Dessertschälchen verteilen. Mit dem beiseitegelegten Baiser garnieren.

VARIANTE *Apfel-Trauben-Salat*
Einen großen süßen Apfel wie Elstar, Jonagold oder Cox Orange waschen, halbieren und vom Kerngehäuse befreien. Den Apfel in sehr kleine Würfel schneiden und sofort mit 2 EL Orangensaft vermengen, damit die Apfelwürfel nicht braun werden. 150 g kernlose blaue Weintrauben waschen und halbieren. Die Trauben mit den Apfelwürfeln vermengen und mit 1/2 TL Zimtpulver würzen. Die Baisers wie im Rezept beschrieben zerbröseln und mit dem Magerquark vermengen. Die süße Quark-Baiser-Masse über den Apfel-Trauben-Salat geben und das Dessert sofort servieren.

Zitronenpudding mit Safrancreme

Für den Zitronenpudding

1 Bio-Zitrone (es wird nach dem Waschen nur eine Hälfte benötigt)
100 g Frischkäse (0,2 % Fett)
1 EL Zucker
125 g Mascarpone
1 Eigelb
Fett für die Form

Für die Safrancreme

75 g Sahne
1 Eiweiß
1 EL Vanillezucker
1 Prise gemahlenen Safran

Außerdem

2 hitzebeständige Gläser à ca. 150 ml Inhalt

Für 2 Personen
Zubereitung: *20 Min.*
+ 40 Min. Garen
+ Zeit zum Abkühlen
Pro Portion:
ca. 565 kcal; 13 g EW,
49 g F, 18 g KH; 2,0 KE

1. Den Backofen auf 180° vorheizen und ein tiefes, mit heißem Wasser gefülltes Backblech hineinstellen. Die Zitrone heiß abwaschen und von einer Hälfte die Schale fein abreiben. Die Zitrone halbieren und eine Hälfte auspressen. Den Zitronenabrieb und den Zitronensaft mit Frischkäse, Zucker, Mascarpone und Eigelb gründlich verrühren.

2. Masse in die Gläser geben, diese ins heiße Wasser stellen und die Masse im Backofen (Mitte, Umluft 160°) 40 Min. backen, bis der Pudding leicht Farbe nimmt. Herausnehmen und abkühlen lassen.

3. Für die Creme die Sahne steif schlagen. Das Eiweiß steif schlagen. Vanillezucker langsam in den Eischnee rieseln lassen, dabei weiterschlagen, bis eine dicke Schaummasse entstanden ist. Den Safran darunterschlagen. Den Eischaum unter die Schlagsahne heben und die Puddings in den Gläsern mit der Safrancreme servieren.

Apfelsorbet aus geriebenen Äpfeln

2 festfleischige säuerliche
Äpfel (à 150 g)
1 EL Zitronensaft
einige Blättchen Minze oder
Zitronenmelisse

Für 2 Personen
Zubereitung: *15 Min.*
+ 2 Std. Gefrieren
Pro Portion:
ca. 60 kcal; 0 g EW,
1 g F, 12 g KH; 1,0 KE

1. Die Äpfel waschen, trocken reiben, vierteln und von Kerngehäuse und Stiel befreien.

2. Apfelviertel sofort hauchdünn mit Zitronensaft bepinseln, in einen Gefrierbeutel füllen, verschließen und für 2 Std. in das Gefrierfach legen.

3. Währenddessen 2 langstielige Gläser oder kleine Glasschalen im Kühlschrank kühlen.

4. Zum Servieren Minze oder Zitronenmelisse waschen und trocken tupfen. Die gefrorenen Apfelviertel auf einer feinen Reibe direkt in die gekühlten Gläser oder Glasschalen raspeln. Mit einigen Tropfen Zitronensaft beträufeln. Apfelsorbet mit Kräuterblättchen garnieren und sofort genießen.

TIPP *Wer möchte und darf, kann sich zu diesem kalorienarmen Dessert einen winzigen Schuss Alkohol gönnen. Dafür das Apfelsorbet statt mit Zitronensaft mit feinem Apfelbrand (z. B. Calvados) oder Apfelschnaps beträufeln.*

Heidelbeer-Tofu-Eis

300 g TK- oder frische
Heidelbeeren
200 g Seidentofu (aus
Reformhaus oder
Bio-Laden)
200 g Naturjoghurt
(1,5 % Fett)
2 TL Bourbon-Vanillezucker
2 EL Zitronensaft
50 g Sahne
2 Eiswaffeltüten
(nach Belieben)

Für 2 Personen
Zubereitung: *20 Min.*
+ Gefrieren (ca. 25 Min.
in der Eismaschine,
ca. 4 Std. im Gefrierfach)
Pro Portion:
ca. 445 kcal; 15 g EW,
24 g F, 40 g KH; 4,0 KE

Außerdem
Eismaschine oder Metallschüssel

1. Tiefgekühlte Heidelbeeren kurz antauen lassen. Frische Beeren waschen, verlesen und gut abtropfen lassen. 2 EL Beeren beiseitestellen.

2. Die restlichen Heidelbeeren im Mixer oder mit dem Pürierstab fein pürieren. Das Fruchtpüree danach durch ein mittelfeines Sieb streichen.

3. Den Tofu würfeln und mit dem Joghurt fein pürieren. Die Masse durch ein Sieb streichen. Anschließend mit dem Heidelbeerpüree vermischen und mit Vanillezucker und 1–2 EL Zitronensaft abschmecken.

4. Die Sahne steif schlagen. Zusammen mit den ganzen Heidelbeeren unter die Frucht-Tofu-Mischung heben.

5. Die Eismasse in einer Eismaschine gefrieren lassen, das dauert 20–25 Min. Oder die Eismasse in eine breite Metallschüssel füllen und für etwa 4 Std. in das Gefrierfach stellen, dabei alle 30 Min. kräftig von außen nach innen durchrühren, damit sich keine großen Eiskristalle bilden und das Eis geschmeidig wird.

6. Zum Servieren das Eis aus dem Gefrierfach etwas antauen lassen. Mit einem Eisportionierer Kugeln abstechen, in Waffeltüten füllen oder in Gläsern anrichten.

VARIANTE *Probieren Sie dieses Eis auch mal mit anderen Beerensorten wie Erdbeeren, Himbeeren oder Brombeeren oder auch mit entsteinten Kirschen, enthäuteten und pürierten Aprikosenhälften oder Mangofruchtfleisch.*

links Apfelsorbet aus geriebenen Äpfeln | *rechts* Heidelbeer-Tofu-Eis

Schokomousse mit Kirschen und Kardamom

1/2 kleines Glas Süß- oder Sauer-
kirschen (ca. 90 g Abtropfgewicht)
1/2 Päckchen Bourbon-Vanillezucker
1 Msp. gemahlener Kardamom
1 TL Speisestärke (ca. 6 g)
1/2 Blatt weiße Gelatine
50 g Edelbitterschokolade
150 g Naturjoghurt (1,5 % Fett)
2 gestrichene EL Puderzucker
1 TL Instant-Espressopulver
1 EL Kaffeelikör (nach Belieben)
50 g Sahne

Für 2 Personen
Zubereitung: *30 Min.*
+ 3 Std. Kühlen
Pro Portion:
ca. 350 kcal; 6 g EW,
19 g F, 37 g KH; 3,5 KE

1. Die Kirschen in einem Sieb abtropfen lassen, dabei den Saft auf-fangen. 6 Kirschen zum Garnieren abgedeckt beiseitestellen. Die rest-lichen Kirschen grob pürieren und mit 2 EL Kirschsaft, Vanillezucker und Kardamom in einen kleinen Topf geben. Aufkochen lassen.

2. Die Stärke mit 2 EL Kirschsaft glatt rühren. In die kochende Kirschmasse einrühren und noch einmal kräftig aufkochen lassen. Das Kirschkompott abkühlen lassen.

3. Die Gelatine in kaltem Wasser 5 Min. einweichen. Von der Scho-kolade 40 g in Stücke brechen und in einer Schüssel über einem hei-ßen Wasserbad schmelzen. Joghurt und Puderzucker nach und nach unterrühren und abkühlen lassen.

4. Das Espressopulver mit 2 EL Wasser und nach Belieben mit dem Kaffeelikör in einen zweiten kleinen Topf geben. Gelatine ausdrücken, zugeben und bei kleiner Hitze auflösen. Unter Rühren zur Schoko-Joghurt-Masse geben. Die Sahne steif schlagen und unterheben.

5. Zwei Gläser schief stellen und die Schokomousse einfüllen. Die Gläser schräg gestellt und abgedeckt zum Festwerden für mindestens 3 Std. in den Kühlschrank stellen.

6. Zum Servieren die Gläser gerade stellen und die Kirschen auf der schrägen Mousse verteilen. Von der übrigen Schokolade mit einem Sparschäler feine Späne abziehen und über die Kirschen verteilen. Sofort genießen.

TIPP *Edelbitterschokolade mit ihrem hohen Kakaoanteil ist ein Stimmungsmacher. Sie enthält die Biostoffe Endorphin und Serotonin, die beide für gute Laune und ein wohliges Gefühl sorgen.*

Saisonkalender

Obst

Obst	Saison | die besten Monate (J F M A M J J A S O N D)	besonders reich an *	Tipp
Ananas	Feb–Jun, Sep–Dez	Mg	reife duften, lassen sich nicht lange lagern
Äpfel	Jan–Mär, Sep–Dez	Vit. C	nicht neben Bananen lagern
Aprikosen	Mai–Jun	Provit. A, Vit. E, sek. PS	reife, feste sind besonders süß
Avocados	Jan–Sep	Vit. E, Vit. C, K, Fett, BS	sollen auf Fingerdruck leicht nachgeben
Bananen	Jan–Dez	K, Mg, B-Vitamine	mit Punkten auf der Schale vollreif, gleich essen
Birnen	Jan, Jul–Dez	BS	kühl und dunkel lagern, weiche gleich essen
Brombeeren	Jul–Sep	Provit. A, Folsäure, Vit. C, BS, sek. PS	am Einkaufstag genießen
Erdbeeren	Mai–Jul	Folsäure, Vit. C, Fe	am besten im Juni aus heimischem Anbau
Grapefruits	Jan–Apr, Dez	Provit. A, Vit. C, sek. PS	pinkfarbene sind süßer und kaum bitter
Heidelbeeren	Jun–Sep	Vit. E, Vit. C, BS, sek. PS	gezüchtete bleiben bis zu 3 Tage frisch
Himbeeren	Jun–Aug	Vit. C, BS	empfindlich! – gleich genießen oder einfrieren
Honigmelonen	Jun–Sep	Provit. A, B-Vitamine, Folsäure, Vit. C, K	aromatische duften angenehm
Johannisbeeren	Jun–Jul	Vit. C, BS	mit einer Gabel von der Rispe streifen
Kirschen	Jun–Aug	Folsäure, Vit. C, sek. PS	empfindlich! – im Kühlschrank max. 2 Tage
Kiwis	Jan–Mai, Okt–Dez	Vit. C, Ca	halten im Kühlschrank 3–4 Wochen
Mangos	Apr–Mai	Provit. A, Vit. E, Folsäure	nie im Kühlschrank lagern
Mandarinen Clementinen Satsumas	Jan–Feb, Okt–Dez	Provit. A, Vit. B$_1$, Ca, sek. PS	nicht im Kühlschrank aufbewahren
Mirabellen	Jul–Aug	Provit. A	bald genießen
Nektarinen	Jun–Aug	Provit. A	sollen weich, aber nicht matschig sein
Orangen	Jan–Mai, Nov–Dez	Folsäure, Vit. B$_1$, Vit. C, Ca	sind matt, wenn nicht mit Wachs behandelt
Pfirsiche	Mai–Aug	Vit. E	vor dem Reinbeißen sehr gut waschen
Pflaumen	Jul–Sep	Provit. A, sek. PS	sollten keine grünen Stellen haben
Rhabarber	Apr–Jun	Vit. C, K	frische Stangen sind schön fest
Wassermelone	Jun–Sep	Provit. A, B-Vitamine	gekühlt genießen
Weintrauben	Jul–Okt	Folsäure, sek. PS	am besten gleich genießen
Zitronen	Jan–Okt	Vit. C, Mg	nur Bio-Ware ist gänzlich unbehandelt
Zwetschgen	Jul–Sep	sek. PS	am besten am Einkaufstag verarbeiten

Salate

Salate	Saison | die besten Monate (J F M A M J J A S O N D)	besonders reich an *	Tipp
Batavia-Salat	Apr–Sep	Provit. A, Folsäure	je dunkler gefärbt, desto würziger
Chinakohl	Jan–Mär, Sep–Dez	Folsäure, Vit. C	im Gemüsefach mindestens 2 Wochen haltbar
Eichblattsalat	Mär–Sep	Provit. A, Folsäure	darf nur kurz im Kühlschrank lagern
Eisbergsalat	Mär–Okt	Provit. A	bleibt im Kühlschrank in Folie knackig
Feldsalat	Jan–Mär, Sep–Dez	Provit. A, Vit. C	auch abgepackten sorgfältig waschen
Kopfsalat	Mär–Sep	Provit. A, Folsäure	feste Köpfe ohne welke Blätter wählen
Lollo rosso	Mär–Sep	Provit. A, Folsäure	bleibt 1–2 Tage im Gemüsefach frisch
Radicchio	Mai–Sep	Provit. A, Fe	auf knackig frische Außenblätter achten

Gemüse	Saison | die besten Monate (J F M A M J J A S O N D)	besonders reich an *	Tipp
Auberginen	Jul–Sep	Vit. B_6, K	harte reifen bei Zimmertemperatur nach
Blumenkohl	Jun–Okt	Vit. B_6, Folsäure, Vit. C, K, BS	beim Einkauf auf hellen Strunk achten
Bohnen, grün	Jun–Okt	Provit. A, Vit. B_6, Folsäure, Vit. C, K, BS	vor dem Genuss blanchieren
Brokkoli	Jun–Nov	Provit. A, Vit. B_2, Folsäure, Vit. C, K, Ca, Fe, BS	soll kräftig grün und fest sein
Champignons	Jan–Dez	Vit. B_2, Folsäure, K, EW	möglichst nur mit Tuch oder Pinsel säubern
Chicorée	Jan–Mär, Okt–Dez	Provit. A	im Kühlschrank bis zu 1 Woche haltbar
Erbsen	Jun–Sep	Provit. A, Vit. B_1, Folsäure, Vit. C, K, Fe, K, EW, BS	frische reifen nach, schnell verbrauchen
Fenchel	Aug–Nov	Provit. A, Vit. E, Vit. B_1, Folsäure, Vit. C, K, Mg, Fe, BS, sek. PS	Schnittflächen dürfen nicht trocken aussehen
Frühlingszwiebeln	Apr–Nov	Fe, sek. PS	beim Kauf auf sattes, kräftiges Grün achten
Kartoffeln	Jan–Dez	B-Vitamine, K	keimen bei Licht: kühl und dunkel lagern
Knoblauch	Jan–Dez	sek. PS	je frischer, desto milder
Kohlrabi	Mai–Okt	Provit. A, Folsäure, Vit. C, K, Mg	bleibt im Kühlschrank max. 3 Tage knackig
Kürbis	Aug–Nov	Provit. A, Folsäure, Vit. C, K, sek. PS	auf pralle Schale ohne Flecken achten
Lauch	Jan–Mär, Jun–Dez	Provit. A, Vit. B_6, Folsäure, Vit. C,	welkt rasch, nur kurz im Kühlschrank lagern
Mangold	Jun–Sep	Provit. A, Vit. E, Folsäure, Vit. C, K, Ca, Fe	weiße Stiele sollen ohne braune Stellen sein
Möhren	Jan–Dez	Provit. A, K, Fe, BS, sek. PS	Bundmöhren schnell verbrauchen
Paprikaschoten	Jun–Nov	Vit. E, Vit. B_6, Vit. C, BS	am besten aus dem Freiland im Herbst
Rettich Radieschen	Mai–Okt	Folsäure, Vit. C, K, sek. PS	knackige haben sattgrüne Blättchen
Rosenkohl	Jan–Feb, Okt–Dez	Provit. A, Vit. B_6, Folsäure, Vit. C, K, BS, sek. PS	Röschen müssen fest geschlossen sein
Rotkohl	Jan–Mär, Sep–Dez	Vit. E, Folsäure, Vit., C, K, BS, sek. PS	unkompliziert und lange haltbar
Salatgurken	Jun–Sep	Provit. A, Folsäure, Vit. C	im Winter lieber drauf verzichten
Spargel	Apr–Jun	Vit. E, Folsäure, Vit. C, K, sek. PS	soll beim Aneinanderreiben quietschen
Spinat	Apr–Sep	Provit. A, Vit. E, B-Vitamine, Folsäure, Vit. C, K, Ca, Mg, Fe	in feuchtem Tuch im Gemüsefach lagern
Spitzkohl	Mai–Sep	Folsäure, Vit. C, BS, sek. PS	im Gemüsefach 5–6 Tage haltbar
Staudensellerie	Jun–Nov	Provit. A, K, BS	hält im Kühlschrank in Folie 10 Tage
Tomaten	Apr–Nov	Provit. A, Folsäure, Vit. C, K	im Spätsommer aus heimischem Anbau
Weißkohl	Jun–Dez	Vit. E, Folsäure, Vit. C, BS	kühl gelagert lange haltbar
Wirsing	Mai–Sep	Vit. E, Vit. B_6, Folsäure, Vit. C, K, BS	Sommerwirsing ist zarter und weniger herb
Zucchini	Jun–Okt	Provit. A, Folsäure, Vit. C, K, Fe	kleine, feste mit makelloser Schale kaufen
Zuckerschoten	Jun–Aug	B-Vitamine, Fe, BS	am besten nicht lange lagern
Zwiebeln	Jan–Dez	Folsäure, Vit. C, sek. PS	kühl, trocken, nicht in Plastiktüte lagern

✶ ANMERKUNG: Die oben genannten Inhaltsstoffe sind im Vergleich mit anderen Gemüse- bzw. Obstsorten besonders erwähnenswert. Damit wird jedoch keine Aussage über die enthaltene absolute Menge getroffen.

ABKÜRZUNGEN: Vit. = Vitamin | Provit. = Provitamin (Vitaminvorstufe) | K = Kalium | Ca = Calcium | Mg = Magnesium | Fe = Eisen | EW = Eiweiß | BS = Ballaststoffe | sek. PS = sekundäre Pflanzenstoffe

Alles, was süß schmeckt

Zucker und andere Süßungsmittel wie Zuckeraustausch-stoffe, Süßstoffe, Honig und Sirup gibt es in verschiedenen Formen, Größen, Farben und Arten. Weil gerade Diabetiker immer genau auf den Zuckergehalt achten müssen, sind Hinweise zu den Vor- und Nachteilen der einzelnen Süßungsmittel besonders wichtig.

Allen gemeinsam ist minimaler Gehalt an Vitaminen und Mineralstoffen, weshalb diese Süßungsmittel in Ihrer täglichen Ernährung nur einen kleinen Anteil ausmachen sollten. Empfohlen wird eine Höchstmenge von 10 % der aufgenommenen Kalorien, umgerechnet zwischen 40 und 50 Gramm pro Tag oder 3 Esslöffel. Das klingt auf den ersten Blick viel, doch damit ist nicht nur der Zucker im Kaffee gemeint, sondern auch der im Honig, im Orangennektar, im Müsliriegel und in der Eiskugel. Und natürlich der »versteckte« in allen industriell verarbeiteten Nahrungsmitteln, Saucen, Fertiggerichten …

In der Küche soll Zucker in Kristallform möglichst trocken und fest verschlossen gelagert werden. Denn er bindet Feuchtigkeit und klumpt dann oder wird klebrig.

Darüber hinaus nimmt Zucker schnell fremde Aromen an. Sie können diese Eigenschaft gut nutzen, um selbst – fast kostenlos – Vanillezucker herzustellen: Legen Sie einfach in einem Schraubglas bereits verwendete (ausgekratzte und ggf. sogar schon mitgekochte) Vanilleschoten in Kristallzucker oder Puderzucker ein. Nach einigen Wochen können Sie den aromatischen Vanillezucker verwenden.

Raffinadezucker

So heißt der bekannte weiße Haushaltszucker, der aus Zuckerrüben gewonnen wird. Es gibt ihn im Handel als Kristallzucker – sehr fein oder mittelfein gemahlen –, als Hagelzucker, zu Würfeln gepresst, als Puderzucker oder in Form von dicken Kandiskristallen. Alle Varianten weisen denselben Kaloriengehalt sowie dieselbe Süßkraft auf – übrigens auch die Alternative Rohrzucker. Sie haben keinen Eigengeschmack und eignen sich daher ideal für Kaffee und Tee, zum Backen und für Desserts.

Brauner Zucker

Ganz gleich ob aus Rübenzucker oder Rohrzucker, brauner Zucker enthält noch Anteile der Melasse, einem dunkelbraunen Nebenerzeugnis der Zuckerproduktion. Sie gibt dem braunen Zucker seinen leichten Karamellgeschmack, der besonders zu exotischen Gerichten passt. Der minimal höhere Vitamin- und Mineralstoffanteil des braunen Zuckers gegenüber dem weißen macht ihn aber keinesfalls zu einem wertvollen Lebensmittel.

Gelierzucker

Für Marmelade und Gelee gibt es Raffinadezucker mit einem Geliermittelzusatz, in aller Regel Pektin. Gelierzucker gibt es als 1:1- und 2:1- oder 3:1-Gelierzucker. Bei der Variante 1:1 ist der Pektingehalt am niedrigsten. Hier benötigen Sie auf einen Teil Frucht einen Teil Zucker (1:1). Entsprechend brauchen Sie beim 3:1-Gelierzucker nur einen Teil Zucker für drei Teile Frucht. Allerdings hält sich der zuckerreduzierte Fruchtaufstrich nicht so lange wie übliche Konfitüre; einmal angebrochen muss er gekühlt aufbewahrt und in den nächsten Tagen verbraucht werden.

Sirup

Er war bereits unseren Großeltern als aromatischer Zuckerrübensirup bekannt. Dieser Sirup passt wegen seines herben Aromas ebenso zu dunklen Weihnachtskeksen wie zu herzhaften Gerichten und verleiht Fleischsaucen die erwünschte süße Note. Der teure, sehr süße Ahornsirup schmeckt ganz besonders gut zu Nussrezepten oder exotischen Früchten. Beide Sirupe haben einen Zuckergehalt von etwa 60 %.

Wegen ihres Zuckergehalts von über 80 % sollten Sie künstlich aromatisierte Sirupe eher wie ein Gewürz verwenden, etwa als Mixzutat für Cocktails. Mittlerweile fehlen sie auch in keinem modernen Coffee-Laden und sind in jedem besseren Supermarkt erhältlich. Sie können neben Kaffeespezialitäten auch Dessertsaucen den letzten geschmacklichen Schliff geben.

Honig

Mit einem Zuckergehalt von gut 80 % kommt Honig von der Zusammensetzung her einem Sirup nahe. Die einzelnen Sorten unterscheiden sich in Herkunft, Farbe, Geschmack und Konsistenz – von flüssig bis hart.

Der aromatische, dunkle Waldhonig schmeckt beispielsweise hervorragend in nussigen Weihnachtsplätzchen, der eher neutrale Rapshonig ist dagegen genau richtig für eine warme Honigmilch.

Die Enzyme im Honig können Bakterien abtöten und damit Halsinfekten entgegenwirken. Eindeutige Gesundheitsvorteile des Honigs ließen sich aber wissenschaftlich bisher nicht nachweisen. Die wichtigste Information für Diabetiker: Der Zucker im Honig ist mit Haushaltszucker vergleichbar und daher auch genauso anzurechnen.

Zuckeraustauschstoffe

Die meisten Zuckeraustauschstoffe besitzen weniger Kalorien, aber oft auch nur einen Teil der Süßkraft des herkömmlichen Zuckers. Sie können wie Zucker zum Kochen und Backen verwendet werden. Zu den Zuckeraustauschstoffen gehören ganz verschiedene Substanzen: Die wichtigsten sind Fruchtzucker sowie Isomalt, Sorbit, Mannit oder Xylit (sogenannte Zuckeralkohole). Sie alle gehen sehr langsam ins Blut über, werden aber voll angerechnet. Wer sie wie herkömmlichen Zucker mit schnell wirksamem Insulin abdeckt, dem droht daher ein Unterzucker. Dies gilt auch für alle Diabetiker, die Sulfonylharnstoffe oder Glinide einnehmen. Zudem führen Zuckeraustauschstoffe bei einigen Menschen zu schmerzhaften Blähungen und Durchfall. Weil die Zuckeraustauschstoffe nur langsam abgebaut werden, gelangen viele in den hinteren Abschnitt des Darmes und beeinflussen dort den Stoffwechsel. Das Bundesinstitut für Risikobewertung (BfR) stellte darüber

hinaus fest, dass viel Fruchtzucker das Risiko einer Fettleber fördert und die Blutfettwerte erhöht. Heute wird daher der Gebrauch von Zuckeraustauschstoffen für Diabetiker nicht mehr empfohlen.

Süßstoffe

Künstliche Zuckerersatzprodukte mit einer bis zu 2500-mal höheren Süßkraft als Zucker werden Süßstoffe genannt. Sie wirken sich nicht auf den Blutzuckerspiegel aus und sind daher für den Diabetiker anrechnungsfrei. Es gibt sie in flüssiger Form, als kleine Tabletten oder Streusüße in Pulverform. Gut geeignet sind sie zum Süßen von Tee und Kaffee oder im Nachtisch. Beim Backen können sie den Zucker nicht vollständig ersetzen, da sie nicht die Masse hergeben. Zudem sind nur einige Süßstoffe hitzestabil; dazu gehören Saccharin, Acesulfam oder Cyclamat. Bei den meisten stört auch ein Beigeschmack. Als chemisch erzeugte, rein künstliche Substanzen stehen Süßstoffe immer wieder im Verdacht, dem Körper zu schaden. Das wegen seines zuckerähnlichen Geschmacks besonders geschätzte Cyclamat ist in den USA nicht zugelassen, weil in Tierversuchen das Blasenkrebsrisiko stieg, was allerdings neuere Studien nicht bestätigen konnten. In Europa gibt es für alle Süßstoffe eine Höchstmengenbeschränkung. Für den bislang einzigen natürlichen Süßstoff Stevia, gewonnen aus einem südamerikanischen Kraut und in seiner Heimat seit Jahrhunderten zum Süßen verwendet, gibt es bislang außer in der Schweiz und in Frankreich keine europäische Zulassung. Es mangelt an wissenschaftlichen Studien, die die gesundheitliche Unbedenklichkeit von Stevia zweifelsfrei nachweisen.

Generell werden Süßstoffe nicht bedenkenlos empfohlen, weil diese übersüßen Produkte den Appetit und die Geschmacksgewöhnung an zuckrige Lebensmittel eher fördert und daher langfristig gerade bei einem Diabetes oder auch bei Übergewicht eher schaden.

Küchenkräuter – zum Genießen und Wohlfühlen

Frische Kräuter zählen zu den besonders raffinierten Zutaten in der Küche. Sie duften verführerisch, regen die Sinne an und verleihen den Gerichten ein unnachahmliches Aroma. Die seit Jahrtausenden bekannten gesundheitsfördernden Eigenschaften der Kräuter werden vor allem den darin enthaltenen ätherischen Ölen zugeschrieben. Sie sind zugleich Geschmacks- und Geruchsträger für die Aromastoffe. Und jedes Kraut trägt seinen ganz charakteristischen Aromastoff in sich. Kräuter enthalten zudem eine Menge an Vitaminen und Mineralstoffen, die gleichermaßen wohltuend auf den Organismus wirken.

Auch wenn man die meisten Kräuter üppig verwenden kann, sollte man sich auf eine Dosis beschränken, die mit dem zubereiteten Gericht gut harmoniert. Lieber nachwürzen als überwürzen. Ein Tipp für alle, die mit wenig Natrium auskommen sollen: Die gute Würzkraft der Kräuter hilft Ihnen prima, beim Kochsalz (Natriumchlorid) zu sparen.

Frisch am allerbesten

Kräuter schmecken ganz frisch am besten, ob im Garten oder vom Balkonkasten geerntet, im Gemüseladen oder auf dem Markt gekauft. Küchenkräuter müssen appetitlich und prall aussehen, ihre Blätter oder Nadeln dürfen keine gelben oder braunen Stellen haben. Frische Kräuter sollten Sie möglichst rasch verwenden. Was im Moment zu viel ist, waschen, trocken schütteln und in feuchtes Küchenpapier einschlagen oder locker in einen Plastikbeutel füllen. So verpackt halten sie sich im Gemüsefach des Kühlschranks maximal zwei bis drei Tage.

Waschen und Zerkleinern

Die in den Kräutern enthaltenen Vitalstoffe sind wasser-, wärme- und lichtempfindlich. Deshalb sollen frische Kräuter nur kurz in stehendem Wasser gewaschen werden, denn unter fließendem Wasser verlieren sie an Aroma. Danach sollten Sie die Kräuter trocken schütteln oder tupfen. Erst möglichst kurz vor der Verwendung zerkleinert man sie, damit die ätherischen Öle und damit die intensiven Aromen nicht verfliegen. Vor dem Zerkleinern die Blättchen, Spitzen oder Nadeln von den groben Stielen zupfen und je nach Rezept ganz lassen, mit einem scharfen Messer hacken, in Streifen schneiden oder pürieren.

Mitkochen oder nicht?

Grundsätzlich gilt, dass robustere Kräuter wie Rosmarin, Salbei und Thymian von Anfang an mitgebraten oder mitgekocht werden. Zarte und empfindliche Kräuter wie Dill, Schnittlauch und Basilikum sollten erst kurz vor dem Servieren zum Essen gegeben werden, damit ihr feines Aroma und auch ihre Farbe erhalten bleiben.

Steckbriefe der beliebtesten Kräuter

Petersilie Sie ist der Inbegriff des Küchenkrauts, das bekannteste und anpassungsfähigste überhaupt. Mit Petersilie kann man so gut wie jedes herzhafte Gericht verfeinern – Gemüse, Fisch, Fleisch und vieles mehr. Glatte Petersilie hat ein intensiveres Aroma als krause. Man kocht sie mit oder gibt sie gehackt zum Schluss ans Essen. Nicht nur in den Blättern, auch in den Stängeln steckt das würzige Aroma.

Schnittlauch Neben der Schalotte hat Schnittlauch das feinste Aroma aus der Zwiebelfamilie. Sein würziger und leicht scharfer Geschmack hat ihm einen Stammplatz in unserer Küche eingebracht. Die röhrenförmigen Blätter des Schnittlauchs nicht hacken, sondern mit einem scharfen Messer oder einer Schere in Röllchen oder Stücke schneiden. Schnittlauch immer frisch verwenden, nie mitgaren. Er passt bestens zu hellen Saucen, Eier- und Fischgerichten, pikantem Quark und frischen Salaten.

Dill Er ist nur frisch ein Aromawunder, getrocknet gibt er nicht mehr viel her. Seine zart gefiederten Blättchen haben einen würzigen, leicht an Anis erinnernden Duft und im Sommer als Freilandware den intensivsten Geschmack. Dill und Gurken harmonieren ebenso gut mit dem Kraut wie Fischgerichte und Krustentiere. Aber auch zu Salaten, Suppen, Eierspeisen und Kartoffelgerichten passt Dill hervorragend.

Kresse Gartenkresse wird im sogenannten Kressebeet in flachen Plastikschalen angeboten, Brunnenkresse im Bund. Beide Sorten schmecken leicht scharf mit einem senfähnlichen Aroma. Zum Würzen für kalte Gerichte wie Salate oder angemachten Quark die Blätter unmittelbar vor Gebrauch abschneiden. Gartenkresseblättchen ganz lassen, Brunnenkresseblätter grob zerzupfen. Warmen Gerichten die Blätter immer erst kurz vor dem Anrichten zufügen.

Estragon Sein typischer frischer Geschmack steht geradezu als Synonym für die französische Küche und bringt die Lust am Essen auch auf unsere Tische. Der etwas bittere und pfeffrige Geschmack des Estragons und sein ein wenig an Anis erinnerndes Aroma machen das Kraut zur idealen Würze für Gerichte mit Eiern, Fisch, Meeresfrüchten, Lamm und Geflügel. Estragon immer nur in kleinen Mengen verwenden und mitgaren, sodass er sein volles Aroma entfalten kann.

Basilikum Es steht ganz oben auf der Beliebtheitsskala der mediterranen Kräuter. Kein Wunder, schmecken seine süßlich-pfeffrigen Blätter doch grandios zu Tomaten und Mozzarella, in Pesto, in Salaten und Suppen, zu Nudeln oder aber – sehr exquisit – in feinen Desserts. Basilikum nicht mitkochen, sonst verliert es sein Aroma.

Thai-Basilikum Diese Basilikumart hat einen intensiveren Geschmack als die europäische Sorte. Sein Duft erinnert leicht an Anis. Passt bestens zu asiatischen Currys, in Frühlingsrollen und zu Wokgerichten.

Koriandergrün Dieses zarte Kräutlein ist traditionell in der asiatischen, orientalischen und mexikanischen Küche zu Hause. Da die Blätter unserer Petersilie ähneln, wird Koriandergrün auch asiatische oder indische Petersilie genant. Mit seinem scharfbitteren Geschmack würzt es Salate ebenso wie Suppen, Fisch- und Fleischgerichte. Unentbehrlich ist sein Aroma in asiatischen Reis- und Wokgerichten sowie in Currys.

Thymian Er schmeckt sehr aromatisch, leicht herb. Neben dem gängigen Gartenthymian gibt es noch viele andere Sorten. Das Kraut braucht Hitze, um sich zu entfalten. Dann würzt es ganz wunderbar Eintöpfe, Suppen und Schmor-

gerichte mit Gemüse, Kartoffeln, Hülsenfrüchten, Fisch und Fleisch. Thymian verträgt sich übrigens sehr gut mit Rosmarin und Salbei.

Rosmarin Mit seinem würzigen Duft und seinem kräftigen Aroma verzaubert er nicht nur Fleischgerichte, sondern auch Kartoffeln, Gemüse, Pilze, Nudeln und mehr. Hitze tut ihm gut, vor allem beim Schmoren, Braten und Grillen. Rosmarin wegen seiner enormen Würzkraft eher zurückhaltend dosieren und mitgegarte ganze Zweige eventuell vor dem Essen entfernen.

Salbei Mit seinen saftigen graugrünen bis silbrigen Blättern braucht Salbei die Hitze beim Braten oder Grillen, damit er sein unverwechselbares Aroma entfalten kann. Dieses harmoniert besonders gut mit Fleisch-, Fisch- und Gemüse- und Nudelgerichten. Salbei schmeckt intensiv, also sparsam verwenden.

Oregano Er ist der wilde Verwandte des Majorans im Süden und getrocknet das Pizzagewürz schlechthin. Aber auch frisch hat er eine starke Würzkraft. Passt besonders gut in Suppen und Saucen mit Tomaten, zu Schmorgemüse, Kartoffeln, Hähnchen und Kaninchen.

Minze Verwendet werden vor allem Grüne Minze und Pfefferminze. Beide enthalten das ätherische Öl Menthol, das für ihr erfrischendes Aroma sorgt. Minze passt besonders gut zu Erbsen, Auberginen, Zucchini, Lamm, Hackfleisch und Joghurt. Nicht mitkochen!

Zitronenmelisse Sie hat, wie schon ihr Name sagt, ein frisches Zitronenaroma. Das wird besonders geschätzt für erfrischende Desserts, Salatdressings und Kräutersaucen, also kalte Zubereitungen. Zitronenmelisse passt auch gut zu sommerlichen Getränken wie Bowlen und zu Longdrinks.

Gewürze, Lieblinge des Gaumens

Im Mittelalter wog man sie mit Gold auf, führte Kriege um sie und unternahm waghalsige Seereisen um die ganze Welt, um an Pfeffer, Muskat, Nelken oder Zimt zu gelangen. Heute finden wir Gewürze und Gewürzmischungen aus aller Herren Länder in jedem Supermarkt.

Von Anis bis Zimt kitzeln unzählige Aromen unseren Gaumen, vorausgesetzt, wir nutzen die Gewürze, wann immer es das Rezept zulässt. Weil die meisten Aromastoffe leicht flüchtig sind und in der Wärme schnell verfliegen, sollten alle Gewürze möglichst kühl, also fernab vom Herd, aufbewahrt werden. Reiben oder mahlen Sie Gewürze möglichst erst kurz vor dem Gebrauch, damit ihr voller Geschmack erhalten bleibt. Viele nutzen bereits eine Pfeffermühle, doch auch für Anis, Kümmel, Piment, Koriander oder Kardamom lohnen sich kleine Gläser mit aufschraubbaren Mühlen. Und für Zimtstangen oder Muskatnüsse empfehlen sich spezielle Reiben. Eine Hilfe bei der Auswahl des richtigen Gewürzes finden Sie in der folgenden Kurzcharakteristik von A bis Z.

Anis Die gemahlenen Samen des schon im alten Ägypten bekannten Krautes sind für Weihnachtsplätzchen wie zum Beispiel Springerle bekannt, schmecken allerdings auch gut zu hellem Fleisch, zu Fisch und Meeresfrüchten. Inder kauen Anis nach dem Essen, um die Verdauung zu fördern. Die Naturheilkunde setzt Anis zudem bei Erkältungen als Hustenlöser ein.

Cayennepfeffer Gewonnen aus den getrockneten Chilischoten findet dieses scharfe Gewürz in der indischen und lateinamerikanischen Küche Verwendung. Dort verleiht es vor allem Fleischgerichten die gewünschte Schärfe.

Chili Die kleinen scharfen Schwestern der Paprikaschote werden getrocknet und klein gehackt, als feine Fäden, Chips oder Pulver verwendet. In den als Chilipulver verkauften Mischungen versteckt sich neben Cayennepfeffer oft auch Paprika, Pfeffer, Kreuzkümmel, Oregano und Knoblauch. Die Schärfe ist besonders in der amerikanischen und spanischen Küche für Fleischgerichte und Eintöpfe (z. B. Chili con carne) beliebt.

Currypulver Diese indische Gewürzmischung enthält verschiedenste Einzelgewürze in unterschiedlichen Anteilen, darunter Kurkuma, Pfeffer, Chili, Nelkenpulver, Zimt, Kardamom, Koriander und Kreuzkümmel sowie Bockshornklee. Je nach Schärfegrad passt Currypulver zu sehr unterschiedlichen Rezepten, von der deftigen Currywurst bis zur exotischen Mango-Curry-Creme.

Garam Masala Auch für diese indische Gewürzmischung gilt, wie für Currypulver, dass es keine festen Rezepte gibt. Doch Pfeffer, Nelken, Kardamom, Kreuzkümmel und Zimt sind fast immer enthalten, oft auch Muskat, Fenchel- und Sesamsamen. Garam Marsala eignet sich ideal für Fleischgerichte.

Ingwer Die Wurzelknollen dieses aus den asiatischen Tropen stammenden Krautes bringen ein scharf-frisches Aroma. Meist wird Ingwer frisch genutzt, er kann aber auch als gemahlenes Pulver für Süßspeisen, Suppen, pikante Fisch- und Fleischgerichte verwendet werden. Dieser getrocknete Ingwer bringt allerdings bei Weitem nicht die fruchtige Schärfe der frischen Wurzel mit.

Kardamom Zu Pulver gemahlen entfalten die kleinen Samenkapseln einen leicht süßherben Geschmack, der in der asiatischen und arabischen Küche sehr beliebt ist, insbesondere für Reis- und Fleischgerichte, ebenso aber auch als aromatische Note im Kaffee. Wir Europäer kennen Kardamom vor allem aus der Weihnachtsbäckerei, aber auch als Grundgewürz für Würste.

Koriander Das aus den Samen des Korianderkrauts gemahlene, süß-aromatische Pulver ist ein beliebtes Brotgewürz. Es passt außerdem gut zu Kompott und würzt, ebenso wie Kardamom, zahlreiche Wurstspezialitäten.

Kreuzkümmel Er gehört mit seinem durchdringenden Geruch zu den charakteristischen Aromen der arabischen, nordafrikanischen und mexikanischen Küche. Dieses auch unter dem Namen Cumin bekannte Gewürz passt zu deftigen Speisen wie Falafel, Chili con carne, Fajitas oder Enchiladas und ist ein Hauptbestandteil von Currypulver.

Kurkuma Das Gewürz heißt aufgrund seiner Farbe und Form auch Gelbwurz. Es bringt eine leicht bittere Note mit und wird vor allem seiner Farbkraft wegen vielen Gewürzmischungen beigefügt. Es passt gut zu Gerichten der orientalischen und indischen Küche.

Kümmel Er ist das beste Mittel gegen Blähungen und daher ein beliebtes Gewürz bei deftigen Kohlgerichten und Eintöpfen mit Hülsenfrüchten. Kümmel immer mitgaren, damit sich sein Aroma voll entfalten kann.

Muskat Die fein gemahlene Samenkapsel des Muskatbaumes schmeckt mit ihrem intensiv warm-würzigen Aroma hervorragend zu Kartoffeln, zu kräftigen Gemüsegerichten wie Rosenkohl oder Spinat. Vorsichtig dosieren, bereits geringe Mengen würzen intensiv!

Nelken Die ganzen Gewürznelken gehören in den Rotkohl und in manche Marinade, gemahlen passt ein wenig Nelkenpulver zu gedünsteten Äpfeln, ins Weihnachtsgebäck oder zu zahlreichen Gerichten der arabischen und asiatischen Küche. Das Gewürz entfaltet sein Aroma erst so richtig in der Garhitze, daher immer mitkochen oder -backen.

Paprika Die aus den scharfen Gewürzpaprikaschoten gewonnenen Paprikapulver enthalten unterschiedliche Anteile der scharfen Innenhäute und Kerne. Mild schmecken die leuchtend roten Sorten »Extra« oder »Delikatess«, weit stärker würzt »edelsüßes Paprikapulver«, und »Rosenpaprika« schmeckt am schärfsten.

Pfeffer Das weltweit wichtigste Gewürz stammt von einer Kletterpflanze aus den Tropen Asiens. Der schwarze Pfeffer wird durch Fermentation und Trocknung der unreifen, grünen Beeren gewonnen. Für grünen Pfeffer werden die unreifen Beeren eingelegt. Weißer Pfeffer entsteht durch das Schälen der getrockneten reifen, roten Beeren. Der süßlich-würzige rosa Pfeffer ist botanisch gesehen gar kein Pfeffer, bei ihm handelt es sich um die getrockneten Beeren eines südamerikanischen Baumes.

Piment Geschmacklich vereint die getrocknete Beere des Pimentbaumes Aromen von Muskat, Pfeffer, Nelke und Zimt. Daher heißt Piment auch Nelkenpfeffer und gibt vor allem Weihnachtsgewürzen, Marinaden und Schmorgerichten Geschmack.

Ras el-Hanout Die nordafrikanische Mischung aus mehr als einem Dutzend Gewürzen veredelt (Hack-)Fleischgerichte, Fisch, Couscous, Reis und Gemüse.

Safran Das teuerste Gewürz der Welt, für das pro Gramm etwa 200 von Hand gesammelte Krokusblüten benötigt werden, besitzt ein angenehm elegant-herbes Aroma und eine starke gelbe Farbkraft. Ideal für Reisgerichte, Bouillabaisse und Paella sowie für feines Gebäck.

Sternanis Dieses Gewürz schmeckt ähnlich wie Anis, jedoch schärfer und sieht weit attraktiver aus. Sternanis kommt gemahlen gerne in der Weihnachtsbäckerei zum Einsatz, und als ganze sternförmige Frucht findet man sie im Kompott oder in Punschgetränken.

Vanille Das warme, duftig-süße Aroma der Vanille kommt in Milchdesserts besonders gut zur Geltung. Dafür muss die fermentierte Samenschale der Vanille-Orchidee längs aufgeschnitten und das Mark herausgekratzt werden. Mark und Schote immer mitkochen, erst dann geben sie ihr gesamtes Aroma ab.

Wacholder Die getrockneten Beeren des in ganz Europa beheimateten stachligen Wacholderstrauches entwickeln zerdrückt ein herb-bitteres, würziges Aroma. Ideal für Fleisch- und Fischmarinaden, Saucen oder Schmorgerichte.

Zimt Nicht nur in Desserts und Kuchen schmeckt dieses Gewürz aus der Rinde des Zimtbaumes. Auch zu vielen Fleischgerichten passt dessen süßliches, leicht scharfes und duftend warmes Aroma. Unterschieden wird zwischen dem intensiven, eher scharfen China- oder Kassia-Zimt und dem wärmeren, dezenteren Ceylon-Zimt. Frühere Forschungsergebnisse, dass Zimt den Blutzucker messbar senkt und somit eine Diabetestherapie unterstützen könnte, gelten als überholt, weshalb Zimt nicht als Diätmittel gelten kann.

Fette und Öle

Beim Diabetes achten die meisten vor allem auf Kohlenhydrate und den Zucker. Vergessen wird dabei, dass viele den Diabetes unter anderem ihrem Übergewicht zu verdanken haben. Und dazu haben auch die Fette beigetragen. Sie enthalten immerhin doppelt so viele Kalorien wie Kohlenhydrate oder Eiweiße, und wir essen oft weit mehr davon, als uns gut tut. Darunter leiden insbesondere Herz und Gefäße, die beim Diabetes ohnehin einem erhöhten Gesundheitsrisiko ausgesetzt sind. Daher sollten Sie ganz besonders kritisch und aufmerksam bei der Auswahl von Fetten und Ölen und bei deren Dosierung sein.

Fette: Ballast oder Balsam für den Körper?

Ob ein Fett dem Körper hilft oder schadet, hängt vor allem von der Art der darin enthaltenen Fettsäuren ab. Als gesättigt bezeichnen Chemiker die Fettsäuren, die kaum noch Reaktionen eingehen, weil alle ihre Bindungsstellen »abgesättigt«, also belegt sind.

Gesättigte Fettsäuren setzen sich leicht im Körper ab. Zu diesen trägen Fetten gehören solche aus Butter, Sahne, fetten Käse-, Fleisch- und Wurstsorten sowie Kokosnüssen. Ganz anders verhält es sich mit den Pflanzenölen und Fischfetten. Sie kann der Körper für sich nutzen, weil sie vor allem aus einfach oder mehrfach ungesättigten Fettsäuren bestehen. Leider essen wir im Durchschnitt noch zu viele gesättigte Fettsäuren, die wir durch einfach ungesättigte Fettsäuren ersetzen sollten. Das gelingt am besten, wenn beim Kochen auf Butter bzw. Kokosfett oder Schmalz verzichtet wird und stattdessen Oliven- oder Rapsöl in den Topf kommt. Diese beiden Öle überstehen auch höhere Brattemperaturen.

Bis auf Oliven-, Raps- und Erdnussöl haben die meisten naturbelassenen Pflanzenöle ihren festen Platz in der kalten Küche. Denn sie enthalten viele sehr reaktionstüchtige und daher empfindliche mehrfach ungesättigte Fettsäuren. Der Körper baut aus ihnen hochaktive Botenstoffe auf. Dabei unterscheidet er zwischen zwei Klassen an mehrfach ungesättigten Fettsäuren: den Omega-3- und den Omega-6-Fettsäuren. Aus beiden stellt der Stoffwechsel Reglersubstanzen her, die allerdings entgegengesetzt wirken. Aus den Omega-6-Fettsäuren entstehen Produkte, die zu Entzündungen führen, womit der Körper gegen Bakterien und andere Eindringlinge vorgehen kann. Ihre Gegenspieler – körpereigene Substanzen, die Entzündungsherde eindämmen – bilden sich aus den Omega-3-Fettsäuren. Allerdings nehmen wir zu viele Omega-6-Fettsäuren auf, sodass uns in unserer täglichen Ernährung ein Extra an guten Omega-3-Fettsäure-Quellen gut täte. Daher ist ein Ölwechsel hin zu mehr Walnuss-, Weizenkeim- und Leinsamenöl ratsam, alles Öle mit hohem Gehalt an Omega-3-Fettsäuren. Ebenso sind die Fischfette hervorragende Träger von Omega-3-Fettsäuren.

Kühl und dunkel lagern

Gerade die wertvollen naturbelassenen Öle halten sich nicht lange, weil sie durch ihre große Reaktionsfreudigkeit bei Kontakt mit Hitze, Luftsauerstoff und Sonnenlicht rasch verderben. Sie zersetzen sich und werden ranzig. Kaufen Sie also besser nur kleine Mengen, die Sie in dunklen Flaschen und am besten im Kühlschrank aufbewahren. Flockt bei tiefen Temperaturen ein Öl aus, so hat dies keinen Einfluss auf Güte und Geschmack.

Steckbriefe wichtiger Öle und Fette, von A bis Z

Arganöl Feinschmecker schätzen dieses goldgelbe Öl wegen seines besonders nussigen, intensiven Aromas. Es wird aus der Mandel des marokkanischen Arganbaumes gepresst und gilt als teure Delikatesse. Schon sein Preis führt dazu, dass es meist nur in kleinen Mengen für besondere Salate und Rohkostspeisen verwendet wird.

Distelöl Unter den Pflanzenölen steht das Distelöl beim Gehalt an mehrfach ungesättigten Fettsäuren ganz oben. Zudem lieferte es reichlich Vitamin E, was nicht nur uns, sondern auch seiner Haltbarkeit zugutekommt. Der fruchtig-kräftige Geschmack des Distelöls harmoniert mit aromaintensiven Salaten.

Erdnussöl Da es viele hitzestabile, einfach ungesättigte Fettsäuren besitzt, gilt Erdnussöl zu Recht als das ideale Öl für den Wok, und es passt geschmacklich gut in die Asienküche. Sein nussig-mildes Aroma drängt sich nicht auf, sodass dieses Öl auch einen Salat abrunden kann und sogar zu süßen Speisen wie Pfannkuchen hervorragend schmeckt.

Kokosfett Obgleich es ein Pflanzenfett ist, besteht es ganz überwiegend aus gesättigten Fettsäuren. Aus diesem Grund ist Kokosfett sehr hoch erhitzbar und wird vor allem als weißes Plattenfett zum Frittieren verwendet.

Kürbiskernöl Das Öl wird aus den dunklen, großen Kernen des Ölkürbisses gepresst. Besonders bekannt ist das steirische Kürbiskernöl, dessen grüne bis schwarze Farbe bereits auf das intensive nussige Aroma hinweist, welches gut mit kräftigen Blattsalaten harmoniert. Kürbiskernöl enthält neben den mehrfach ungesättigten Fettsäuren auch reichlich vor Verderb schützendes Selen und Vitamin E; beides wirkt in unserem Körper antioxidativ und schützt die Zellen vor Angriffen durch freie Radikale.

Leinöl Unter allen pflanzlichen Ölen besitzt das Leinöl den höchsten Anteil an wertvollen Omega-3-Fettsäuren, doch leider auch sehr empfindliche Substanzen, die sich schnell in Bitterstoffe umwandeln. Die geben Leinöl schon einige Monate nach der Pressung einen strengen Geschmack. Daher dieses Öl möglichst frisch oder in besonders würzigen Saucen und Dips verwenden.

Maiskeimöl Beim Vitamin-E-Gehalt liegt das Maiskeimöl ganz oben, sein Geschmack hingegen ist – auch in der kalt gepressten Variante – eher neutral. Umso besser kann es für alle Gerichte verwendet werden, die mit ihrem Eigenaroma glänzen. Raffinierte Maiskeimöle lassen sich zudem relativ hoch erhitzen und können daher auch zum Anbraten von Fleisch verwendet werden.

Olivenöl Das klassische Öl für die Mittelmeerküche eignet sich zum sanften Anbraten genauso gut wie zum Marinieren von Salat und für Dressings. Mit der Aufschrift »extra vergine« oder »natives Olivenöl extra« wird höchste Qualität aus der ersten Kaltpressung garantiert. Zum Kochen und Braten sollten Sie nicht dieses wertvolle Produkt, sondern gewöhnliches Olivenöl verwenden

Rapsöl Es wird aus den Samen der bekannten, gelb blühenden Rapspflanze gewonnen. Raffinierte, fast farblose Sorten schmecken neutral, goldgelbe Rapsöle haben ein grasignussiges Aroma. Von den Inhaltsstoffen her vorzuziehen ist kaltgepresstes Rapsöl. Es enthält mehr Vitamine und Carotinoide als das raffinierte. Ähnlich wie natives Olivenöl lässt sich auch kaltgepresstes Rapsöl dank des hohen Anteils an einfach ungesättigten Fettsäuren gut erhitzen.

Sesamöl Besonders in der Asienküche ist dieses Öl beliebt. Gekocht bzw. gebraten wird mit dem hellen, milden Öl, während das dunkle, aus gerösteten Samen gewonnene Sesamöl eher als Gewürz dient. Dank des hohen Anteils an gesunden Antioxidanzien bleibt Sesamöl lange frisch.

Sojaöl Von diesem Pflanzenöl kommt weltweit am meisten auf den Markt. Sojaöl wird meist mittels chemischer Raffination hergestellt. Danach besitzt es kaum noch einen Eigengeschmack, darf dann aber sehr hoch erhitzt werden. Außerdem dient es oft als preisgünstige Basis für Margarine.

Sonnenblumenöl Viele Sonnenblumenöle sind chemisch hoch verarbeitet, wobei sie ihren sehr intensiven Geschmack verlieren. Vorteil: Sie eignen sich dann auch zum Anbraten. Kaltgepresst sollte das sehr Vitamin-E-reiche, nussige Sonnenblumenöl Salaten vorbehalten bleiben.

Traubenkernöl Das goldgrüne bis dunkelbraune Öl mit leicht nussigem Geschmack passt hervorragend zu leichten, sommerlichen Salaten. Dank seiner hochwirksamen Antioxidanzien darf dieses Öl auch erhitzt werden. Leider büßt es dabei einen Teil seines fruchtigen Aromas ein.

Walnussöl Dem sehr schmackhaften Öl verdanken wir viele herzgesunde Omega-3-Fettsäuren. Um sie zu schonen, ersparen Sie dem Walnussöl hohe Temperaturen, zumal sein mildnussiges Aroma ohnehin am besten zu Salaten passt.

Weizenkeimöl Unter allen Ölen liefert es das meiste Vitamin E und hohe Anteile an Omega-6 und Omega-3-Fettsäuren. Der nussige Geschmack des Weizenkeimöls passt gut zu Salaten, Dips und Saucen.

Getreide – für Pep und Power

Weizen und Dinkel, Roggen, Hafer, Gerste, Hirse, Mais und Reis – diese Getreidearten sowie die daraus hergestellten Produkte sind unsere wichtigsten Grundnahrungsmittel – und Sie sind gleichzeitig bestes Body- und Brainfood. Diese Spitzenposition ergibt sich wegen des optimalen Gehalts an Nähr- und Vitalstoffen im vollen Korn. Getreide enthält fast alle lebensnotwendigen Nährstoffe.

Gesunde Kern-Energie

Im Aussehen und Aufbau ähneln sich die Körner der meisten Getreide. Hauptbestandteile des einzelnen Korns sind der sogenannte Mehlkörper und der Keimling in dessen Inneren sowie die äußerem Randschichten. Der Mehlkörper, der rund 60 % des Gewichts ausmacht, besteht überwiegend aus Stärke. Sie zählt zu den komplexen Kohlenhydraten und sorgt für einen gleichmäßigen Blutzuckerspiegel. Damit bleibt unsere Leistungsfähigkeit konstant – und wir sind vor Heißhungerattacken geschützt. Der Keimling des Getreidekorns steckt randvoll mit Vitalstoffen: Eiweiß, Vitamine, Enzyme, Mineralstoffe und lebensnotwendige ungesättigte Fettsäuren. Die Randschichten der Körner enthalten ebenfalls reichlich Mineralstoffe sowie sekundäre Pflanzenstoffe und jede Menge Ballaststoffe. Das große Plus der Ballaststoffe: Sie senken den Cholesterinspiegel und fördern eine gesunde Darmflora.

Das Beste vom Korn

Der Wert des Getreides für unsere Gesundheit hängt unmittelbar von seiner Verarbeitung ab. Besonders wertvoll sind die Inhaltsstoffe des Keimlings und der Randschichten. Bei der Herstellung von weißem Mehl allerdings werden die Randschichten und der Keimling entfernt – somit auch nahezu alle wertvollen Inhaltsstoffe. Wer sich gesund ernähren will, greift also bewusst zu Mehl, Brot und anderen Produkten aus dem vollen Korn. Vollkornprodukte werden im Körper langsamer abgebaut und sättigen dadurch länger. Dafür sind vor allem die enthaltenen Ballaststoffe verantwortlich, die außerdem für eine gute und natürliche Verdauung sorgen. Essen Sie darum am besten regelmäßig Vollkornbrot, Knäckebrot, Getreidegerichte, Naturreis, Vollkornnudeln und Müsli.

Getreide nicht roh verzehren

Weder ganze Körner noch Schrot oder Mehl sind in »rohem« Zustand eine Wohltat. Erst nach dem Einweichen und/oder Garen ist Getreide und Mehl für uns so gut verdaulich, dass wir ihre Nähr- und Wirkstoffe aufnehmen können.

Weizen – korngesunder Favorit Er ist unser wichtigstes Getreide. Aus seinem Mehl macht man Brot, Pasta und Pizza. Weizen ist reich an Kalium, Phosphor, Magnesium, Eisen und Kieselsäure und enthält die Vitamine B_1, B_2, B_6 und E. Neben ganzen Körnern und Mehl gibt es auch Weizenflocken, -schrot, -grütze (Bulgur) oder -kleie zu kaufen. Weizenkeime und Weizenkeimöl gelten wegen ihres hohen Vitamingehaltes als besonders gesundheitsfördernd.

Dinkel – das Urgetreide Er ist ein enger Verwandter des heutigen Weizens und wurde schon von den Kelten und alten Ägyptern angebaut. Dinkel enthält mehr Mineralstoffe und Vitamine als Weizen. Sein hoher Gehalt an Kieselsäure wirkt sich positiv auf Denkvermögen und Konzentration sowie auf die Gesundheit von Haut und Haaren aus. Menschen, die auf Weizen allergisch reagieren, finden häufig im Dinkel eine Alternative. Das Getreide gibt es als ganze Körner, Schrot, Grieß oder Mehl. In der Küche wird es für Brot, Kuchen, körnige Beilagen, Pfannkuchen sowie für Suppen und Eintöpfe verwendet.

Roggen – voller Vitalstoffe Vollkornroggen enthält reichlich Lignane, das sind Substanzen aus der Gruppe der sekundären Pflanzenstoffe mit wichtigen Schutzfunktionen für unseren Körper. Daneben glänzt Roggen mit lebensnotwendigen B-Vitaminen und ist reich an Fluorid, Eisen, Magnesium und Kalium. Auch zählt er zu den Hauptlieferanten der hochwertigen Aminosäure Lysin: Sie ist ein wichtiger Baustein für das Knochenwachstum und stärkt unser Immunsystem. Roggen gibt es als ganzes Korn, als Mehl und als Flocken.

Hafer – der Kraftprotz »Ihn sticht der Hafer« – das bedeutet: Jemand wird vor lauter Energie übermütig. Tatsächlich bringt Hafer viel Power. Er enthält mehr Eiweiß und lösliche Ballaststoffe, mehr wertvolle Fettsäuren, Vitamin E und B-Vitamine als andere Getreidesorten (Hafer gehört zu den Vitamin-B$_1$-reichsten Lebensmitteln). Hafer kann aufgrund seiner Ballaststoffe dazu beitragen, den Cholesterinspiegel zu senken, er wirkt nervenstärkend und beruhigend. Weckamine, spezielle »Hallo-Wach-Stoffe« aus dem Hafereiweiß, verbessern nicht nur unsere Konzentrations- und Leistungsfähigkeit, sondern sorgen sogar für gute Laune. Hafer kann man als ganzes Korn kaufen oder in Form von mehr oder weniger feinen Flocken, Schrot und Kleie.

Gerste – gut für die Nerven Das volle Gerstenkorn brilliert mit reichlich löslichen Ballaststoffen. Außerdem enthält es die Nervenschutz-Vitamine B$_1$, B$_2$ und B$_6$ sowie größere Mengen der Mineralstoffe Fluorid, Kalium, Magnesium und Phosphat. Gerste ist als ganzes Korn sowie als Graupen, Grütze, Flocken und Mehl erhältlich.

Hirse – feines Beautyfood Hirse ist das mineralstoffreichste Getreide. Allein 60 % der Hirse-Mineralstoffe macht die Kieselsäure aus. Das in ihr enthaltene Silizium kräftigt Haut, Haare und Nägel und strafft das Bindegewebe. Doch wer die goldgelben Körnchen isst, tut nicht nur etwas für seinen Body, sondern auch für die grauen Zellen, denn Hirse enthält dreimal so viel Eisen wie Weizen. Zusammen mit dem ebenfalls enthaltenen Lezithin steigert es die Konzentrationsfähigkeit. Gut zu wissen: Die Nährstoffe der Hirse sind gleichmäßig im Korn verteilt, kommen also nicht nur konzentriert in den Randschichten vor. Das »Schönheitsgetreide« können Sie als ganzes Korn – geschält oder ungeschält –, als Flocken oder Mehl kaufen.

Mais – Korn für Korn gut Besonders wertvoll im Mais ist das Keimöl. Es hat einen hohen Anteil an lebenswichtigen Fettsäuren und auch an Vitamin E. Wir kennen den süßlichen Gemüsemais als ganze Kolben oder einzelne gelbe Körner. Daneben gibt es Maismehl, Maisstärke und Maisgrieß (Polenta). Cornflakes und Popcorn werden übrigens auch aus Mais hergestellt.

Reis – das »Brot Asiens« Auch wenn es beim Reis rund tausend Sorten gibt – allen gemeinsam ist, dass die wichtigen Inhaltsstoffe einmal mehr in den Randschichten stecken. Naturreis enthält daher im Vergleich zum geschälten Reis die vierfache Menge an Eisen, Kalium, Magnesium, Phosphor sowie an Vitaminen der B-Gruppe. Für Parboiled Reis wird der größte Teil der Vitamine und Mineralstoffe unter hohem Druck aus den Randschichten ins Innere des Reiskorns verlagert. Erst danach werden die Körner geschält und geschliffen. Vorteile: 80 % der wertgebenden Inhaltsstoffe von Vollkornreis bleiben erhalten, doch der Reis gart so schnell wie jeder andere geschälte Reis; er ist in etwa 20 Minuten fertig. Verarbeitet wird Reis unter anderem zu Mehl, Flocken und zu Puffreis.

Amaranth und Quinoa – wertvolles Scheingetreide Offiziell sind Amaranth und Quinoa kein echtes Getreide, darum nennt man sie Schein- oder auch Pseudogetreide. Dennoch: Die Samen der beiden Pflanzen lassen sich fast wie echtes Getreide verwenden und liefern große Mengen an rundum nützlichen Nährstoffen. So sind Quinoa und Amaranth eine leckere Alternative zu Reis, Hirse und anderen Getreidearten. Amaranth enthält reichlich Magnesium, Kalzium und Eisen, darüber hinaus besonders viele Ballaststoffe und ist darum ideal für Diabetiker. Im Gegensatz zu herkömmlichem Getreide ist Amaranth glutenfrei und deshalb auch für Menschen mit Zöliakie geeignet.

Quinoa ist reich an Vitaminen, Ballast- und Mineralstoffen und liefert dazu hochwertiges Eiweiß. Dieses enthält viele lebenswichtige Aminosäuren, die in unserem heimischen Getreide gar nicht oder nur in Spuren vorkommen. Der Fettgehalt von Quinoa liegt bei 5 %, den größten Anteil machen ungesättigte Fettsäuren aus. Besonders bemerkenswert ist der Gehalt an Saponinen, diese sekundären Pflanzenstoffe regulieren unter anderem den Fettstoffwechsel.

Hülsenfrüchte –
harte Schale, reicher Kern

Es ist noch gar nicht so lange her, da galten Hülsenfrüchte bei uns als typisches Arme-Leute-Essen. Heute liegen sie kulinarisch voll im Trend, haben in der Spitzengastronomie und in den Foodzeitschriften ihren festen Platz. Und auch Gesundheitsbewusste schätzen mehr und mehr die inneren Werte von getrockneten Erbsen, Bohnen, Linsen, Kichererbsen und Sojabohnen. In vielen Formen und Farben gibt es Hülsenfrüchte, die sich auf unglaublich vielfältige Weise zubereiten lassen.

Kleine Powerpakete

Ernährungsexperten empfehlen Hülsenfrüchte, weil sie unter allen pflanzlichen Lebensmitteln den höchsten Eiweißgehalt, von meist über 20 %, vorweisen können. Pflanzliches Eiweiß hat zwar gegenüber tierischem Eiweiß eine geringere biologische Wertigkeit, der Anteil an wertvollen Aminosäuren (Eiweißbausteinen) ist in Hülsenfrüchten aber ganz besonders hoch, sodass man hier von einer hohen Eiweißqualität spricht. Wer beispielsweise Erbsen, Bohnen und Co. mit Milch, Eiern, Brot oder Mais kombiniert, hat die Palette an essenziellen, also lebensnotwenigen Aminosäuren komplett. Neben wertvollem Eiweiß enthalten Hülsenfrüchte auch noch reichlich komplexe Kohlenhydrate und Ballaststoffe. Diese Dreierkombination ist verantwortlich für den niedrigen glykämischen Index von Hülsenfrüchten, wirkt sich also sehr günstig auf den Blutzuckerspiegel aus. Damit können Hülsenfrüchte einen guten Beitrag zur gesunden Ernährung bei Diabetes leisten.

Erbsen, Bohnen und Linsen enthalten erfreulich wenig Fett, nur 1 bis 2 %. Kichererbsen liegen bei knapp sechs und Sojabohnen bei etwa 18 % Fettgehalt. Dagegen haben Hülsenfrüchte einen bemerkenswert hohen Gehalt an komplexen Kohlenhydraten. Sie sind unsere beste Energiequelle – für die Muskelarbeit ebenso wie fürs Gehirn. Ob geistige Konzentration oder sportliche Fitness gefragt ist, wichtigster Nährstoff dafür sind die komplexen Kohlenhydrate.

Ballaststoffe sind nützlich

Auch der Ballaststoffgehalt der Hülsenfrüchte kann sich sehen lassen, kein Gemüse erreicht einen solch hohen Anteil. Ballaststoffe, die nahezu unverdaulichen Bestandteile von Pflanzen, sind aber gar kein Ballast, sondern haben etliche gute Seiten: Sie sättigen lange, fördern eine gesunde Darmflora und bringen die Verdauung in Schwung. Ballaststoffe wirken darüber hinaus regulierend auf den Blutzucker und haben eine positive Wirkung auf den Cholesterinspiegel.

Vitalstoffe satt

Hülsenfrüchte enthalten eine Reihe von sekundären Pflanzenstoffen, die nachweislich eine Vielzahl gesundheitsfördernder Wirkungen haben. Diese Substanzen sind unter anderem natürliche Farb-, Duft- und Geschmacksstoffe. In unserem Körper stärken sie zum Beispiel die Abwehrkräfte, wirken regulierend auf den Cholesterinspiegel, hemmen das Wachstum von Bakterien und Viren und schützen vor schädlichen Oxidationen in den Körperzellen. Hülsenfrüchte strotzen nur so vor gesundheitsfördernden Vitaminen und Mineralstoffen. Vor allem B-Vitamine, Folsäure, Biotin, Niacin sowie die Mineralien Kalzium, Kalium, Magnesium und Zink stecken in den Samenfrüchten.

Die wichtigsten Hülsenfrüchte im Detail

Bohnen Die weißen, schwarzen, braunen, roten oder bunt gesprenkelten Bohnenkerne enthalten reichlich Kalzium und Biotin. Kalzium ist mehr als der Stoff, aus dem die Knochen sind, es spielt auch im Nervensystem eine wichtige Rolle. Biotin sorgt unter anderem für schöne Haare und kräftige Nägel. Weiße Bohnen und Kidneybohnen brillieren mit ihrem hohen Gehalt an Molybdän. Dieses Spurenelement ist Bestandteil all jener Enzyme, die für die Entgiftung und Entsäuerung unseres Körpers verantwortlich sind.

Erbsen Ob getrocknet in Grün oder Gelb, beide enthalten viel Magnesium, das Anti-Stress-Mineral, das gleichzeitig ein guter Verbündeter aller sportlich aktiven Zeitgenossen ist. Zudem stecken in Erbsen etliche Vitamine der B-Gruppe, die auch als Nervenvitamine bekannt sind. Kichererbsen sind darüber hinaus reich an Folsäure. Dieses Vitamin ist unter anderem wichtig für die Blutbildung sowie für die Zellerneuerung.

Linsen Auch die kleinsten unter den Hülsenfrüchten kommen, was die Vitalstoffe betrifft, ganz groß raus. Sie versorgen den Körper zum Beispiel mit Zink, Magnesium und B-Vitaminen. Das Spurenelement Zink aktiviert über 70 Enzyme im Organismus. Es kräftigt das Immunsystem, fördert die Regeneration der Zellen und verbessert die Aufnahme von Vitamin A. Magnesium baut Muskeln auf und schützt vor Stress. Die Vitamine aus der B-Gruppe unterstützen den Stoffwechsel und sorgen für mentale und körperliche Fitness.

Sojabohnen Neben Fleisch haben Sojabohnen die höchsten Werte an Niacin. Dieses B-Vitamin spielt eine wichtige Rolle bei der Energieproduktion in den Zellen sowie für die Funktion von Nerven und Haut. Sojabohnen enthalten außerdem reichlich Kalium, das Mineral, das an den Kontrollmechanismen unseres Wasserhaushaltes beteiligt ist.

Hülsenfrüchte grundsätzlich garen

Weder frische noch getrocknete Hülsenfrüchte sollten Sie roh essen. Denn sie enthalten unverträgliche Substanzen, sogenannte Lektine. Im Extremfall können diese Stoffe der Darmwand schaden und zu Blutverklumpungen führen. Hülsenfrüchte werden deshalb grundsätzlich gegart, denn die Lektine werden durch Hitze inaktiviert.

Um die Garzeit bei getrockneten Hülsenfrüchten zu verkürzen, sollten sie vorher eingeweicht werden. Eine Ausnahme hierbei sind zarte Linsen. Beim Einweichen geht bereits ein Teil der unverträglichen Substanzen wie auch der berüchtigten blähenden Stoffe ins Wasser über. Deshalb wird empfohlen, das Einweichwasser wegzuschütten und nicht zum Kochen zu verwenden. Bohnen, Erbsen Linsen oder Kichererbsen, die nach dem Quellen an der Wasseroberfläche schwimmen, sollten Sie wegwerfen, weil sie eventuell von Insekten befallen waren.

Zur besseren Verdaulichkeit Hülsenfrüchte sind besser verdaulich, wenn sie ohne Salz bei mittlerer Hitze gekocht werden; so quellen sie am besten auf. Wer zu starken Blähungen neigt, nimmt am besten geschälte Sorten, denn ein erheblicher Teil der unverträglichen blähenden Ballaststoffe sitzt in den Schalen. Bekömmlicher und leichter verdaulich werden Hülsenfrüchte zusätzlich auch, wenn man sie mit frischen Kräutern, vor allem Bohnenkraut, Thymian, Majoran, Oregano, Rosmarin, Lorbeer, Liebstöckel oder Koriandergrün zubereitet. Hilfreich sind ebenso Zwiebeln und Knoblauch sowie Gewürze wie beispielsweise Fenchel, Anis, Ingwer, Kümmel und Kreuzkümmel. Und noch ein Tipp: Linsen mit einem kleinen Schuss Essig abschmecken.

Wertvolle Keimlinge

Knackige Keimlinge (Sprossen) von Hülsenfrüchten sind echte Fitnesskost und eine leckere Alternative, die wertvollen Inhaltsstoffe der Powergemüse in unerhitzter Form zu genießen. Und noch ein Vorteil: Während des Keimens steigen die Gehalte an B-Vitaminen und Vitamin C noch an. Ziehen Sie die Sprossen von Linsen, Mungobohnen, Azukibohnen und Kichererbsen am besten selbst, dann sind sie bei der Ernte absolut frisch und voller Vitalstoffe.

Hülsenfrucht-Keimlinge unbedingt blanchieren Auch die Keimlinge von Sojabohnen, Erbsen und Kichererbsen enthalten noch – wie die ungekeimten Hülsenfrüchte – unverträgliche Substanzen, vor allem Lektine (siehe auch der vorangehende Abschnitt: »Hülsenfrüchte grundsätzlich garen«). Diese schlecht verträglichen Inhaltsstoffe sind aber durch den Vorgang des Keimens schon teilweise abgebaut, also nur noch in geringerer Menge im Vergleich zu den ungekeimten Hülsenfrüchten enthalten. Um die Lektine zu inaktivieren, ist es daher zum einen nötig, die Keimlinge vor dem Genuss zu erhitzen. Im Gegensatz zu den ungekeimten Hülsenfrüchten, die lange gegart werden müssen, reicht es aber, die Keimlinge nur kurze Zeit – 1 bis 2 Minuten – in kochendem Wasser zu blanchieren.

Sachregister

Register der
Rezepte und Hauptzutaten

Impressum

Die Autoren

Theorie

Dipl. oec. troph. Doris Fritzsche ist ernährungstherapeutische Beraterin. Sie studierte Haushalts- und Ernährungswissenschaften an der Justus-Liebig-Universität in Gießen und war danach einige Jahre wissenschaftliche Mitarbeiterin von Prof. Dr. I. Elmadfa. Später arbeitete sie als Ernährungsberaterin für eine Diabetologische Schwerpunktpraxis und als Dozentin in Fachschulen. Seit 2000 ist Doris Fritzsche in Wolfenbüttel mit eigener Beratungspraxis selbstständig tätig, seit 2005 in einer Praxisgemeinschaft zusammen mit Dipl. oec. troph. Elisabeth Fröhling. Frau Fritzsche ist Mitglied in verschiedenen Berufsverbänden und Qualitätszirkeln, wo sie sich regelmäßig zu den neuesten Erkenntnissen der Ernährungsforschung informiert. Im Gräfe und Unzer Verlag sind von ihr unter anderem die Ratgeber »Diabetes« und »Laktose-Intoleranz« »Fruktose-Unverträglichkeit« erschienen. Außerdem ist sie Mitautorin von erfolgreichen Standardwerken wie »Die große GU-Nährwert-Kalorien-Tabelle« und »E-Nummern«.

Rezepte

Friedrich Bohlmann ist bekannt als Autor zahlreicher Gesundheits- und Kochbücher. Der Diplom-Ernährungswissenschaftler schreibt regelmäßig für populäre Gesundheits- und Frauenmagazine, gibt immer wieder fachkundigen Rat in TV-Sendungen und arbeitet als Ernährungsberater. Konkrete, verständliche Hilfestellungen bei alltäglichen Fragen rund ums Essen und Trinken sind ihm wichtiger als festgelegte Ernährungsrichtlinien. In diesem Buch bietet er jedem Betroffenen nachvollziehbare sowie gut umsetzbare Hinweise, Erläuterungen und Tipps an, räumt mit veralteten Empfehlungen auf und macht mit leckeren Rezepten Lust auf gesundes Genießen.

Marlisa Szwillus hat nach dem abgeschlossenen Studium der Haushalts- und Ernährungswissenschaften ihre Begeisterung fürs Kochen und Schreiben zum Beruf gemacht. Unter anderem leitete die Diplom-Oecotrophologin über sechs Jahre lang das Kochressort der größten europäischen Zeitschrift für Essen und Trinken. Inzwischen arbeitet sie als freie Journalistin, schreibt Fachartikel und ist Mitglied des Food-Editors-Club Deutschland. Über 45 Bücher sind bisher von ihr erschienen. Als Autorin hat sie sich auf Kochbücher und Ernährungsratgeber spezialisiert. Moderne gesunde Ernährung und leichte genussvolle Rezepte sind ihr dabei gleich wichtig.

Das Fotostudio

EISING STUDIO Food Photo & Video

Ist im Bereich der Foodfotografie eines der renommiertesten Studios in Deutschland. Seit über 30 Jahren wird hier in München unter Volldampf produziert und sanft gegart.

Martina Görlach

Ist eine mehrfach ausgezeichnete Foodfotografin, deren Arbeiten untrennbar mit EISING STUDIO verbunden sind. Besonders wichtig ist ihr die Atmosphäre, die das jeweilige Gericht erst in Szene setzt. Mit ihren Arrangements gelingt das Martina Görlach meisterhaft.

Foodstyling:

Michael Koch – sein Name ist Programm – war viele Jahre in der gehobenen Gastronomie tätig. Seit 2000 arbeitet er als Food-Stylist und ist auch als Kochbuch-Autor und Rezeptentwickler erfolgreich. Michael Koch wurde tatkräftig von Flora Hohmann unterstützt

Julia Skowronnek hat sich nach ihrer Ausbildung zur Köchin und vielen lehrreichen Jahren in der Gastronomie 1999 entschieden, als freie Food-Stylistin und Rezeptautorin zu arbeiten.

Requisite:

Suse Vollmar Nach ihrem Modestudium in München trieb es sie hinaus in die Welt. Berlin, Prag und Island zählten zu den Stationen, wo sie als Kostümbildnerin und Stylistin für Film- und Werbeproduktionen tätig war.

Titelbildrezept: Seelachs mit Lauch unterm Kartoffeldach, Seite 194

Bildnachweis

Grafiken: Bontempi, Male: S. 11, 19, 20, 28; Seidensticker, Detlef: S. 34

Fotos: jump fotoagentur: Falck, Annette: S. 24; forster & martin: S. 13; Sandkuehler, Martina: S. 4, 15, 40, 44, 46

Titelbild und alle anderen Bilder: EISING STUDIO Food Photo & Video

Umwelthinweis: Dieses Buch ist auf PEFC-zertifiziertem Papier aus nachhaltiger Waldwirtschaft gedruckt. Um Rohstoffe zu sparen, haben wir auf Folienverpackung verzichtet.

 www.facebook.com/gu.verlag

Ein Unternehmen der
GANSKE VERLAGSGRUPPE

DIE GU-QUALITÄTS-GARANTIE

Liebe Leserin, lieber Leser,

wir möchten Ihnen mit den Informationen und Anregungen in diesem Buch das Leben erleichtern und Sie inspirieren, Neues auszuprobieren. Alle Informationen werden von unseren Autoren gewissenhaft erstellt und von unseren Redakteuren sorgfältig ausgewählt und mehrfach geprüft. Deshalb bieten wir Ihnen eine 100%ige Qualitätsgarantie. Sollten wir mit diesem Buch Ihre Erwartungen nicht erfüllen, lassen Sie es uns bitte wissen. Sie erhalten von uns kostenlos einen Ratgeber zum gleichen oder ähnlichen Thema.
Wir freuen uns auf Ihre Rückmeldung, auf Lob, Kritik und Anregungen, damit wir für Sie immer besser werden können.

GRÄFE UND UNZER Verlag
Leserservice
Postfach 86 03 13
81630 München
E-Mail:
leserservice@graefe-und-unzer.de

Telefon: 00800 / 72 37 33 33*
Telefax: 00800 / 50 12 05 44*
Mo–Do: 8.00–18.00 Uhr
Fr: 8.00–16.00 Uhr
(gebührenfrei in D, A, CH)*

Ihr GRÄFE UND UNZER Verlag
Der erste Ratgeberverlag – seit 1722.

© 2011 GRÄFE UND UNZER VERLAG GmbH, München

Projektleitung: Stefanie Poziombka

Lektorat: Claudia Lenz in Zusammenarbeit mit Gudrun Mach

Korrektorat: Waltraud Schmidt

Umschlag und Gestaltung: Independent Medien-Design, Horst Moser, München

Herstellung: Petra Roth

Satz: Knipping Werbung GmbH, Berg/Starnberg

Reproduktion: Repromayer, Reutlingen

Druck:
Firmengruppe APPL, aprinta druck, Wemding

Bindung: Conzella, Pfarrkirchen

Syndication: www.jalag-syndication.de

ISBN 978-3-8338-2266-7
4. Auflage 2014